KB071994

성균관대학교의
역사와 학풍

성균관대학교의
역사와 학풍

심산 김창숙 연구회 지음

성균관대학교
출 판 부

서문

임경석(성균관대 사학과)

해방 이듬해의 일입니다. 1946년 9월 25일 성균관대학교를 중창할 때 초대 총장 심산 김창숙은 도열해 있는 학생들을 앞에 두고서 학문 이념을 이렇게 천명했습니다.

"우리 성균관대학의 특색은 우리 민족의 전통적 숭고무비한 윤리 도덕의 진수를 천명하여 우리 문화를 세계 만국에 선양하려는 바이다. 그러나 오늘날 우리의 유교 정신은 결코 옛 봉건시대의 진부한 사상을 그대로 답습하려는 것이 아니오, 또한 외래 사상이나 문화를 무조건 배척하거나 숭배하려는 것도 아니다. 오직 동서 고금을 물론하고 가장 좋은 점만을 절충하여 우리의 고유한 유교 정신에 귀납 함양시키려는 바이다."

김창숙이 강조한 것은 두 가지였습니다. 첫째, 성균관대학교의 학문 이념은 전통의 진수를 오늘날에 천명하는 데에 있다고 했습니다. 옛것 그대로 답습할 것이 아니라 창조적으로 계승할 것을 다짐했습니다. 둘째, 외래 사상과 문화를 주체적으로 흡수해야 한다고 말했습니다. 나라 밖에서 들여온 사상과 문화란 곧 서양 학문을 가리킬 것입니다. 선진적인 것이므로 흡수하고자 힘써야 하지만, 숭배해서도 안 된다고 말했습니다. 전통 학문과 서양 학문을 어떻게 대해야 하는지를 언급했습니다. 이 두 가지 문제를 온당하게 다루는 것이 성균관대학의 특색이라고 표현했습니다.

이것이 어찌 성균관대학교에만 한정되는 과제이겠습니까? 식민지에서 이제 막 벗어난 한국의 모든 고등교육기관이 유의해야 할 문제라 하겠습니다. 그뿐인가요. 식민지 노예교육에서 벗어나 세계 수준의 보편적 가치를 선양하는 것은 아시아, 아프리카, 라틴아메리카 등 비서구 세계의 대학 교육 관련자들이라면 마땅히 경청해야 할 규범이라 하겠습니다.

하지만 오늘날 대학 교육의 현실은 김창숙이 지향했던 이상과 같지 않습니다. 시장 논리와 물신주의가 팽배해 있고, 서양 학문 추수주의가 해마다 강화되고 있습니다. 대학은 기업이 요구하는 실용 인력을 양성하는 기관이자 취업 준비기관으로 나아가고 있습니다. 선택과 집중이라는 이름을 앞세워 인문학과 기초과학의 황폐화를 방치하고 있습니다. 전통 학문의 창조적 계승도, 서양 학문의 주체적 수용도 여전히 달성되지 않은 과제로 남아 있습니다. 전통 학문의 계승은 실날처럼 가늘게 이어지고 있고, 서양 학문은 날것 그대로 소화도 시키지 못한 채 이식되고 있습니다.

갈 길을 잃고 표류하는 대학 교육의 위기를 극복할 수 있는 지혜가 요구되고 있습니다. 성찰이 필요합니다. 위기의 원인을 진단하고 미래의 학문 노선을 정립하는 일대 혁신이 필요한 때입니다. 이러한 요청에 부응하고자 2017년 10월에 작지만 의미 있는 움직임이 일었습

니다. 성균관대학교의 학문적 정체성을 성찰하는 여러 분야 교수들의
학제적 연구모임이 발족했습니다. 모임 참가자들은 성균관대학교 학
문 이념을 천명한 김창숙 초대 총장의 이름을 기려서 '심산 연구 소
모임'이라는 명칭을 갖기로 했습니다. 그때부터 고전학, 역사학, 문학,
철학을 전공하는 연구자들이 매월 1회 공부 모임을 개최해 왔습니다.

소모임 참가자들은 공동 연구의 필요성에 합의했습니다. 대학 교육
과 학문 이념 문제에 주목했습니다. 한국 대학의 학문적 정체성을 성
찰하는 데에는 그 문제가 선차적으로 중요하다는 점에 인식을 같이
했습니다. 다음 두 가지 공동 주제에 연구자들의 관심이 일치됐습니
다. '전통시대의 성균관'이 그중 하나입니다. 근대 이전에 고등교육기
관으로서 성균관이 수행했던 역할과 기능이 어떠했는지를 점검하는
문제입니다. 다른 하나는 '김창숙과 성균관대학교 초기 학문사'입니
다. 근대적 고등교육기관으로 중창된 이후의 학문사를 다루는 문제입
니다. 각 학과와 학문 분야별로 중요한 위상을 점하는 학자·교육자의
족적을 종합적으로 점검하는 연구 주제입니다.

심산 연구 소모임은 공동 연구의 성과를 토대로 하여 2020-2021년
에 세 차례 학술회의를 개최했습니다. '성균관의 전통과 근대 학문사'
를 주제로 하는 학문적 논의였습니다. 이 일련의 학술회의 자리에는
21명의 교수·연구자들이 주제 발표와 토론에 임했습니다. 성균관대
학교 학문사의 궤적을 다각적으로 조명할 수 있었습니다.

이 책에 실린 13편의 글은 이러한 공동 연구의 소산입니다. 심산
연구 소모임에 속한 교수·연구자들의 정성이 담겨 있습니다. 성균관
의 전통과 근대 학문사가 어떠했는지를 되돌아봄으로써, 위기에 처한
대학 교육과 학문 이념을 재정립하고자 하는 문제의식이 스며들어 있
습니다.

우리는 글의 소통 회로에도 관심을 기울였습니다. 연구자들만의 협소한 범위를 벗어나 지식 대중과의 폭넓은 소통을 꾀하기로 했습니다. 그래서 학술 논문 형식을 택하지 않았습니다. 평이한 용어를 위주로 사용하고, 각주도 달지 않거나 10개 이내로 최소화했습니다. 순탄하고 매끄러운 독서를 방해하지 않기 위해서였습니다. 성균관대학교의 재학생과 동창생 여러분들이 손쉽게 읽을 수 있기를 바랍니다. 그뿐만이 아닙니다. 한국의 대학 교육과 학문 이념에 관심을 갖고 있는 지식 대중과도 널리 소통할 수 있기를 바랍니다.

이 책에 실린 13편의 글은 각자 상이한 주제를 다루고 있습니다. 그러므로 앞에서 언급한 정보가 뒤에서 다시 되풀이되는 현상은 찾기 어렵습니다. 다만 부득이하게 중복된 경우도 있습니다. '성균'의 의미에 대하여, 또 '반촌과 반인'에 대하여 적으나마 정보가 되풀이 설명되는 부분이 포함되어 있습니다. 이 점에 대하여 독자 여러분의 양해를 구하고자 합니다. 논의 전개상 부득이했음을 이해해 주시기 바랍니다.

이 책이 나오기까지 여러분의 헌신과 기여가 있었습니다. 교육과 연구의 무거운 하중으로 인해 늘상 시간에 쫓기면서도 매달 정기적으로 참가해 주신 심산 연구 소모임의 교수·연구자분들께 감사의 말씀을 드립니다. 학술대회 개최를 주관해 주신 심산김창숙연구회 임원 여러분, 개성 있는 다수 원고들을 다듬어 정갈한 단행본으로 출간해 주신 성균관대학교출판부 임직원 여러분께 마음으로부터 우러나는 깊은 감사의 인사를 드립니다.

차례

교육적 이상으로서의 '성균(成均)'

－박소정(성균관대학교 유학동양한국철학과 교수)

1. '성균'이라는 말은 어디에서 왔을까?

우리나라에서 '성균'이라는 말은 곧 '성균관' 혹은 '성균관대학교'를 가리키는 것이라 여겨진다. 그리고 성균관이 오늘날까지 명맥을 이어 오고 있을 뿐 아니라 성균관대학교라는 근대교육 기관으로 계승되어 발전해온 덕분에, 유학을 배우거나 성균관대학교에 다니는 사람이 아니더라도 한국인에게 '성균'은 매우 익숙한 단어가 되어 있다. 하지만 의외로 '성균'이 어떠한 의미를 지니는지에 대해서 제대로 이해하고 있는 사람은 많지 않다. 물론 전통 학문에 대한 지식이 있는 사람이라면 '성균'이라는 말이 유교 경전에서 유래했다는 것을 들어봤을 수 있다. 좀 더 학식이 깊은 사람이라면 나아가 '성균'은 중국 고대 학궁의 이름이었다는 주장까지 들어봤을 수도 있다.

'성균'의 유래에 대해서 이쯤 아는 사람이라면 중국에서 유래한 말이라 단정하여 중국인에게도 익숙한 말이겠거니 자칫 오해할 수도 있을 것이다. 그런데 정작 중국인들을 실제로 만나보면 일반인이든 학자이든 '성균'이라는 말을 알고 있는 이가 극히 드물다. 만일 알고 있다면 성균관대학교라는 이름을 들어본 경우로서 한국의 대학 이름이라고만 알고 있거나, 더 안다고 하면 성균관대학교를 설명하는 글에 나타나는 '성균'에 대한 해설을 읽어보았다거나 해서 '성균'이라는 개념이 유교의 오래된 경전에 처음 등장한다는 사실 정도를 알 뿐이다. '성균'은 단지 현대 중국인들에게 낯선 이름일까? 혹시 전통시대의 중국인들에게는 일상적으로 쓰이던 익숙한 단어였을까?

"성균"이 중국 고대의 유교 경전에서 유래했다는 사실 때문에 우리는 자칫 동아시아 전통 사회에서 오랫동안 이어져 내려와서 중국에서도 실제 생활에서 자주 쓰였다거나 일반적으로 잘 알려진 개념이었을 거라고 착각할 수 있다. 그런데 "성균(成均)"이라는 말은 시(詩) · 서(書) · 예(禮) · 역(易) · 춘추(春秋)의 오경(五經)이나 삼례(三禮)와 춘추 삼전(三傳) 및 논어 · 맹자 · 이아(爾雅) · 효경을 포함하는 십삼경(十三經)의 유교 경전은 물론 선진 시대 문헌 전체를 통틀어 단 두 번밖에(『周禮 · 春官宗伯 · 大司樂』과 『禮記 · 文王世子』) 나오지 않는다. 물론 빈도수가 적다고 해서 중요한 개념이 아니라고 할 수는 없지만, '성균'은 오늘날 중국인에게 잘 알려진 개념이 아닐뿐더러 중국의 전통시대에도 삼례(三禮)를 전문으로 하는 경학자들 외의 일반인들에게 결코 익숙한 말이 아니었다.

『주례』에 '성균'이 출현하는 부분을 잘 읽어보면 매우 인상적인 개념으로 보이는 것은 사실이다. 『주례 · 대사악』에서는 대사악이라는 음악 담당 관리가 '성균의 법'으로 공경대부의 자제들을 가르친다[1]고 말한다. 이를 오늘날의 상황에 빗대어 보자면 문화부 겸 교육부 장관을 맡은 이가 장차 나라를 이끌어 나갈 인재들을 모아 '성균'의 법도로 교육한다고 말하는 것이라 할 수 있다. 공자님이 이상적인 문화로 꼽았던 고대 주나라에서 최고의 지도자를 육성하기 위한 교육 방법을 '성균'이라 불렀다고 하니, 이 구절을 읽어 본 사람이라면 대체 '성균의 법도'가 뭔지 자못 궁금하기까지 할 것이다. 그런데 아쉽게도 유교 경전 자체에는 '성균'의 의미를 이해할 수 있는 더 이상의 설명이 없다. 그래서 한 · 당대로부터 청대에 이르기까지 역대 경전 주석가들은 '성균'이 은나라와 주나라 초기까지는 존재하였으나 이후에는 사라진 학

---

1) 『주례(周禮) · 춘관종백(春官宗伯) · 대사악(大司樂)』. "대사악은 성균의 법도를 관장하니 그로써 국학의 교육 행정을 수립하여 다스리며 공경대부들의 자제를 모아서 교육시킨다.[大司樂掌成均之法, 以治建國之學政, 而合國之子弟焉]"

교의 이름이었다고 주장하였으나, 이를 뒷받침할 충분한 논거가 없었기 때문에 일관되지 않은 갖가지 설명을 덧붙이는 것이 고작이었다.

'성균'이 유교 경전을 정합적으로 해석하기 위한 입씨름을 통해 이념적으로 언급되던 차원에서 벗어나 실제 고등교육기관의 이름으로 되살아나서 중앙관학의 대명사로서의 제 기능을 발휘하게 된 것은 놀랍게도 중국이 아닌 이 땅에서 벌어진 일이다. '성균'이 처음 중앙관학의 이름으로 채택된 것은 고려말 원 간섭기였던 충선왕 대에 일어난 사건(1298)이었다. 하지만 이것이 일회적인 사건으로 그치지 않고, 왕이 교체되고 왕조가 바뀌고 사회의 체제와 성격이 개벽하는 역사의 우여곡절 속에서도 살아남아 오늘날의 한국인에게 익숙한 이름인 '성균'에 이르게 된 과정을 이해하려면 좀 더 세심한 고찰이 필요하다.[2]

2. 유교의 교육적 이상 '성균' : 우연한 선택일까? 의도된 우연일까?

먼저 충선왕이 '성균'이라는 이름을 처음 채택한 고려 말의 상황으로 돌아가 보자. 충선왕(忠宣王: 1275~1325)은 고려의 26대 국왕(즉위 1298, 폐위 1298, 복위 1308~1313)이자 고려 충렬왕(忠烈王: 1236~1308)과 원나라 세조 쿠빌라이(1215~1294)의 딸인 제국대장공주(齊國大長公主: 1259~1297) 사이에서 태어난 한국 역사 최초의 혼혈 국왕이다. 고려는

---

2) 박소정, 「성균의 의미(I): "成均"에 대한 문헌 고찰과 새로운 해석 가능성 탐색」, 『한국철학논집』 60, 2019; 「성균의 의미(II): "성균(成均)"과 "성균관(成均館)"의 관계」, 『한국철학논집』 61, 2019 참조.

약 30년에 걸친 대몽 항쟁(1231~1259) 끝에 원의 간섭(1259~1356)을 받게 되었기 때문에, 우리는 이 시기를 굴욕의 역사로만 생각하여 당시의 정치와 문화에 대해 평가절하하는 경향이 있다. 그러나 원제국 주도로 재편된 세계 질서 속에서 고려의 독자성을 지켜나가야 하는 상황은 우리가 흔히 생각할 수 있는 것 이상으로 복합적이고 다면적이었다. 이 시기에는 원나라의 부마국이었던 현실을 고려하면서도 고려의 독자적 전통을 이어 나가려는 딜레마 사이에서 간혹 절묘한 선택이 이루어지곤 하였는데, '성균'은 그 가운데 돋보이는 한 사례라고 볼 수 있다.

'성균'이 중앙관학의 이름으로 채택된 것은 충선왕이 처음 즉위하여 대대적으로 관제 개혁을 시행했던 1298년의 일이다. 이 당시 관제 개혁에는 '국학(國學)'을 '성균감(成均監)'이라는 새로운 이름으로 바꾼 것뿐 아니라, 고려 전기의 한림원(翰林院)에 해당하는 '문한서(文翰署)'를 '사림원(詞林院)'으로 개칭한 일 등 과감하고도 창의적인 조치가 대거 포함되어 있다. 아마도 이 관제 개혁의 대담함 때문이었을까, 같은 해 8월 원나라는 충선왕을 불러들였고 7개월 만에 충렬왕이 복위하면서 충선왕의 관제 개혁은 한동안 본격적으로 실행되지 못하였다. 그러나 '성균'이라는 개념은 사라지지 않고 충렬왕의 승하 후 충선왕이 복귀하면서 단행한 2차 관제 개혁(1308)에서도 '성균관(成均館)'이라는 이름으로 바뀌어 중앙관학으로서 살아남는다.

기존 연구에서 '성균'은 경학 연구자들에 의해 중국 고대 천자의 학교 이름이라고 주장되기도 하였으나, 실제로는 당나라 측천무후의 집권기에 약 20년가량(684~705) 일시적으로 사용된 데 불과하고 이후 역사에서 잊히고 말았다. 그렇다면 혹시 유교 경전 해석학 내에서만큼은 '성균'이 천자의 학교 이름을 뜻할 수 있다는 사실을 원나라 조정에서 알았을까? 아마 인지하지 못했을 가능성이 크다. 만일 미리 알았더라면 고려가 원나라와 대등한 천자국임을 자임하는 것으로 인식될 수 있는 '성균'이라는 이름을 1차에 이어 2차 관제 개혁에서도 거듭 중앙관학의 이름으로 사용하는 것을 용인하지 않았을 것이다. 그렇다면 당시 20대 초반에 불과했던 젊은 충선왕, 그리고 그의 결정과 판단을 곁에서 도왔을 고려의 유학자들은 어떻게 '성균'이라는 말을 발견해내고 왜 이를 "국학"을 대신하는 이름으로 채택하기까지에 이르렀던 것일까?

먼저 송대에 일어난 새로운 경전 해석 방법을 고려 말 지식인들이 적극적으로 수용했던 점을 생각해볼 수 있다. 송대 유학자들은 한·당대의 경학자들과 달리 '성균'이라는 개념을 재음미하여 새로운 의미를 부여하고자 하였다. 이들은 '성'과 '균'을 나누어 각각 "이지러진 것을 이루어주고(成其虧)" "지나치거나 모자라는 것을 고르게(均其過不及)" 한다는 뜻으로 '성균'을 해석하였다. 이를 이어받은 원대 유학자들은 여기에서 한 걸음 더 나아가 '성균'에 "본성을 완성한다(成性)"는 의미를 더하였다.[3] 한창 새로운 학문적 대안으로서 성리학을 받아들이던 고려 말의 유학자들도 이러한 새로운 해석에 동조했을 가능성이 있다.[4] 그러나 송·원대에 생겨나기 시작했던 이러한 해석들 역시 중국에서는 단지 경전 구절의 해석에 머물러 있었던 반면, 고려에서는 중앙관학의 이름으로 '성균'을 과감하게 채택하는 데 이르게 된 점을 이

---

[3] 하원수, 「중국 중앙관학과의 비교를 통해 본 성균관(成均館)의 특성」, 『인문과학』 75, 2019 참조.

[4] 조선 유학자들에게 추앙받았던 주희(朱熹: 1130~1200)의 경우에는 당시 송대 유학자들의 새로운 해석을 적극적으로 수용하지는 않았다.

해하기 위해서는 당시 고려 사회의 정치·문화적 맥락도 아울러 고려할 필요가 있다.

학계에서는 고려 후기 충렬왕 대 30여 년의 기간(재위: 1275~1307) 동안 이루어진 다양한 음악 정책들이 전란에 따른 사회분열을 극복하고 고려 사회를 안정시키기 위한 것이었다는 점을 지적해왔다. 시대 변화에 따른 충렬왕 대의 음악 정책의 변화를 간추려보면 속악(俗樂=鄕樂)에서 당악(唐樂), 당악에서 다시 아악(雅樂)으로 중심이 이동해갔다고 볼 수 있다.[5] 충렬왕은 초기에 고려의 토속적인 음악인 향악을 수용하여 궁중음악으로서의 모습을 갖추게 하는 일에 힘을 기울이다가, 여기에 태평곡(太平曲) 등 당악(唐樂)적 요소를 추가함으로써 고려 음악문화의 확대를 도모하였으며, 후기로 가면서 대성악을 토대로 한 전례용 아악까지도 수용하고 발전시키는 정책을 펼쳤다. 이렇듯 충렬왕은 음악을 국정 운영에서 중요한 요소로 삼았던 것으로 보이는데, 의례 음악의 정비를 국정 운영과 결부시켰던 것은 단지 충렬왕 대에 시작한 일이 아니라 원나라의 간섭이 없었던 고려 중기로 소급되어갈 수 있다. 송 휘종(재위: 1100~1125)으로부터 대성악을 받아들였던 고려 예종(재위: 1105~1122)을 비롯하여 태평곡을 중심으로 한 음악 정비에 골몰한 의종(재위: 1146~1170)에 이르기까지 고려 시대의 음악은 정책적인 차원에서 중요한 의미를 지니는 것이었다.

충선왕도 이러한 고려 음악 정책의 관행을 자연스럽게 받아들이고 있었을 가능성이 크다. 충선왕 역시 2차 관제 개혁 때에 성균관에 악정(樂正)을 설치하고 전악서(典樂署) 수장의 품급을 올리는 등의 조처

---

5)   이강한, 「충렬왕대의 시대상황과 음악정책」, 『한국사학보』 55, 2014.

를 했던 것(『고려사』,「백관지(百官志)」)을 생각해보면, "국학(國學)"이라는 이름을 교체하기 위해 단순히 경전 속에 존재하던 '성균'을 찾아내서 붙였다고 보기보다는 고려의 교육제도를 개혁하면서 '성균'이라는 의미에 깃든 유교의 음악적 이상을 이미 염두에 두고 있었다고 보아야 할 것이다. 그렇다면 충선왕 대에 유교 경전 내에 이념적으로만 존재하고 있었던 '성균'의 의미가 실제 중앙관학의 이름으로 채택된 것은 단순한 우연이 아니라, 고려 왕조에서 오랫동안 시도되고 있었던 음악 정책을 통한 사회 통합과 시대적 변화에 대한 대응의 경험이 신유학이라는 새로운 학문적 지향과 만나면서 비로소 가능했던 일이었다고 추측해볼 수 있다.

3. 유교적 가치에 대한 점진적 혁신으로서의 '성균'

유교 경전 내의 최초의 용례에서 '성균'이란 악기를 조율하여 갖가지 다른 음색의 악기들이 어울려 조화를 이루게 하듯이 각양각색의 사람과 사람 사이를 조율할 수 있는 덕성을 기른다는 의미이다. 이는 직능적 차원에서의 탁월한 인재 양성을 교육의 완성으로 여기지 않고, 도덕적 인격 완성을 추구하겠다는 유교 교육의 오랜 이상을 음악적 은유로 표현한 말이라고 할 수 있다. "음악적 조화의 원리(成均之法)"로 나라의 지도자가 될 이들을 교육한다고 말하며(『주례(周禮)』,「대사악(大司樂)」), 교육의 최종 단계에 이르러 덕성과 역량의 모든 면에서 조화를 이룬 사람을 가리켜 "음악적 조화처럼 균형을 이룬 상태(成均)"라고 표현했던(『예기(禮記)』,「문왕세자(文王世子)」) 중국 고대의 유교 문헌에서 이러한 가치지향을 희미하게 발신하고 있었다면, '성균'이라는 말은 성균관의 설립 이래 우리의 전통 사회에서 중요한 교육적 이상으로서 뿌리내리고 깊이 음미됨으로써 오늘날에 이른다.

한·중·일 동아시아 삼국이 다 같이 유교 문화를 공유하고 발전시켰지만 '성균'이라는 음악적 은유를 교육적 이상으로 삼아 이를 학제에 적용한 사례, 그리고 이러한 전통이 오늘날에 이르는 경우는 한국뿐이다. 이렇게 고대 중국에 기원을 두고 있더라도 현대 중국에서는 실제로 발현되지 못하고 오히려 한국 문화를 대표하는 개념 혹은 문화로 자리 잡은 예들이 더러 있다. '천·지·인'이 그렇고 '성균'이 그렇다. 이러한 것들은 오늘날 한국에서 존재감을 발휘함으로써 그 기원을 역추적해보게 되는 사례들인데 사실상 이미 중국 역사의 뒤편으로 사라진 것들이다. 한국의 역사에서 특유의 방식으로 발달하는 기회를 얻지 못했다면 언급조차 되지 못했을 것이라는 뜻이다. 더구나 오늘날의 '성균'은 귀족 자제들을 위한 교육적 이상이 아니며, 오로지 유교 경전에 대한 지식만을 요구하는 교육기관도 아니다. '성균'이 계속해서 선택되어 한국적인 것으로 변모한 후에는 그 함의와 기능과 역할이 처음의 개념적 기원이 함축하던 것과는 달라져 있다는 의미에서 이를 문화적 혁신이라고 부를 만하다. 그리고 이러한 종류의 혁신은 단번에 이루어진 것이 아니라 오랜 기간에 걸쳐 성찰되고 공감대를 형성함으로써 비로소 생명력을 얻을 수 있었다.

생각해보면 주체성을 발휘하기가 현실적으로 지극히 어려웠던 원 간섭기에 '성균'이라는 말이 선택된 것도 특이한 일이지만, '성균'이라는 개념이 함의하는 유교적 가치가 그 후로도 계속해서 선택되고 음미 되어 700년이 훌쩍 넘는 시간을 견딜 수 있었던 것은 더욱 신기한 일이다. '성균'은 오래전 유교 경전 내에서는 '천자의 학교'라는 의미로 유통되기도 하였고, 이후 중원 왕조들과 한반도의 왕조 사이에 존재하는 세력의 격차 때문에 한때 '제후국의 학교'라는 의미로 간주되었던 적도 있고, 또 유교 국가였던 조선이 망하면서 역사의 뒤안길로 사라질 뻔한 적도 있었으나 끝끝내 살아남았다. 이렇게 살아남게 된 데에는 단순한 우연이라고만은 볼 수 없는 지속적인 노력이 있었다고 보아야 할 것이다. 그리고 이러한 역사적 곡절마다 전통을 고수하거나 답습하는 대신 새로운 시대가 요구하는 패러다임에 맞게 전통적 가치가 지닌 의미를 쇄신하려는 노력이 있었다고 생각된다. 그러한 혁신의 노력이 이루어진 사례를 가까운 곳으로부터 되짚어 가보자.

'성균'의 유래를 말하는 사람들이 가장 먼저 떠올리는 것은 성균관대학교의 초대 총장을 지낸 심산(心山) 김창숙(金昌淑: 1879~1962)이 성균인에게 주는 격려사(『成均』 5, 1954년 12월)에서 말한 "성인재지미취, 균풍속지부제(成人材之未就, 均風俗之不齊)"라는 구절일 것이다. 풀이하자면 "사람이 가진 재능 가운데 아직 성취되지 못한 것을 이루고, 세상 사람들의 생활에서 가지런하지 못한 것을 고르게 한다."라는 뜻이다. 그런데 김창숙은 이 구절을 들면서 그 참뜻[眞意]이 "굳세고 참되게 자아완성(自我完成)"에 힘씀으로써 "국가민족(國家民族)의 부흥(復興)과 인류복지(人類福祉)의 증진(增進)"에 이바지할 수 있는 인물이 되는 것이라 말한다. 김창숙이 성균관의 정신을 이어 근대 대학을 수립하고자 했던 것은 물론 유교 전통을 계승하려는 의지에서 나온 것이겠지만, '성균'의 의미를 풀면서 이전의 경전 해석에는 없는 '자아 완성(成)'의 측면과 '사회 기여(均)'로 재해석한 것은 시대적 요청에 정확하게 화답한 것이라 할 수 있다. 더구나 유교의 교육석 이상의 사회석 기여를 언급하면서 '균'의 의미를 확장하여 단지 한국 혹은 한민족이 아닌 인류복지에 이바지하는 인물로 양성하겠다는 의지를 표명한 것은 김창숙이 '성균'에 대한 기존의 함의를 답습하지 않고 시대를 앞서가는 개

넘적 혁신을 이루었음을 보여준다.

'성균'을 "성인재지미취, 균풍속지부제"로 풀이한 것은 김창숙이 홀로 창안해낸 것이 아니라 당시 유학자들 사이에서 공유되었던 해석이었을 것으로 생각된다. 1945년 11월에 한국의 유림 대표들이 성균관에 모여 조선유도회 총본부를 결성하고 김창숙을 위원장으로 추대하였을 때 영남의 유림 대표로서 부위원장을 맡았던 이기원(李基元: 1885~1982) 역시 이와 비슷한 취지로 말한 적이 있다. 그는 성균관대학교 교지인『성균(成均)』의 창간사에서『주례(周禮)』에 "성인재지미숙, 균풍속지부제(成人材之未熟, 均風俗之不齊)"(『성균』 1, 1950년 12월)라는 말이 나온다고 하면서(사실 이 말은『주례』에 나오지 않음), "인재(人才)를 양성(養成)하고 풍속(風俗)을 균일(均一)"하게 하는 것이 "본대학(本大學)의 책임(責任)"이라 말한다. 앞서 김창숙이 했던 말과 비교해보면 '취(就)' 대신 '숙(熟)'이라고 말하여 단 한 글자 차이가 날 뿐이다.

이기원이 이 구절이『주례(周禮)』에 나왔다고 믿었던 것으로 미루어볼 때 당시의 유학자들은 자신들이 '성균'을 이해하는 방식이 중국이 아닌 한국 유학이 발전시킨 주체적인 해석이었다는 것을 자각하지 못하고 있었던 듯하다. 그러나 차근차근 거슬러 올라가 보면 고려 말에 '성균'을 채택할 때부터 시작하여 조선 시대에 '성균'이라는 의미를 지속해서 곱씹으면서 의미를 부여하는 과정에서 이런저런 개념적 변용이 일어남으로써 당시의 유학자들이 익숙하게 느끼게 된 해석이었음을 알 수 있다. 아래에서 살펴보는 것처럼 '성'을 인격 완성의 인재 양성에, '균'을 맞닥뜨린 사회적 문제의 해결에 각각 관련시키고 이를 고등 교육의 최종 목표로 삼는 '성균'에 대한 독특한 해석은 중국이 아닌 한국 지성사에서 이룬 성취이다.

4. 한국 지성사에서 살아남은 교육적 이상, '성균'

오늘날 우리에게 익숙한 '성균'의 의미에 대한 설명은 해방 전후의 유학자들 사이에서 갑자기 생겨난 것이 아니라 고려 말의 중앙관학의 이름으로 '성균'이 채택되었던 때로부터 싹튼 것이다. 이것이 조선 시대를 거치면서 '성균' 개념에 대한 주체적 해석과 변용이 일어나고 다시 이러한 변용이 유교 공동체 내에서 합의되고 공유되는 몇 가지 단계를 거쳐 형성되었다. 처음부터 '성'과 '균'이 지금과 같은 칠언 대구 (對句)의 형식으로 설명되었던 것도 아니고, 자아 완성과 사회 기여라는 상보적인 두 가지 교육 목표라는 정합성을 가지고 있었던 것은 더더욱 아니다. 아래에서는 '성균'이 채택되던 고려 시기부터 시작된 개념적 변용을 단계적으로 살펴보자.

앞에서 중국의 송나라 때에 와서야 이전의 경학 전통에서 반복되던 고대 천자의 학궁이라는 설명에서 한 걸음 나아가 '성균' 개념에 대한 새로운 의미 부여가 시작되었다는 점을 언급한 바 있다. 그런데 당시의 해석은 '성'과 '균'을 나누어 설명하기는 했지만 그 둘 사이에 개념적 긴장이 있지 않았다. 왕안석(王安石: 1021~1086)은 성균을 "이지러진 것을 이루어주고 지나치거나 모자란 것을 균형 잡히게 한다(成其虧, 均其過不及)."(『주관신의(周官新義)』 권10 「춘관(春官)」)라고 해석하였다. 이는 '성'과 '균'의 의미를 불완전한 상태에 있는 재능을 균형 잡힌 완성으로 이끄는 것으로 본 것이니, '성'과 '균'은 유사한 의미를 나타내되 표현을 조금 달리한 것일 뿐이다. 이러한 송대의 해석을 계승한 기초 위에서 원대의 유학자 허겸(許謙, 1270~1337)은 한 걸음 더 나아가 교육을 통한 완성의 대상이 (재능이라기보다는) '본성(性)'임을 콕 집어 "성균으로 본성을 이룬다(成均以成性也)"(『독사서총설(讀四書叢說)』 권1)고 하였다. 그러나 역시 '성'과 '균' 사이에 개념적 긴장을 부여하지는 않는다. 이로부터 송·원대의 유학자들은 '성균' 개념을 재발견하고 의미를 부연하기는 했으나 교육을 통한 완성의 대상이 재능이든 본성이든 개인을 위주로 교육을 논했음을 알 수 있다.

충선왕(1275~1325)이 처음 '성균관'을 도입할 때 어떠한 이념을 마음에 두고 있었는지는 알 수 없지만, 여말선초의 유학자들이 남긴 글에서 고려 시대의 성균관에서 이루어진 교육의 이념에 관한 약간의 실마리를 얻을 수 있다. 변계량(卞季良: 1369~1430)은 포은(圃隱) 정몽주(鄭夢周: 1337~1392)의 시문집에 서문을 쓰면서 다음과 같이 말한다.

> 어찌 다만 지난 고려 왕조에서 수백 년 동안 인재를 양성하고 풍속을 교화한(作成人才風化) 효험이 포은 선생에게 모인 것일 뿐이겠으며 우리 조선이 억만년을 이어갈 신하의 기강이 확립되는 것이 공에게서 시작될 뿐이겠는가……. 일찍이 포은 선생께서 성균관에서 경서를 강론하던 때에 대해 목은 이색(李穡: 1328~1396) 선생이 일컫기를 "횡으로 말하든 종으로 말하든 이치에 맞지 않는 것이 없었다"라고 하시며 우리 동방 성리학의 시조로 추앙하였다.(『圃隱集』「圃隱先生詩藁序」)

이 글은 본래 성균관의 이념을 서술하려는 글이 아니라 정몽주를 대학자로서 기리는 과정에서 잠시 언급된 것이므로 단정하기는 어렵지만 "인재를 양성하고 풍속을 교화한다"라는 표현에서 교육의 목표로 인재와 풍속을 아울러 고려하는 관점이 엿보인다. 또한 정몽주의 인격 완성에 대한 이와 같은 평가가 고려의 성균관에서 경서를 강론하였던 정몽주를 가르치거나 그로부터 배운 사람들에 의해 면면히 계승되고 있었음을 알 수 있다.

이러한 학문적 태도는 조선이라는 유교 국가의 설계자였던 삼봉(三峯) 정도전(鄭道傳: 1342~1398)에게도 공유되었던 것으로 보인다. 『삼봉집(三峯集)』에 실린 「조선경국전(朝鮮經國典) 상(上)」의 '예전(禮典)' 부분에는 다음과 같은 일련의 흥미로운 조항들이 수록되어 있다.

> 1. 총서: 경연(經筵)은 군주의 덕을 장려하고 발전시키기 위한 것이며, 학교는 인재를 양성하기 위한 것이다('總序' 經筵, 所以勸進君德, 學校, 所以養成人才).
> 15. 학교: 학교는 교화의 근본이니 여기에서 인륜을 밝히고 인재를 완성한다. …… 나라 안에 성균관을 설치하여 이로써 공경대부의 자제들과 백성 가운데 빼어난 이들을 가르친다('學校' 學校, 教化之本也, 于以明人倫, 于以成人才. ……國家內置成均, 以教公卿大夫之子弟及民之俊秀).
> 22. 정표: 백성들의 의로운 행실을 장려하고 풍속을 순후하게 한다('旌表' 礪行義而厚風俗也).(『三峯集』卷七, 「朝鮮經國典 上」禮典)

조선 건국의 주역이었던 유학자들에게는 전대의 왕조 고려의 국학의 이름인 "성균관"을 이어받아 새로이 건설된 나라에 설치하는 것에 대해 그다지 거부감이 없었던 것 같다. 위에서 보듯이 정도전의 글에서도 "인재를 양성한다."라고 풀이되는 표현들("養成人才", "成人才")이 보이며, 더욱이 이러한 표현과 아직 짝을 이루지는 않았지만, 이후에 "성인재(成人才)"와 긴밀히 연관되는 "후풍속(厚風俗)"이라는 표현이 같은 「예전(禮典)」 내에 이어서 등장하는 것을 볼 수 있다. 이상적인 교육을 논하면서 인재의 양성과 풍속의 교화라는 두 가지 목표를 역동적으로 결합하는 전조가 엿보인다고 하겠다.

덧붙이고 싶은 것은 원래 『주례』의 '성균' 관련 대목에서는 "공경대부의 자제(國之子弟)"라고 표현되어 있던 것을 정도전은 굳이 "공경대부의 자제들과 '백성 가운데 빼어난 이들'(公卿大夫之子弟及民之俊秀)"이라고 바꾸어 말하고 있다는 점이다. 국가 교육을 논하면서 그 대상 안에 백성을 포괄하는 것은 의미 깊은 관점의 변화이며, 이는 '성균' 개념에 잠재된 함의를 창조적으로 확장한 결과라고 할 수 있다. 물론 이는 일찍이 주희(朱熹: 1130~1200)의 「대학장구서(大學章句序)」에 나타난 보편교육의 이상을 이어받은 것이라 할 수 있고, 이후 조선 사회에서 이러한 이상이 과연 얼마나 실현되었는지도 문제점으로 지적될 수 있겠지만, '성균' 혹은 "성균관"과 관련하여 '백성 가운데 빼어난 이들까지 포함'해서 교육한다는 언급은 조선 건국 초부터 구한말까지 이어진다.

'성균'을 오늘날의 설명 방식과 같이 '도덕적 인재 양성'(成人才)과 '사회풍속의 변화'(均風俗)로 나누는 동시에 상보적인 관계로 연관 지어 해석하는 경우는 조선 시대 문헌에서 찾아보기 어렵다. 다만 인재 양성을 국가의 바탕을 세우는 일로 인식하고, '성균'을 기본적으로 '인재 양성(成人才)'으로 설명하는 경우는 매우 자주 보이며, '양성인재(養成人才)', '작성인재(作成人才)', '양인재(養人才)', '육인재(育人才)' 등 '성인재와 유사한 표현 역시 다양하게 나타난다. 반면 정확히 '균풍속(均風俗)'이라고 표현하는 경우는 매우 드물다. 대신, "풍속을 두터이 한다(厚風俗)"[한국고전종합DB 기준으로 332건], "풍속을 바로잡는다(正風俗)"[313건]는 표현이 대단히 많고, "풍속을 착하게 한다(善風俗)"라는 표현도 자주 보인다.

우리가 참고할 수 있는 자료를 통해서 본다면 "균풍속지부제(均風俗之不齊)"라는 표현은 아마도 성균관이라는 구심점이 사라지고 이를 대체하여 경학원(1911년), 명륜학원(1930년), 다시 명륜전문학원(1939년), 명륜전문학교(1942년) 등으로 거듭 명칭이 바뀌던 식민 통치 시절 유학 교육의 정체성을 고민했던 유학자들에 의해 고안된 표현이 아닐까 싶다. 그렇기는 하지만 앞에서 살펴보았듯이 교육의 목표를 개인(인재)과 사회(풍속)의 두 방향으로 설정하고 전인적 인격 완성이 올바른 사회 변화를 가져올 수 있다고 보는 기본구도 자체는 매우 오래된 것이며, '성균'을 '성인재'와 '균풍속'으로 설명하는 오늘날의 해석이 이러한 구도 위에서 가능했음은 분명하다.

아래의 표는 '인재'와 '풍속'을 바로 연결하는 대표적인 표현들을 정리한 것이다. 관련 사례는 이보다 많지만, 시대별로 구분한 다음 사례들만 보더라도 '성균'을 둘러싼 해석이 동시대 중국과는 사뭇 달랐으며 지속적으로 이어졌다는 것을 쉽게 알 수 있다.

人才와 風俗이 연결되는 표현	이름과 생몰연대	비고
作成人才, 培養風俗	인재(寅齋) 신개(申槩: 1374~1446)	
厚風俗成人才	간재(艮齋) 이덕홍(李德弘: 1541~1596)	
作成人才而善風俗	화당(化堂) 신민일(申敏一: 1576~1650)	
成人才而厚風俗	갈암(葛庵) 이현일(李玄逸: 1627~1704)	
夫爲國, 以正風俗養人才 爲本	항재(恒齋) 이숭일(李嵩逸: 1631~1698)	이현일의 동생
傷風俗壞人才	졸수재(拙修齋) 조성기(趙聖期: 1638~1689)	
厚風俗成人才之道	밀암(密菴) 이재(李栽: 1657~1730)	
正風俗作人才, 治化是已	곤륜(昆侖) 최창대(崔昌大: 1669~1720)	
壞人才敗風俗, 實爲世道 之憂	현와(弦窩) 윤동야(尹東野: 1757~1827)	

成人才而正風俗	갈천(葛川) 김희주(金熙周: 1760~1830)	
厚風俗成人才之道	정와(訂窩) 김대진(金岱鎭: 1800~1871)	
其治也, 必以正風俗育人才爲先	운암(雲菴) 박문일(朴文一: 1822~1894)	

위의 표를 보면 '인재'와 '풍속'을 함께 다루는 논조가 일시적으로 유행한 것이 아니라 고려 말부터 조선 후기에 이르기까지 꾸준히 이어져 왔음을 볼 수 있다. 중국의 경우 '성균'을 주로 사회의 지도자가 될 개인의 재능 및 인격의 완성이라는 의미와 결부시켰다면, 한국에서는 국가 경영의 기본 바탕으로 성균관 교육을 논할 때 자아와 사회의 관계를 밀접하게 연결하는 논리로 활용한 것이다. 물론 '성균'이라는 개념이 성균관이라는 현실로 구현되지 않았다면 위와 같은 의미를 부여할 계기를 가지지 못했을 것이다. 그런데 개인의 완성과 공동체의 삶을 불가분의 관계로 보는 사유의 틀이 없었다면, '성균'의 처음 맥락에서 상당한 거리가 있는 '성인재' '균풍속'과 같은 독자적 해석이 갑자기 나타날 수도 없었을 것이다.

성균관은 개념적 해석뿐 아니라 제도적 측면에서도 독자성을 추구했다. 조선의 성균관에서는 결코 중국의 제도를 그대로 따르지 않고 다양한 방면에서 고유한 제도를 창안하고 유지하였다. (1)통일신라, 고려, 조선의 선현에 대한 제사, (2)조선의 유학자들이 숭상했던 송조 6현을 대성전에 배향한 일, (3)중원 왕조의 입김에 휘둘려 공자의 존호를 변경하지 않고 전통적인 호칭[大成至聖文宣王]을 고수한 일, 그리고 (4)관직에 오르지 않은 학생을 위한 사당인 사현사(四賢祠)를 둔 것 등 한국의 성균관은 특유의 제도적 장치를 유지해왔다.[6] 이렇듯 성균관은 수백 년을 견뎌 오는 동안 마침내 고대 천자의 중앙관학이라는 경학적 해석에서 벗어나서 한국의 지성사에서 발전시킨 교육적 이상을 실현하는 중앙관학을 의미하게 되었다. 그래서 오래 묵었으나 낡은 이름이 아닌 매번 의미를 혁신해가는 새로운 이름으로 인식될 수 있었고 시대가 바뀌어도 계속해서 살아남을 수 있었다.

성균관은 일본에 의해 조선왕조가 대한제국으로 승격된 후에 이름이 바뀔 뻔한 적이 있었다. 이제 황제국이 되었으니 "성균관(成均館)을 벽옹(辟雍)이라고 고쳐 부르자"(『조선왕조실록』 고종 39년, 1902년)라는 송종억(宋鍾億: 1854~?)의 상소가 올라온 것이다. 고종황제는 공자의 존호를 격에 맞추어 '지성선사(至聖先師)'로 고치자는 요구는 흔쾌히 들어주면서도 '성균관'을 '벽옹'으로 고치자는 요구에 대해서는 다음에도 기회가 있을 것이라고 말하면서 물리쳤다. 그런데 여기서 재미있는 것은 '성균'을 '벽옹'으로 고치자는 송종억의 요구에는 '성균'보다 '벽옹'이 더 높은 등급의 관학 이름이라는 전제가 깔려 있다는 점이다. 기존 연구(박소정, 「성균의 의미(I)」)에서 이미 밝혔듯이 동아시아 경전해석학사의 관점에서 보면 '성균'을 '벽옹'보다 낮은 등급의 학교로 여긴 예는 전혀 없다. 조선의 유학자들이 스스로 자신들의 중앙관학의 전통적인 이름인 '성균관'이 중원 왕조의 관학보다 더 낮은 등급을 의미할 것이라고 잘못 알고 있었을 뿐이다. 그리고 송종억 한 사람만이 오해한 것이 아니라 당시에는 일반적으로 이렇게 알고 있었기에 『실록』을 편찬하는 측에서도 옳고 그름을 더 따지지 않고 상소 내용을 그대로 실었을 것이다. 그렇다면 고종이 '성균관'을 '벽옹'으로 고쳐 부르는 것을 기각한 정확한 이유는 무엇일까?

---

6)   하원수, 앞의 글 159~166쪽 참조.

고종이 '성균'이 고대 천자의 학교 이름이라는 경학사적 주장이 있다는 사실을 알고 있었던 것 같지는 않다. "벽옹으로 고치는 사안은 응당 시행해야겠지만, 마음만 먹으면 언제든 할 수 있으니" "우선은 잠시 처분을 기다리라[姑俟處分]"고 특별한 이유를 대지 않고 얼버무리고 있기 때문이다. '성균'이라는 이름은 많은 우여곡절이 있었으나 거듭해서 다시금 선택됨으로써 충선왕이 처음 도입한 1298년부터 고종 당시(1902년)까지 무려 600년이 넘는 세월 동안 한반도의 지식인들에게 중앙관학을 부르는 이름으로 이미 자리 잡은 상황이었음을 상기할 필요가 있다. 고종이 말한 그대로를 믿는다면 황제국의 격에 맞게 명칭을 조정해야 한다는 당위성에도 불구하고 '성균'이라는 이름을 당분간 유지하고 싶은 의사를 표현했다고 보아야 할 것 같다.

그 후로 성균관이 식민통치 시기인 1911년에 관학의 지위를 잃음으로써 "성균"은 한동안 유혼(遊魂)으로 떠돌다가 1946년 근대 사립대학인 '성균관대학교'가 다시 설립되기까지 상당한 기간 단절을 겪었다.[7] 그러므로 일본의 식민지배를 편리하게 하기 위한 여러 기관의 잔재와 결별하면서 동시에 '성균관'이라는 이름을 회복시켜 근대 대학을 수립하였던 김창숙이 '성균'이라는 이름을 시대 정신에 맞추어 재규정하고자 했던 것은 당연한 일이었을 것이다. "현실에 대한 정확하고 세밀한 인식"을 가지고 "시대적 사회적 환경에서" "보다 나은 생활의 방도를 발견하여" "개인의 발전과 전체의 복지"에 이바지할 수 있는 인물로 성장해달라는 그의 당부(김창숙 1954, 앞의 글)는 오늘날에

---

7) 식민통치시기의 경학원, 명륜학원, 명륜전문학교 등과 근대 사립대학으로 중건된 성균관대학교의 관계에 대해서는 오제연, 「1946년 성균관대 중건의 연속과 단절」, 『대동문화연구』 116 참조.

도 여전히 마음에 와닿는 울림을 지닌다. 그렇기에 근대적 교육기관으로 변모한 후의 성균관대학교는 교육의 대상, 교육의 구체적인 내용, 그리고 학교의 성격이 크게 바뀌었음에도 여전히 한국의 지성사에서 발굴하고 발전시켜 온 교육적 이상인 '성균'을 상기시키는 기호로서 작용할 수 있는 것이다.

5. 오늘날 '성균'이 요구하는 리더: 조율하는 인격

'성균'이라는 교육적 이상은 한국 문화의 독자적 전개를 드러내는 지표이다. 중국의 경학사 내에서 이념적으로만 존재했던 '성균'이라는 이름을 발굴하여 학교 제도로 현실화하고(고려 말), 이 이름에 담긴 함의를 주체적으로 재해석하고 음미함으로써 독자적인 전통을 수립하게 되었으며(조선 시대), 이를 근대적 교육기관이 지향해야 할 목표로서 재인식하여(근대 초기) 오늘날에 이르는 한국의 문화 정체성의 한 축을 담당해왔다. 그리고 이러한 과정에서 '성균'은 시대의 변화에 따라 매번 당대의 언어로 다시 해석되면서도 동시에 시대적 한계를 뛰어넘는 보편적인 가치를 지향함으로써 실질적 영향력을 발휘해왔다. 그렇다면 과연 근대 대학으로 변모한 지도 80년 되어 가는 지금, 4차 산업 혁명의 시대를 맞이한 오늘날의 우리에게도 '성균'은 우리 시대가 요구하는 지향을 여전히 발신하고 있다고 할 수 있을까?

이에 대한 대답은 오늘날 미래세대의 교육을 고민하고 설계하려는 우리에게 달려 있다. '성균'이라는 단어에서 우리 시대가 요구하는 지향이 자동으로 산출되어 나오는 것이 아니기 때문이다. '성균'이 풍부한 함축을 지닌 글자로 이루어져 있는 것은 사실이지만, '성균'이라는 개념사를 돌이켜보면 사실 한 번도 '성균'이라는 기호가 자동 발신하는 의미를 그저 수용한 적은 없다. 처음부터 '성균'은 중원 왕조에 의해 강제된 것도 아니고 그들의 관제명을 본떠서 만든 것도 아니라 우리가 지향하는 교육의 가치를 담기 위해 선택된 말이었고, 여기에 개인적 수양과 사회적 실천이라는 두 축을 설정하여 창조적 장력을 부여한 것도 이 땅에서 일어난 일이었다. 그리고 이렇게 의미의 진화를 거친 '성균'은 개인의 완성이 개인의 문제로 끝나서는 안 된다는 의미에서 사회와 긴밀히 호흡하는 혁신적 개인을 요구하는 동시에 사회문제의 해결이 개인의 인격적 성장과 무관할 수 없다는 의미에서 사회의 수준 높은 품격을 요구한다.

이는 한편으로는 오늘날 대학의 가치를 글로벌 경쟁력, 산업 경쟁력, 경쟁력 있는 개인 등 모든 것을 경쟁력 지수로 환원하는 사고에 대해서 문제를 제기하는 것이다. 경쟁력을 포기하자는 것이 아니라 지수를 높이는 노력으로 획득할 수 있는 경쟁력에는 한계가 있다는 생각이다. 오늘날만 일등을 강조하고 경쟁력에 목을 매는 것이 아니다. 동아시아의 전통 중앙관학의 대표적인 명칭들 역시 대개 크고 높은 학교라는 의미의 '태학(太學)', 귀족 자제들의 학교라는 의미의 '국자감(國子監)'이라거나 아니면 학자들의 집단을 의미하는 '한림원(翰林院)' 등이었다. 서구의 전통 역시 University('전체')나 King's college('왕립대학') 등의 명칭에서 읽어낼 수 있는 것처럼 상황은 별반 다르지 않았던 것 같다. 고등교육기관에서 길러내려는 인재상이 그냥 최고의 인재, 오늘날의 표현으로 경쟁력 있는 인재일 뿐이라면, 우리는 자율성을 잃고 현재 경쟁력의 내용과 표준을 결정하는 이들에 의해 끌려다닐 수밖에 없다. 그런데 스스로 교육의 가치를 정의하지 않으면 나중에 표준이 바뀌면 다시 그 표준에 맞춰 끌려다니게 되어 있다.

다른 한편으로는 인문학적 전통의 체질 개선을 요구하는 것이기도 하다. '성균'의 심층적 함의를 음미하지 않고 전통적인 중앙관학이라는 표층적 의미로만 읽는 경우, '성균'은 현대적 교육과는 거리가 먼 시대착오적인 발상으로 여겨질 수 있다. 그리고 이렇게 시대착오적으로 '성균'의 의미를 이해하는 사람들이 여전히 많은 것도 사실이다. 그러나 인문학적 가치란 되살려내는 방식으로 입증된다. 변치 않는 가치가 고전 안에 고스란히 들어 있는 게 아니라 고전으로부터 읽어낸 의미를 오늘날에 실현함으로써 그 어떤 무형의 것이 비로소 가치 있는 것으로 재탄생되는 것이다. 지금 우리에게는 오랫동안 내면화해온 가치를 다시 오늘날의 시대 변화에 맞춰서 재해석해내고 실행하는 일이 필요하다. '성균'이라는 음악적인 은유를 통해 달리 표현해보자면 우리에게는 "조율하는 인격"을 갖춘 인재가 필요하다. 인문학과 자연과학 사이의 융합과 소통이 그 어느 때보다도 요구되는 오늘날에도 '성균'의 의미를 음미해서 재창조해낸다면 전통과 현대를 잇는 교육적 이상이자 미래의 비전으로 되살아날 수 있을 것이다.

자신의 재능과 덕성을 조율하고 타인과 나의 관계를 조율하며 이로써 얻어진 역량으로 사회가 맞닥뜨린 문제들을 조율해낼 수 있는 인격으로 성장시키겠다는 목표인 '성균'은 오늘날 흔히 볼 수 있는 최고가 되겠다는 구호보다 훨씬 우아하고 성숙한 교육적 이상이라고 생각한다. 그런 의미에서 이 땅에 살았던 사람들이 '태학'이나 '국자감' 등 더 버젓해 보이는 명칭들이 있었음에도 '성균'을 최고 교육기관의 대명사로 꿋꿋하게 사용해왔던 것은 참으로 놀랍다. 하지만 과거를 되새김질하는 것만으로 오늘날 자기 문제의 해결을 도모하고 나아가 우리 사회를 혁신할 수 있는 리더를 길러낼 수 있는 것은 결코 아니다. '성균'이라는 교육적 이상이 오늘날에 실현되기 위해서는 새로운 시대가 요구하는 변화를 감지하고 이를 주체적으로 대응하려는 구체적인 노력이 수반되어야 할 것이다.

[주요 참고 문헌]

박소정, 「성균의 의미(I): "成均"에 대한 문헌 고찰과 새로운 해석 가능성 탐색」, 『한국철학논집』 60, 2019.

박소정, 「성균의 의미(II): : "성균(成均)"과 "성균관(成均館)"의 관계」, 『한국철학논집』 61, 2019.

오제연, 「1946년 성균관대 중건의 연속과 단절」, 『대동문화연구』 116, 성균관대 대동문화연구원, 2021.

이강한, 「충렬왕대의 시대상황과 음악정책」, 『한국사학보』 55, 2014.

이정훈, 「忠宣王代官制改革과 관청간의 統屬관계」, 『한국중세사연구』 32, 2012.

하원수, 「중국 중앙관학과의 비교를 통해 본 성균관(成均館)의 특성」, 『인문과학』 75, 2019.

성균관(成均館)의 특성 : 중국 국자감(國子監)과의 비교

-하원수(성균관대학교 사학과 교수)

1. 들어가며*

성균관대학교. 이 교명은 보통 두 글자로 이루어진 한국의 여타 대학들 이름과 다르다. 하지만 한국인 대부분은 이 명칭을 별로 낯설어 하지 않는다. 성균관이 전통 시대 학교의 이름임을 잘 알고 있기 때문이다. 실제로 성균관대학교도 성균관의 계승을 적극적으로 표방한다. 조선 왕조가 서울에 성균관을 세운 1398년을 대학의 설립 시기로 삼고 이를 기념하고 있다.

중국과 오래도록 밀접한 관계를 맺어 온 한국에는 중국으로부터 유래한 제도들이 많다. 유교 경전을 주로 가르친 고등교육기관 곧 중앙관학(中央官學)도 마찬가지이다. 그런데 중국의 경우 그 호칭은 좀 달랐다. 시대에 따라 태학(太學) 등 여러 가지 이름으로 불렸지만, 수대(隋代) 이래 가장 일반화된 공식 명칭이 국자감(國子監)이었다.

한국도 물론 고구려 소수림왕(小獸林王, 재위 371~384) 2년(372)에 태학(大學/太學)을 두었고, 고려 성균관의 전신이던 국자감의 조직과 기능은 당제(唐制)와 거의 같았다. 그러나 고려의 중앙관학은 후술하듯이 국학(國學) 혹은 성균감(成均監)·성균관으로 바뀌고, 성균관이란 이름이 조선시대 내내 이어졌다. '국학'의 경우 국가에서 설립한 학교를 일컫는 범칭일 수 있지만, '성균'이 중국에서 중앙관학의 명칭으로 쓰인 것이 무측천(武則天, 624~705, 재위 690~705)의 집권 시기 잠깐뿐이다. 이와 같은 중앙관학의 호칭 차이는 매우 흥미로운 현상이다.

---

* 이 글은 필자의 「중국 중앙관학과의 비교를 통해 본 성균관의 특성」, 『인문과학』 75, 2019를 바탕으로 한다. 다만 쉽게 읽히도록 축약한 부분이 많으므로 좀 더 상세한 설명과 주석은 위의 논문을 참조하기 바란다.

그렇다면 왜 한국과 중국은 상이한 이름의 중앙관학을 갖게 되었으며, 실제로 두 기관이 어떻게 같거나 달랐던가? 이 문제는 대단히 방대한 주제이다. 따라서 필자는 양자의 차이를 잘 보여준다고 생각되는 부분, 곧 고려의 '성균'이란 중앙관학 명칭 채용 과정과 조선시대 이 고등교육기관의 구체적 운용 양상에 대하여 살펴보고자 한다.

2. 고려시대 성균관의 출현

1) 충선왕(忠宣王)과 그의 시대

고려시대의 중앙관학은 다음의 표에서 보듯이 변화가 많다. 그런데 조선시대로 이어지는 '성균관'이나 그 직전에 쓰였던 '성균감' 모두 충선왕(재위1298, 1308~1313)의 즉위와 복위 때 처음 등장한다. 한국의 독특한 중앙관학과 관련하여 우선 충선왕이라는 인물과 그의 시대에 주목하는 까닭이 바로 여기에 있다.

〈표 1: 고려시대 중앙관학의 변화〉

시기	명칭	주요 관직	비고
성종(재위 981~997)	국자감	국자사업(國子司業), [국자학(國子學)]태학(大學)·사문학(四門學)의 박사(博士)·조교(助敎) 설치	태조(太祖) 때부터 국학(國學)은 존재하였을 듯함, 국자감으로의 정확한 재편 시기 논란
문종(재위 1046~1083)		겸관(兼官)으로 제거(提擧), 동제거(同提擧), 관구(管勾), 판[국자감]사(判國子監事) 설치; 좨주(祭酒, 종3품) 등 관직 추가; 서학(書學), 산학(筭學)과 이속(吏屬) 설치	문종 30년(1076)의 개제(改制)로 추정됨, 율학(律學)의 존재 여부 논란

예종 11년 (1116)	국자감	판국자감사 → 대사성(大司成, 종3품), 좨주(종3품 → 정4품) 변화	이후에도 판국자감사 기록이 보이므로 백관지(百官志) 내용에 의문
충렬왕 1년 (1275)	국학	국자감 → 국학(國學), 좨주 → 전주(典酒), 사업 → 사예(司藝) 변화	원(元)의 부마(駙馬)가 된 충렬왕 시기에 "의상국(擬上國)"했던 관명과 관제의 개편 결과
충렬왕 24년 = 충선왕 즉위년 (1298)	성균감	국학 → 성균관(成均監), 대사성(종3품 → 정3품), 전주 → 좨주, 사예 → 사업, 국자박사 → 성균박사(成均博士) 변화; 명경박사(明經博士), 명경학유(明經學諭) 설치	충렬왕의 선양을 받은 충선왕의 즉위(1월) 뒤 시도한 개혁의 일환인 이 신제(新制)의 실행 기간이 불분명하나, 충선왕의 양위(8월) 이후 충렬왕 초의 제도로 복구된 것은 확실함[1]
충렬왕 34년 = 충선왕 복귀년 (1308)	성균관	[국학 →]성균관(成均館), 전주 → 좨주(종3품), 사예 → 악정(樂正, 종4품) 변화; 승(丞, 종5품), 성균박사(정7품), 순유박사(諄諭博士, 종7품), 진덕박사(進德博士, 종8품) 설치 등 대대적인 개편/ 이후 대사성(정3품) 복구; 악정 → 사예, 승 → 직강(直講), 진덕박사의 품계(종8품 → 정8품) 변화	원 무종(武宗)의 황위 계승(1307)에 공을 세운 충선왕은 심양왕(瀋陽王)으로서 고려의 관제를 개혁하고(6월), 충렬왕의 사망 뒤 고려의 왕으로 복위(8월)/ "이후"는 충선왕 2년(1310)의 일일 가능성이 큼
공민왕 5년 (1356)	국자감	성균관 → 국자감 변화; 대사성(정3품), 좨주(종3품), [사예 →]사업(종4품), 직강(종5품)과 [성균박사 → ?]국자박사(정7품), 태학박사(종7품), 사문박사(정8품), 명경박사(정8품), 율학박사(종8품), 서학박사(종9품), 산학박사(종9품) 등의 부활 혹은 설치	공민왕의 반원(反元) 정책으로 중국 제도와 유사했던 문종 시기의 조직과 비슷해짐

---

1) 　박재우, 「高麗 忠宣王代 政治運營과 政治勢力 動向」, 『한국사론』 29, 1993, 23쪽

공민왕 11년 (1362)	성균관	사업 → 사예, 국자박사 → 성균박 사, 사문박사 → 순유박사(종7품) 변화	홍건적(紅巾賊) 격퇴 후의 개 혁(3월), 정치적 혼란 수습과 반원정책에 대한 반발 무마책
공민왕 18년 (1369)		좨주 → 사성(司成) 변화	명과의 사신 왕래(4~6월)와 원 의 연호 폐지(5월) 등 국제 정 세 변화 속에서의 개혁

충렬왕(재위 1274~1308)의 맏아들이자 원 세조(世祖, 재위 1260~1294)의 외손자인 충선왕은 고려와 원의 종실(宗室) 혈통을 함께 가진다. 그의 이러한 이중적 정체성의 역사적 의미가 큰 논쟁거리이나, 여기서는 중앙관학 문제에 집중하여 검토하기로 한다.

먼저 중앙관학을 국학에서 성균감으로 바꾼 충렬왕 24년(1298)의 상황을 보자. 이 조처의 정확한 시점은 의문이나 그것이 충선왕의 즉위 이후의 일임은 분명하다. 그리고 원이 이해 6월에 새로운 관제를 탐탁히 여기지 않고 이듬달부터 충선왕의 입조(入朝)를 계속 요구해서 결국 충선왕이 8월에 원으로 가게 되면서 양위했다. 따라서 새로운 관제의 출현과 폐지 시기를 단정하기 어렵더라도, 이에 대한 원조(元朝)의 불만이 충선왕의 퇴위로 이어졌다는 것은 확실하다.

물론 이 충선왕의 퇴위가 관제 개혁 때문만이 아니며, 또 현존 문헌에서 당시 논란이 된 제도가 성균관과 직접 연관되었다는 기록도 없다. 하지만 충선왕 퇴위 이듬해 곧 충렬왕 25년(1299)에 고려의 "참람(僭濫)"한 관칭(官稱)에 대한 원 승상(丞相)의 비판에서(『元史』 권208) 짐작되듯이, 관제를 둘러싼 고려와 원의 갈등이 이 시기에 큰 문제였음은 틀림없다. 그리고 충선왕이 즉위하면서 중앙관학의 전주(典酒)와 사예(司藝)를 각각 좨주(祭酒)와 사업(司業)으로 고친 것은 원의 비난을 샀을 법하다. 이 새로운 관직들은 중국 국자감의 전통적인 장관·차관의 명칭일뿐더러 당시 원에서도 설치한 관직이었기 때문이다.

충선왕은 양위한 뒤 원에 머물면서 원 무종(武宗, 재위 1307~1311)의 즉위에 큰 도움을 주었다. 덕분에 그는 충렬왕 33년(1307) 심양왕(瀋陽王)이 되었고, 이듬해 7월 충렬왕 사망 직후 복위할 수 있었다. 그런데 충선왕은 심양왕일 때 벌써 고려의 관제 개편안을 제출했으며, 실제로 이것이 고려에서 실행되었다. 국학을 성균관으로 바꾸는 한편 중국의 대표적인 중앙관학의 관직인 좨주·악정(樂正)·승(丞)을 채용한 것이 바로 이때의 일로 생각된다.

그런데 이 조처는 곧 일부 조정이 불가피하였다. 함부로 "관호(官號)"를 바꾸었다고 원(元)에 고발한 자가 생겨 충선왕 1년(1309) 3월에 근시(近侍) 등의 관직을 복구해야만 했던 것이다. 또 이듬해 10월에 "전국의 관사(官司)에서 관직 명칭이 상국(上國)과 같은 것이 있으면 모두 혁파하여 없애라."는 교서(敎書)를 내렸다(『高麗史』 권33). 위 〈고려시대 중앙관학의 변화〉 표에서 충렬왕 34년 기록 중 "이후"의 내용이 그 결과로 짐작된다. 원의 중앙관학에 없던 대사성(大司成)으로써 좨주의 역할을 하게 하는 등 중국의 전통적인 중앙관학 관직들의 이름을 포기했기 때문이다.

그렇다면 충선왕 복위와 더불어 이루어진 일련의 중앙관학 개혁 역시 즉위년 때와 같이 고려 관제에 대한 원조의 통제로 인하여 순탄치 못하였을 것이다. 충선왕 집권기의 제반 상황을 면밀히 살펴보아도 그 결론이 동일하다. 충선왕의 관제 개편은 관청의 격을 원에 비해 낮춤으로써 '제후국'으로서 고려의 입장을 명확히 함과 동시에 그 실제적인 운용을 중시하는 방향으로 나아갔다.

앞서 보았듯이 충선왕은 관호가 "참람"되다는 빌미를 주어 실각했던 경험이 있었기에 복위 후에도 관제 문제에 극히 민감할 수밖에 없었다. 충선왕이 충렬왕 34년에 중앙관학의 이름을 '성균'으로 되돌리면서도 '감(監)'이 아닌 '관(館)'으로 바꾼 것이 그 단적인 증거일 듯하다. 성균감은 일찍이 무측천 집권 시기의 중앙관학이었을뿐더러 국자감이란 원제(元制)도 감안하여, '감'이란 명칭을 피했으리라고 추측되는 것이다. 충선왕 2년 "상국(上國)과 같은" 좨주·악정·승 등의 중앙관직을 각각 대사성·사예·직강(直講)으로 개칭했음을 생각하면 더욱 그러하다.

충선왕의 복위 이후 이 문제와 관련하여 간과할 수 없는 사실이 있다. 충선왕은 1308년 11월에 다양한 개혁을 요구하는 교서를 내렸다. 이 글은 "상국"의 은혜에 대한 칭송으로 시작되지만 태조(太祖) 왕건(王建) 이후 왕들에게 "덕호(德號)"를 덧보태는 등 고려의 독자성에 대한 강한 자의식을 표명하였다. '대성지성문선왕(大成至聖文宣王)' 곧 공자(孔子)를 위한 석전(釋奠)을 강조함과 동시에 도선(道詵), 설총(薛聰), 최치원(崔致遠)과 같은 한반도 출신 인물들의 칭호를 높이도록 한 조처 또한 마찬가지 맥락에서 이해된다.

위의 교서는 전술한 충선왕의 이중적 정체성을 여실히 보여준다. 그리고 여기에 담긴 적극적인 개혁 의도와 그것을 실제로 추진·완수하기 위한 노력 사이에 드러나는 괴리도 이와 무관하지 않을 듯하다. 충선왕은 교서를 내린 이튿날 왕숙(王淑, 1238~1312)에게 정동행성(征東行省)의 일을 맡기고 원으로 가버렸기 때문이다. 또 그는 충선왕 5년 (1313) 3월 양위할 때까지 줄곧 원에 머물며 단지 "전지(傳旨)"로 고려를 다스렸다. 이것이 설령 복잡하고 미묘했던 당시 국내외 정세 탓일지라도, 군주로서 충선왕의 태도는 극히 소극적인 것이었다.

하지만 본고의 주제인 중앙관학과 관련하여 볼 때, 충선왕의 뚜렷한 개혁 의지 자체를 부정할 수는 없다. 특히 원의 압박 아래 예하 관직의 명칭을 여러 차례 바꾸면서도 '성균'이란 이름만은 고수하였음이 주목된다. 고려의 중앙관학을 이렇게 불러야 한다는 그의 뜻은 확고했으며, 이것이 결국 성균관이라는 한국 특유의 중앙관학을 낳았던 것이다. 그렇다면 충선왕은 왜 이처럼 '성균'이란 말에 집착했을까?

2) '성균'의 의미

'성균'이란 말은 『주례(周禮)』와 『예기(禮記)』의 아래와 같은 구절에 나온다.

> 『주례』: "대사악(大司樂)은 성균의 법을 관장하여, 나라[國]의 학정(學政)을 세워 다스리고 나라의 자제(子弟)들을 모은다.(『周禮』 권22, 「春官宗伯下」, '大司樂')
>
> 『예기』: "[덕(德)·사(事)·언(言) 중 하나가 뛰어나서 뽑혀 올라온 자들을] 교인(郊人)이라고 부르니, 이들이 멀리 성균에까지 이르면 [향음주례(鄕飮酒禮)에서 주인(主人)과] 윗자리에서 술잔을 주고 받을 수 있다."(『禮記』 권20, 「文王世子」)

이 두 경서에서 성균의 의미가 비교적 명료한 것은 『주례』이다. 특히 이 『주례』 내용에 대한 후한(後漢) 정현(鄭玄, 127~200)의 다음 설명을 보자.

> 동중서(董仲舒)가 "성균은 오제(五帝)의 학교다."고 하였으니, "성균의 법"은 [이로부터] 전해져 본받을 만한 예(禮)이다. "나라의 자제"란 공경대부(公卿大夫)의 자제로서 마땅히 배워야 할 자들이니, 이를 '국자(國子)'라고 한다.(『周禮注疏』 권22, 「春官宗伯下」, '大司樂')

이 주석을 보면, 성균은 오제 시기의 중앙관학인 듯하다. 따라서 당대(唐代) 가공언(賈公彦)의 소(疏)에서는 이에 대해 "오제의 학교 이름이다. … 오제 [때의 학교를] 통틀어 성균이라고 불렀다."고 단언하였다.

그러나 동중서로부터 비롯한 이러한 주석은 의문스럽다. 많은 경학(經學) 연구들이 대개 기존 해석을 따르지만, 근래 이를 비판한 박소정의 연구가 훨씬 타당해 보이기 때문이다. 즉 '성균'은 학교 자체를 가리키는 말이 아니라 도덕적 인격 완성을 추구하겠다는 유교 교육의 이상을 "음악적 은유"로 표현한 것이다.[2] 이와 같은 사실을 전제로 하여, 고려의 중앙관학 명칭을 고집한 충선왕의 의도를 추론해 보자.

우선 떠오르는 것은 사실 여부와 무관한 당시의 통념, 즉 오제 시기에 중앙관학의 이름이던 성균이 주대(周代)까지 이념적으로 계승되어 왔다는 인식이다. 한대(漢代) 이래 『주례』 주석들에서 연유한 이러한 관념이 무측천으로 하여금 중앙관학을 성균감으로 바꾸게 만들었을 터이며, 송대(宋代) 새로운 사상의 개창자인 주희(朱熹, 1130~1200)의 판단도 이와 다르지 않았다. 따라서 충선왕이 이상(理想)의 시대에 존재했지만 원제(元制)와는 상이한 성균이란 이름에 관심을 가졌다고 해서 전혀 이상할 것이 없다. 이것이 원의 압박을 피하면서도 전통적 권위를 확고히 할 수 있는 방법이었기 때문이다.

그러므로 중앙관학의 명칭으로 성균을 취한 충선왕의 선택이 고육책이었지만 당시 고려의 상황에서 훌륭한 묘안이었음에 틀림없다. 그리고 이러한 결정은 중국의 역사와 문화에 대한 그의 풍부한 지식을 시사한다. 이와 관련하여 또 하나 간과할 수 없는 점은 충선왕이 살던

---

2) 박소정, 「성균의 의미」(I)·(II), 『한국철학논집』 60·61, 2019. 두 논문의 취지는 이 책에 실린 박소정, 「교육적 이상으로서의 '성균(成均)'」에 잘 요약되어 있다.

시대의 특성이다. 송대의 신흥 사대부 계층과 그들의 새로운 학술·사상 경향이 바로 그것이다. 이 자리에서 상세히 논증할 겨를은 없으나, 이른바 사대부들의 '송학(宋學)'이 경서에 대한 자유로운 발상과 주체적인 해석을 특징으로 한다는 사실은 잘 알려져 있다.[3] 상당한 학문적 식견을 갖춘 충선왕은 이와 같은 점을 잘 알고 있었을 가능성이 농후한 것이다.

실제로 원 세조의 외손인 충선왕은 어릴 때부터 어머니와 함께 원나라를 빈번히 드나들었고, 복위년 11월의 교서에서 자신이 19년간 황제의 숙위(宿衛)였음을 자부할 만큼 권력의 중심부에 있었다.[4] 따라서 충선왕의 곁에는 당시 원의 고위 관인들이 많았으며, 요수(姚燧, 1238~1313)·조맹부(趙孟頫, 1254~1313)·소구(蕭㪺, 1241~1318) 등 당시 새로운 학풍을 주도하던 최고의 지성인들도 적지 않았다. 송학을 대표하는 성리학이 고려에 도입되는 과정에서, 이제현(李齊賢, 1287~1367) 같은 충선왕의 측근 인사들의 역할이 중시되는 까닭도 바로 여기에 있다.

이와 같은 시각에서 보면, 송대의 새로운 학술 문화 속에서 성균에 새로운 의미가 부여되기 시작한다는 사실이 주의를 끈다. 북송 시기 신학문의 핵심 인물인 왕안석(王安石, 1021~1086)이 『주례』를 재해석하면서

---

3) 小島毅, 신현승 역, 『사대부의 시대: 주자학과 양명학 새롭게 읽기』(동아시아, 2004), 190쪽; 서울대학교 동양사학연구실 편, 『강좌중국사(Ⅲ)』(지식산업사, 1989)에 수록된 하원수, 「宋代 士大夫論」과 이범학, 「宋代 朱子學의 성립과 발전」 참조.

4) 이승한, 『혼혈 왕, 충선왕: 그 경계인의 삶과 시대』, 푸른역사, 2012 참조.

성균과 고종(瞽宗)은 모두 학교의 이름이다. 가르치고 배우는 도는 부족한 것을 [보충해] 완성하고[成其虧], 지나치거나 모자라는 것을 고르게[均其過不及] 할 뿐이다. 이를 '성균'이라고 함은 그 뜻을 여기에서 취하였다."(王安石, 『周官新義』 권10, 「春官」)

라고 주장하는 것이다.

왕안석의 이 글은 현존 문헌에서 '성'과 '균'의 자의(字義)를 통해 중앙관학의 이념적 성격을 찾으려고 한 첫 시도로서 흥미롭다. 그리고 이러한 설명이 진상도(陳祥道, 1053~1093)의 『예서(禮書)』를 거쳐 후대로 이어지는데, 원 세조 때 편찬된 『주례집설(周禮集說)』도 그 한 예이다. 따라서 충선왕이 살던 당시 경서를 새롭게 해석하려는 신흥 사대부들의 관심 속에 성균이란 중앙관학의 옛 이름 역시 존재했다고 보아도 좋을 것이다.

그런데 송학은 주지하듯이 여러 분파로 나뉘고, 성균의 의미 또한 학자들 사이에 다양한 견해가 존재하였다. 예컨대, 진상도의 아우인 진양(陳暘, ?~?)은

주나라는 문왕(文王)·무왕(武王)부터 [중앙관]학을 벽옹(辟雍)이라 부르다가 성왕(成王) 때 이르러 성균으로 명명하였는데, 인재의 부족함을 [보충해] 완성하고[成人材之虧], 지나치거나 모자라는 것을 고르게[均其過不及] 하기 위해서였다.(『樂書』 권39, 「周禮訓義」 '大司樂')

고 한다. 기본적으로 왕안석과 진상도의 견해를 따르면서도, 성균은 성왕 때 비로소 생겼으며 '성(成)'이 곧 인재의 문제라는 점을 부연한 것이다.

한편 원대 허겸(許謙, 1270~1337)의 『독사서총설(讀四書叢說)』에서는 "대개 주나라의 학교 가운데 성균이 중앙에 있었다."는 진상도의 말을 인용한 뒤,

> 성균으로써 성(性)을 완성한다[成均以成性也]. 또 "지나치거나 모자라는 것을 고르게 한다."고도 하니, 그러므로 성균이라고 일컫는 것이다.(『讀四書叢說』권1)

는 설명을 덧붙였다. '성(成)'을 '성(性)'의 완성에 초점을 맞춘 이러한 해석은 그의 성리학적인 경향을 잘 보여주며, 왕안석의 주장과는 확실히 결을 달리한다. 그리고 이어지는

> 오제부터 그 [중앙관학] 이름을 성균이라고 일컫기 시작하였는데, [이렇게 부른 까닭은 여기에서] 성(性)을 완성하기 때문이라고 말하는 이들이 있다.(『讀四書叢說』권1)

는 구절을 볼 때, 이것이 비단 허겸 혼자만의 생각도 아니었던 듯하다. 성리학이 원대 사대부들에게 확산되고, 원 인종(仁宗, 재위 1311~1320) 때 부활된 과거제도(科擧制度)가 이를 위주로 했다면 더욱 그러하다.

이러한 상황에서 충선왕이 성균이라는 옛 학교의 명칭에 주목한 것은 일면 자연스러워 보인다. 이로써 고려의 제도에 이상화된 고대의 전통적 권위를 부여할뿐더러, 당시 그 이름의 석의(釋義) 과정에서 표출된 새로운 학문의 분위기까지 담을 수 있었기 때문이다. 유학에 조예가 깊었던 충선왕은 원 인종의 과거제도 도입에도 큰 역할을 했

다고 하니, 그는 당시 이러한 사상계의 흐름에도 민감하게 대응하였으리라 생각된다.

그렇다면 충선왕은 성균의 자의(字義) 논란에서 실제로 어떤 입장을 취하였던가? 이는 관련 기록이 없어 확인 불가능하다. 그러나 이러한 명명(命名)의 배경에 신흥 사대부의 움직임이 존재했음은 분명하다. 어쩌면 이처럼 새로운 송학의 사상적 기반을 내재하고 있었기 때문에 그 이름이 별다른 이견 없이 조선시대로 계승되었는지도 모른다. 그렇다면 원의 억압 속에서도 충선왕이 고집했던 성균이란 명칭은 오늘날 우리에게 시사하는 바가 크다. 숱한 현실적 애로·제약에도 불구하고 선진 문화를 주체적이면서도 적극적으로 현명하게 수용해 나가려한 자세가 바로 그것이다.

3. 조선시대 성균관의 운용

1) 중국과 한국의 묘학제(廟學制)

성균관과 같은 전통적인 중앙관학은 '관학(官學)'이란 표현에서 드러나듯이 하나의 관청이었고, '학관(學官)'으로도 불린 선생 역시 대부분 관인이었다. 게다가 이곳에 입학하는 학생들도 대개 과거 시험 준비 등 벼슬살이를 목적으로 하였다. 따라서 한국과 중국 중앙관학의 강한 정치적 예속성은 두말할 나위가 없다.

하지만, 그렇다 하더라도 중앙관학이 지닌 교육기관으로서의 기본 속성을 간과해서는 안 된다. 이 문제는 교육이 무엇인가라는 보다 근본적인 질문과 연관될 터인데, 그 답은 역사적 조건에 따라 다를 수 있다. 이때 중요한 사실은 동아시아의 전통사회가 예(禮)를 중시해 왔고, 이 예의 실행 장소로서 곧잘 학교가 지목되었다는 점이다. 예컨대, 『예기』와 『주례』에 따르면 연로한 이들에게 잔치를 베푸는 양로례(養老禮)나 정중한 격식을 갖춘 활쏘기 모임인 사례(射禮) 가운데 중요한 행사는 반드시 중앙관학에서 시행되어야 했다. 이것은 지식의 '습득'과 의례를 통한 그 '실천'이 나뉠 수 없다고 본 동아시아 특유의 전통적 교육 관념의 소산이다.

이와 같은 시각에서 중앙관학을 생각할 때 무엇보다 중요한 것이 석전(釋奠)이다. 이 제사 형식의 의례는 원래 다양한 용도로 행해졌던 듯하나, 『예기』의 "무릇 처음 학교를 세울 경우 반드시 선성(先聖)·선사(先師)에게 석전을 한다."(『禮記』, 「文王世子」)라는 구절 등에 의거해 점차 공자를 기리는 '학례(學禮)'의 핵심이 되어 갔다. 이러한 변화 과정은 무척 복잡한데, 이 문제에 장기간 천착해 온 중국 학자 가오밍스(高明士)의 연구를 중심으로 그 역사를 간략히 정리하면 아래와 같다.[5]

공자에 대한 제사는 일찍부터 행해졌으며, 한 고조(高祖, 재위 기원전 202~195)부터 황제가 이를 직접 주재하기도 했다. 하지만 후한 명제(明帝) 영평(永平) 2년(59) 이전까지는 중앙관학에서 공자를 제사 지냈다는 기록이 없다. 그 뒤에도 이 제사를 위한 독립된 건물은 존재하지 않았고, 학교 안에 처음으로 공자의 사당을 건립한 것은 동진(東晉) 효무제(孝武帝) 태원(太元) 10년(385)의 일이다. 그러므로 교육과 제사라는 두 가지 역할을 겸하여 수행한 중국 특유의 중앙관학 형태는 이때

---

5) 高明士, 「唐代的釋奠禮制及其在教育上的意義」, 『大陸雜誌』 61~5, 1980; 『中國教育制度史論』, 聯經, 1999; 「漢唐間學校教育發展的特質」, 『唐代東亞教育圈的形成』, 國立編譯館(臺北), 1984; 「學禮與師道」, 『中國中古的教育與學禮』, 臺灣大學出版中心, 2005; 「廟學與東亞傳統教育」, 『東亞傳統教育與法文化』, 臺灣大學出版中心, 2007 등 참조.

비로소 출현한다고 하겠다.

그런데 여기에서 아울러 짚고 갈 사실이 있다.『예기』나『맹자(孟子)』에 '선성'이나 '선사'란 말은 나오나, 막상 그것이 누구인지 애매하다는 점이 그것이다. 따라서 이에 관한 정론(定論)이 오래도록 없었다. 문제의 초점은 상(商)을 멸망시킨 뒤 봉건제(封建制) 등 이상적 제도를 만들었다는 주공(周公, ?~?)과 유학의 태두 공자 가운데 누구를 더 존숭할 것인지였다. 당초(唐初)까지 계속된 이 논란은 고종(高宗) 현경 2년(657)에 이르러 공자와 그의 무관(無官) 제자 안자(顏子)를 각각 '선성'과 '선사'로 섬기고, 주공을 이 의례에서 배제하는 것으로 최종 결론이 났다.

그 결과 석전은 정치적 지배자가 아니라 학문의 권위자를 기리는 제사라는 점이 분명해졌다. 그리고 현종(玄宗, 재위 712~756) 개원 20년 (732) 공자와 함께 제사 지낼 인물들과 그 위계까지 확정함으로써 이 제도는 한층 세밀하게 정비되었다. 또 개원 27년(739)에는 공자를 문선왕(文宣王)으로 지위를 격상시켰다. 이로 인해 공자의 사당을 문묘로 일컫게 되었으며, 묘학제(廟學制) 곧 '묘'와 '학'이 결합된 중국 특유의 학교 제도가 바로 이 시기에 확립되었다고 해도 좋다. 후대에 공자의 존호(尊號)(〈표2〉 참조)와 사당의 이름·석전 제사 대상 등이 바뀌더라도, 묘학제에 의거한 중앙관학 제도의 기본적인 틀은 청말까지 유지되었기 때문이다.

한국의 중앙관학도 이와 별로 다르지 않다.『삼국사기(三國史記)』에 의하면, 신라 성덕왕(聖德王, 재위 702~737) 16년(717)에 당에서 가져온 "문선왕(文宣王)·10철(十哲)·72제자의 그림"(「新羅本紀」, '聖德王')을 태학 (太學)에 비치했다는 것이다. 물론 문선왕이란 명칭은 전술하였듯이 739년에 처음 생겼으므로 이 기록에 의문이 없지 않고, 이를 경덕왕

〈표 2: 시기별 공자 존호〉

명칭	시기
포성선니공(襃成宣尼公)	한(漢) 평제(平帝) 원시(元始)1년(1)
문성니보(文聖尼父)	북위(北魏) 효문제(孝文帝) 태화(太和)16년(492)
추국공(鄒國公)	북주(北周) 정제(靜帝) 대상(大象)2년(580)
선사니보(先師尼父)	수(隋) 문제(文帝) 개황(開皇)1년(581)
선성(선성)	당 태종(太宗) 정관(貞觀)2년(628)
선보(宣父)	당 태종 정관11년(637)
태사(太師)	당 고종(高宗) 건봉(乾封)1년(666)
융도공(隆道公)	무측천(武則天) 천수(天授)1년(690)
문선왕(文宣王)	당 현종(玄宗) 개원(開元)27년(739)
현성(玄聖)문선왕	송(宋) 진종(眞宗) 대중상부(大中祥符)1년(1008)
성(聖)문선왕	송 진종 대중상부5년(1012)
대성지성(大成至聖)문선왕	원(元) 무종(武宗) 대덕(大德)11년(1307)
지성선사(至聖先師)	명(明) 세종(世宗) 가정(嘉靖)9년(1530)
대성지성문선선사(文宣先師)	청(淸) 세조(世祖) 순치(順治)2년(1645)
지성선사(至聖先師)	청 세조 순치14년(1657)
대성지성선사(大成至聖先師)	중화민국(中華民國)24년(1935)

(景德王, 재위 742~765) 시기의 일로 늦추어 보기도 한다. 설령 그렇더라도 8세기에 공자와 그 제자들의 초상을 중앙관학에 두는 묘학제가 신라에 존재하였음은 틀림없다.

고려도 묘학제를 계승한다. 고려 인종(仁宗, 재위 1122~1146) 때 사신으로 온 서긍(徐兢, 1091~1153)은 개경 국자감의 중심에 자리 잡은 선성전(宣聖殿)을 보았다고 한다(『高麗圖經』 권16, 「官府」). 그리고 『고려사』에 따르면 충렬왕 30년(1304) 국학에 대성전(大成殿)을 세웠으며, 문선왕묘(文宣王廟)에서 석전을 거행하였다(『高麗史』 권62, 「禮」, '文宣王廟'). 선성전·대성전·문선왕묘 등 그 명칭은 다를지라도, 이들 모두 중앙 관학에서 공자를 비롯한 성현에게 제사를 지내는 건물이었다.

조선시대의 중앙관학인 성균관도 당연히 이러한 전통을 계승하였는데 그 구체적인 상황까지 소상히 알 수 있다. 대사성 민종현(閔鍾顯, 1735~1798)이 정조(正祖) 9년(1785)에 어명으로 편찬한 『태학지(太學志)』는 성균관에 관해 가장 잘 정리한 문헌인데, 묘학제의 특성이 여기에서 뚜렷이 드러난다. 이 책 첫머리의 건물 구조 설명이 제사 의례의 중심인 대성전(大成殿)과 교육 공간인 명륜당(明倫堂) 순서로 진행됨이 그 단적인 예이다(『太學志』 권1 「建置 廟宇·學舍」). 성균관은 '묘'와 '학'으로 구성되고, 그 중심에 확실히 묘가 존재하는 것이다. 이어지는 내용 또한 '향사(享祀)'[6] 등 문묘 관련 서술 다음에 '장보(章甫)' 곧 유생(儒生)의 교육 관련 기록이 나온다는 점에서 마찬가지이다.

이 밖에도 성균관의 가장 중요한 역할이 성현에 대한 제사였음은 『태학지』 곳곳에 드러난다. '학령(學令)'이 성균관 학생들에게 무엇보다 먼저 요구한 것은 바로 매월 초하룻날 대성전에서의 '알성(謁聖)'이었다(『태학지』 권5, 「章甫 學令」). 성균관 특유의 '원점(圓點) 제도(식당 이용 횟수를 점검해서, 일정 기준을 충족한 자에게만 과거 응시 자격을 부여)' 역시 이와 무관하지 않다. 이것은 물론 성균관에서의 기숙(寄宿)을 강제하기

---

6) 문묘에서의 제사는 配享, 配祀, 從祀로 나눌 수도 있지만, 여기에서는 이를 모두 祭祀 혹은 享祀로 통칭한다.

■ 반궁도(泮宮圖)

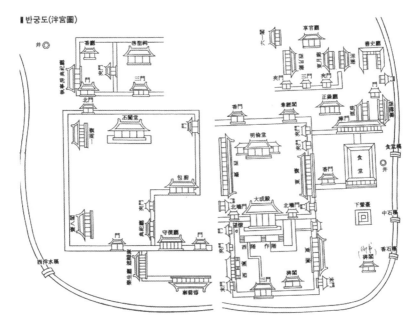

『태학지』의 성균관 건물 배치도

위해서였으나, 그 명분은 수업의 참여가 아니라 "성묘(聖廟)를 지키는
것"이었다(『태학지』 권6, 「章甫 圓點」). 실제로 학생들이 집단적인 의사 표
명 방법으로써 함께 성균관을 떠나버리는 '공관(空館)'을 군주가 두려
워했던 주된 이유 역시 성묘를 지키지 못하기 때문이었다(『태학지』 권6,
「章甫 空館」).

이와 같이 묘학제에 기반한 중앙관학의 운용은 전통적인 학교를
국가권력의 종속물처럼 여겨 온 기존 통념을 재고하게 만든다. 즉 관
학이 공자와 그 학문적 계승자들을 섬기는 의례를 특별히 중시하기
에, 그 나름의 보편적 가치를 지향하는 교육기관으로서의 소임을 수
행했다고 여겨지는 것이다. 그러므로 가오밍스가 묘학제의 특징을 전
제권력(專制權力)의 속박에서 벗어난 교육의 "자주성(自主性)"이나 '치통

(治統)'과 대비되는 '도통(道統)'의 "구상화(具象化)"라고 결론 내린[7] 까닭도 쉽게 납득된다.

이러한 시각에서 보면, 묘학제는 한국 중앙관학의 역사에서 각별한 의미를 지녔다고 할 수 있겠다. 앞서 상술한 바 '성균'을 중앙관학의 이름으로 취할 수밖에 없었던 고려의 상황에서 여실히 드러나듯이, 동아시아에서 중원 왕조의 정치적 영향력은 지대하였다. 그러나 '치통'과는 다른 '도통'을 강조한 묘학제를 받아들이게 됨으로써 한국의 왕조들이 중국의 정치권력과 별개의 독자적 가치를 추구해 볼 여지도 생기는 듯하다. 그 좋은 예가 청(淸)의 압박에도 불구하고 조선시대 학교의 사전(祀典)이 청제(淸制)와 거리를 두었다는 사실이다. 이는 한국 나름의 주체적인 교육 이념의 모색과 무관하지 않을 터이며, 한국 특유의 성균관이 중국의 중앙관학과 다른 점에 좀 더 주목할 필요가 생긴다.

2) 『태학지(太學志)』를 통해 본 성균관의 특성

조선시대 성균관은 한국 교육사 연구의 핵심 주제이며, 국자감과의 비교로 그 범위를 좁히더라도 필자의 검토 능력을 벗어난다.[8] 따라서 여기서는 조선시대 성균관에 관한 가장 종합적인 문헌인 『태학지』에 나오는 몇 가지 특별한 사례에 초점을 맞추고자 한다. 이렇게 제한된

---

7) 高明士, 「廟學與東亞傳統教育」, 43~45쪽; 「學禮與師道」, 559~564쪽.

8) 조선시대 교육에 대하여서는 수많은 연구들이 있고, 성균관으로 주제를 국한해도 마찬가지이다. 장재천의 『조선조 성균관교육과 유생문화』, 아세아문화사, 2000; 『조선 성균관 교육문화』, 교육과학사, 2012; 『조선 성균관 학교문화』, 박영사, 2018 등 일련의 저작이 대표적인 예이다. 이 책에 실린 장재천, 「조선 성균관의 교육과 문화」가 그의 연구를 잘 정리해 두었다.

영역의 고찰이나마 한국의 전통 중앙관학이 지닌 특징의 일단을 밝힐 수 있으리라고 기대하는 것이다.

『태학지』의 내용을 검토하기 전에 이와 유사한 중국의 서적을 알아보자. 우선 주목해야 할 자료는 청 건륭(乾隆) 43년(1778) 곧 『태학지』보다 7년 앞서 나온 『흠정국자감지(欽定國子監志)』이다. 이 책 또한 황제의 명령으로 호부상서(戶部尙書) 양국치(梁國治, 1723~1786) 등이 당시 중앙관학 관련 제반 사실을 정리한 문헌이므로 『태학지』와 성격이 흡사하다. 그리고 명대(明代)의 국자감에 대한 기록으로는 가정(嘉靖) 36년(1557)에 국자감 좨주 곽반(郭鎜, ?~1558) 등이 만든 『황명태학지(皇明太學志)』가 있다. 황제가 직접 편찬을 명하지는 않았지만, 국자감의 현직 학관들이 쓴 이 책 역시 중앙관학을 포괄적으로 설명한다.

이 세 자료의 대체적인 내용 파악을 위해 그 최상위 목차를 도표화하면 아래의 〈표 3〉과 같다. 그런데 이 표에서는 편제(編制) 형식의 상이함에도 불구하고 유사한 점이 발견된다. 목차의 구체적 명칭은 다르지만, 모두 문묘의 제사·예악을 학생의 실제 교육 내용보다 먼저 적어서 묘학제의 특징을 잘 드러내고 있기 때문이다. 그러나 이들 사이의 차이 또한 간과할 수 없다. 우선 군주 관련 기록의 서술 방법이 확연히 다르다. 『태학지』는 이를 해당 항목 안에 삽입하였지만, 중국 문헌의 경우 별도의 목차로 내세운 것이다. 또한 『흠정국자감지』는 "성유(聖諭)"·"어제(御製)"·"천장(天章)"으로 표현된 황제의 글이나 "국자감 방문[詣學]" 행위를 무엇보다 앞세움으로써 통치자의 권위를 두드러지게 만들었다. 『황명태학지』도 황제의 "모훈(謨訓)"을 쓴 뒤에 문묘의 예악을 설명하였고, 이 역시 묘제(廟制)의 위상이 『태학지』에 비해 낮아 보인다.

〈표 3: 『태학지』와 『황명태학지』·『흠정국자감지』의 목차〉

『태학지』/ 해당 권수(卷首)*	『황명태학지』/ 해당 권수	『흠정국자감지』	
		사고전서본 (건륭 43년 간행)	북경고적출판사본 (광서 23년 간행)
건치(建置)/1^	전제(典制)/1,2	성유(聖諭)/1,2	성유(聖諭), 천장(天章)/수(首)
향사(享祀)/1^,2^	모훈(謨訓)/3,4	어제(御製)/3~6	묘지(廟志)/1~8
예악(禮樂)/2^, 3, 4	예악(禮樂)/5,6	예학(詣學)/7,8	학지(學志)/9~18
직관(職官)/5^	정사(政事)/7,8	묘제(廟制)/9,10	벽옹지(辟雍志)/19~24
장보(章甫)/5^, 6^	논의(論議)/9,10	사위(祀位)/11,12	예지(禮志)/25~34
교화(敎化)/6^, 7^	인재(人才)/11,12	예(禮)/13~19	악지(樂志)/35~40
희름(餼廩)/7^		악(樂)/20~25	관사지(官師志)/41~48
선거(選擧)/7^, 8		감제(監制)/26,27	녹름지(祿廩志)/49~52
사실(事實)/9~12		관사(官師)/28~34	금석지(金石志)/53~64
부편(附編)/13,14		생도(生徒)/35~41	경적지(經籍志)/65,66
		경비(經費)/42~45	예문지(藝文志)/67~80
		금석(金石)/46~50	지여(志餘)/81,82
		경적(經籍)/51,52	
		예문(藝文)/53~60	
		지여(識餘)/61,62	

* 해당권(卷) 일부에만 그 내용이 있는 경우 '^' 표시함

『태학지』와 『황명태학지』·『흠정국자감지』의 이처럼 상이한 구성
형태는 왕과 황제라는 군주의 위상이 달랐기 때문일 수 있다. 하지만
그 이유야 어떻든 결과적으로 『태학지』에서 '치통'과 대비되는 '도통'

이 더욱 선명히 부각된 것은 사실이다. 그렇다면 정치권력과 일정한 거리를 둔 묘학제라고 하는 동아시아 특유의 교육 이념이 중국의 국자감보다 오히려 성균관에서 제대로 실현되었던 셈이다.

기실 중국의 중앙관학과 비교할 때 성균관의 가장 확실한 특징은 한반도 출신 선현(先賢)에 대한 제사이다. 고려 현종(顯宗, 재위 1009~1031) 11년(1020)에[9] 최치원을 "선성(先聖)"의 사당에 모신 데서 시작된 이것은 그 기원을 국자감 시기부터 찾을 수 있다. 이러한 제도가 성균관에서도 지속되어 조선 고종(高宗, 재위 1863~1907) 20년 조헌(趙憲, 1544~1592)과 김집(金集, 1574~1656)의 향사까지 이어지는 것이다.[10] 그리고 『태학지』는 이러한 제사의 목적을 사회의 교화(敎化)에서 찾았으며 해당 인물들에 대하여 자세한 설명도 실었다. 이는 성균관이 묘학제를 이용해서 한국의 독자적인 학문과 교육 전통을 수립하려

---

9) 崔致遠의 享祀 시기는 『高麗史』 안에서도 엇갈린 기록이 병존한다. 여기에서는 일단 『高麗史節要』(노명호 등, 『校勘 高麗史節要』, 집문당, 2016) 권3, 「顯宗元文大王」, 96쪽과 『태학지』 권2, 「享祀 聖賢姓名爵號」, 123쪽과 같은 世家 내용에 따른다.

10) 조선시대 성균관에 모신 한반도 출신 인물들도 시기에 따라 달라진다. 현재 성균관이 조선 말기의 규정에 따라 제사 지내는 인물은 아래의 표와 같다.

이름	從祀 시기	이름	從祀 시기
崔致遠(857~?)	고려 현종11(1020)	李珥(1536~1584)	조선 숙종8(1682)
薛聰(650~740)	고려 현종13(1022)	成渾(1535~1598)	조선 숙종8(1682)
安珦(1243~1306)	고려 충숙왕6(1319)	金長生(1548~1631)	조선 숙종43(1717)
鄭夢周(1337~1392)	조선 중종12(1517)	宋時烈(1607~1689)	조선 영조32(1756)
金宏弼(1454~1504)	조선 광해군2(1610)	宋浚吉(1606~1672)	조선 영조32(1756)
鄭汝昌(1450~1504)	조선 광해군2(1610)	朴世采(1631~1695)	조선 영조40(1764)
趙光祖(1482~1519)	조선 광해군2(1610)	金麟厚(1510~1560)	조선 정조20(1796)
李彦迪(1491~1553)	조선 광해군2(1610)	趙憲(1544~1592)	조선 고종20(1883)
李滉(1501~1570)	조선 광해군2(1610)	金集(1574~1656)	조선 고종20(1883)

했음을 의미한다.

물론 문묘에서 제사 지낸 이들은 대부분 중국인이었고, 그 의전(儀典)도 기본적으로 중국과 같았다. 하지만 『태학지』를 보면 중국과 다른 경우가 더러 발견되는데, 이는 중국의 관련 규정 변화를 몰랐던 탓도 없지 않았을 터이다. 예컨대, 공백료(公伯寮, ?~?) 등을 제사 대상에서 뺀 숙종(肅宗, 재위 1674~1720)은 명조의 동일한 선례를 뒤늦게 인지하였던 듯하다(『태학지』권1, 「享祀 陞黜」). 그러나 이는 당시 개제(改制)에서 하나의 까닭이었을 뿐이며, 중국 제도와 다르다고 해서 반드시 그것을 고쳐야 한다고 여기지는 않았다.[11]

중국과 상이한 성균관의 석전 방법들 가운데 이른바 '송조육현(宋朝六賢)'을 대성전 안으로 모셔들인 것은 조선의 독자적 판단으로서 특히 주목된다. 『태학지』는 그 취지를 "도통의 근원이 있는 바를 밝"히기 위해서라는 송시열(宋時烈, 1607~1689)의 주장 위주로 정리해 두었다(『태학지』권1의 「享祀 位次」, 「享祀 陞黜」). 그런데 숙종 7년(1681) 송시열의 상소로 촉발된 이 입제(立制)에 대한 반론도 만만치 않아 40년(1714)에 이르러서야 최종 확정되었다. 중국에 없는 제도의 채용은 이처럼 긴 시간에 걸친 많은 논란이 불가피했지만, 결국에는 송조의 육

---

11) 『태학지』는 公伯寮의 제사 여부를 둘러싼 조정의 논란 속에서 金壽恒이 明 嘉靖 연간의 新制와 달리 "옛것을 인습"함을 비판했다고 하므로(권1, 「享祀 陞黜」, 91쪽), 숙종 8년의 변화가 확실히 중국의 제도와 관련이 있는 듯하다. 그러나 『조선왕조실록』을 보면, 당시 그의 주장에서 明制 여부는 단지 부차적인 문제였다. 김수항은 "일제히 중국 조정의 제도를 따르는 것은 불가하며 … 중국 조정에서 [陸九淵·王守仁 등의] 제사를 더한다고 하여 동일한 예로 구차스럽게 따를 수 있겠습니까?"(『조선왕조실록』, 숙종 7년 11월 9일)라고 하였기 때문이다. 이와 같은 태도는 앞선 중종에게서도 확인된다. 중국 문묘의 位次가 우리와 다름이 문제시되었을 때, 그는 "祖宗의 제도를 준수해온 지 이미 오래되었고, 중국에서 보고 들은 것 또한 그 적실 여부를 어찌 기필할 수 있겠는가."라면서 "구례"를 고수했던 것이다(『조선왕조실록』, 중종 37년 12월 25일).

현을 안치한 한국 특유의 대성전이 생겨났다.

이는 중국으로부터 받아들인 제도일지라도 그 실제 운용 과정에서 한국 나름의 해석이 병행되었음을 뜻한다. 이러한 시각에서 보면, 묘학제의 중심인물 곧 공자의 존호까지 스스로 결정했다는 것이 무엇보다 중요하다. 『태학지』는 명 가정 9년(1530) '지성선사(至聖先師)'로 부를 때까지 중국에서 공자의 이름이 여러 차례 바뀐 사실을 자세히 기록한 뒤, "우리나라에서는 [중국의 변화와 무관하게] 계속 '대성지성문선왕(大成至聖文宣王)'이라고 일컬었다."라고 단호하게 천명하였다(『태학지』 권2, 「享祀 聖賢姓名爵號」).

주지하듯이 원제(元制)를 따른 조선의 이 명칭은 줄곧 국내외의 비판에 시달렸다. 그러나 오래된 제도를 가볍게 바꿀 수 없다는 이황(李滉, 1501~1570) 등의 논리와 권위에 힘입어 공자의 명칭은 중원 왕조들과 달리 구제(舊制)를 유지하였다.[12] 이것은 묘학제에 입각한 중앙관학에 대한 한국 지성인들의 주체의식(主體意識)이 없었다면 불가능한 일이다. 그리고 이러한 인식이 조선시대 성리학의 발전이라는 학문적 온축과 이에 기반한 교육의 목적과 가치에 대한 자각을 배경으로 하고 있음은 분명하다.

이와 같은 입장에서 볼 때, 『태학지』의 부편(附編)에 나오는 계성사(啓聖祠)와 사현사(四賢祠)도 흥미롭다. 공자 등 특별한 성현의 선조를 기리기 위한 계성사는 명제(明制)에서 유래하지만, 사현사는 중국의 중앙관학과 무관하기 때문이다. 『태학지』의 설명에 따르면, 사현사는 숙종 9년(1683)에 "[훌륭한 중앙관학의 학생이던 당대(唐代)의 하변(何

---

12) 『태학지』 권1, 「享祀 位次」, 62~70쪽. 김성일, 『鶴峯先生文集續集』(한국고전번역원, 한국고전종합DB) 권5, 「雜著 退溪先生言行錄」 참조.

蕃, ?~?)과 송대의 진동(陳東, 1086~1127)·구양철(歐陽澈, 1097~1127)] 세 사람의 사당을 성균관 옆에 따로 건립해서 오늘날 유생들이 직접 보고 느낀 바가 있게 하고 싶다."라는 숙종의 뜻에서 비롯되었다. 이후 김수흥(金壽興, 1626~1690)이 진대(晉代)의 저명한 태학생 동양(董養, ?~?)도 함께 모시자고 추천하여 제사 대상이 4명으로 확정되었다. 영조(英祖, 재위 1724~1776) 1년(1725) 12월에 완성된 이 사당의 첫 이름은 숭절사(崇節祠)였으나 40년(1764)에 사현사로 바뀌었다.

이러한 건립 과정에서 알 수 있듯이 사현사가 태학 곧 중앙관학의 학생을 제사 지내는 장소였다는 점은 특기하지 않으면 안 된다. 명대 이후 지방관학의 문묘에 명환사(名宦祠)·향현사(鄕賢祠)·충의효제사(忠義孝悌祠) 같은 부속 사당을 짓는 풍조가 확산되지만, 사현사처럼 죽을 때까지 무관(無官)의 학생 신분이었던 이들만을 모신 사례는 달리 찾을 수 없다.[13] 다시 말해, 사현사는 모든 성균관 학생들에게 각별한 일체감을 줄 수 있는 장소였던 것이다. 따라서 "관학(館學) 유생(儒生)"들의 집단적인 사현사 건립 촉구도[14] 일면 당연해 보인다.

이와 같이 성균관에는 중국의 중앙관학과 달리 그 학생들에게 일체감을 부여하는 그들만의 특별한 사당이 존재하였다. 게다가 숙종이 처음 사현사를 세우려 했을 때 성균관 장의(掌儀) 곧 학생들의 자치기구 임원이던 윤지술(尹志述, 1697~1721)이 이 일을 "주관"하였다(『조선왕조실록』, 영조1년 11월 28일). 그리고 입사(入仕)도 하기 전 당쟁(黨爭)의 와중에 사형된 그를 사현사 완공 직후 하번 등과 같이 제사하기도 했

13) 이윤석, 「明淸시대 江南의 文廟와 城隍廟: 都市 祭祀·信仰 中心의 構造와 變遷」, 『명청사연구』 17, 2002

14) 『조선왕조실록』, 景宗 즉위년 9월 2일. 『태학지』 권13, 「附編 四賢祠」, 982쪽 참조.

다.[15] 이는 사현사가 중앙관학 학생 대상의 사당이었음을 거듭 확인시켜 준다. 물론 윤지술의 향사는 그가 속했던 노론(老論)의 득세라든지 한국에서 유난히 컸던 사림(士林)의 영향력 등 여러 가지 역사적 조건의 복합적 산물이다. 하지만 중앙관학의 문제와 관련하여 볼 때, 한국의 성균관이 적어도 중국의 국자감에 비해 그 학생들의 독자적 주체성을 더욱 존중하였다고 해도 무방할 것이다.

4. 나가며

근대 이전의 세계에서 중국 문화의 선진성은 부정할 수 없고, 이에 기반한 중원 왕조들이 동아시아 지역에 미친 지대한 영향 역시 그러하다. 한국의 역사는 일면 중국의 선진 문물을 받아들이면서도 그 안에 함몰되지 않고 독자적 정체성을 만들어 가는 과정이었다. 전근대 고등교육기관을 대표하는 중앙관학 또한 예외가 아니다. 한국의 제도가 기본적으로 중국의 그것과 비슷하지만, 성균관으로 귀착된 중앙관학은 중국과 다른 특성도 아울러 가지고 있다. 본고는 바로 이러한 사실을 구체적으로 확인하기 위한 작업이었다. 그 결과를 요약하면 아래와 같다.

고려 충선왕은 원의 압박 아래에서 중앙관학을 성균감 혹은 성균관으로 명명하였다. 여기에 공통된 '성균'이란 호칭은 분명히 자발적 선택이 아니었다. 그런데 오래도록 이상적인 고대 학교의 이름으로

---

15) 『태학지』 권13, 「附編 四賢祠」, 982~983쪽. 『조선왕조실록』의 영조 1년 3월 3일~3년 8월 20일과 純祖 2년 9월 24일 참조.

여겨진 '성균'은 당시 경서의 의미를 재해석하려던 신흥 사대부가 주목한 대상이기도 하였다. 다시 말해, 충선왕의 결정은 현실적 제약 속에서 전통의 권위를 내세움과 동시에 새로운 학문·사회 분위기를 수용한 묘책이었던 셈이다.

이렇게 만들어진 성균관이 조선시대로 이어져 한국의 전통적 중앙관학의 대명사가 되었다. 여기에서는 공자 등을 기리는 대성전과 학생을 가르치는 명륜당을 핵심 요소로 삼아 학생의 교육만이 아니라 성현에 대한 제사 기능도 함께 수행하였다. 이처럼 정치권력에 결부된 '치통'과 대비되는 학문의 '도통'을 중시하는 묘학제는 8세기 중국에서 확립되어 한국으로 전해졌다. 그런데 이와 관련된 조선의 제도가 명·청 왕조와 같지만은 않다. 공자의 존호, 대성전에 모신 인물, 중앙관학의 학생만을 제사한 사현사라는 특이한 사당 등이 그 좋은 예이다. 이는 한국의 묘학제가 중국의 제도를 그대로 답습하지 않았음을 뜻한다.

성균관대학교는 바로 이상과 같은 성균관의 역사를 배경으로 한다. 그렇다면 이러한 전통 속에서 얻을 수 있는 교훈 역시 존재한다. 즉 한국에서 특별히 부각된 '성균'의 의미에 대한 숙고와 그 재해석이 가능하고 또 필요하다. 실제로 성균관대학교의 교지 『성균』은 이를 확인시켜 준다. 해방 직후 조선유도회(朝鮮儒道會) 부위원장이던 이기원(李基元)의 창간사 즉 "외람(猥濫)히 제군을 격려코저 성균의 의의를 말하게 되니 …『주례』에 이른바 성인재지미숙(成人材之未熟)하고 균풍속지부제(均風俗之不齊)라 하였으니 인재를 양성하고 풍속을 균일(均一)키 하는 것이니 …"(「창간사」, 『成均』 1, 1946)란 말이 그것이다. 기실 『주례』에는 이런 구절이 없어 분명한 오류일지언정 '성균' 두 글자를 각각 "인재"와 "풍속"의 문제로 파악한 해석은 매우 참신한 발상이기 때문이다.

성균에 대한 새로운 이해는 계속 심화, 확대된다. 성균관대학교의 설립자 김창숙(金昌淑)이 다음과 같이 천명했다.

> 우리 성균의 건아들이 '성균'의 유래인 '성인재지미취 균풍속지부
> 제'의 진의를 파악하여 전통에 빛나는 우리 학원(學園)에서 굳세고
> 참되게 자아완성에 면려(勉勵)하여 국가민족의 부흥과 인류복지의
> 증진에 기여할 수 있는 인물이 되기를 바라마지 않는 바이다.(「激
> 勵辭 成均健兒에 寄함」, 『成均』 5, 1954)

김창숙의 성균 해석은 현재까지 통용되고 있다. '성'과 '균'을 "자아완성"과 "민족의 부흥"·"인류복지의 증진" 곧 개인과 사회 두 가지 측면으로 명확히 구분한 김창숙의 견해는 탁월하다. 중국의 주요 문헌에서 확인되지 않는 이러한 해석은 실상 한국의 독창적인 설명 방식이다.

위와 같은 성균이란 말의 이해는 외래문화의 주체적 수용 나아가 전통적 용어를 오늘날의 대학·교육에서 긴요한 보편적 이념으로 발전시킨 참으로 좋은 선례이다. 그리고 이것은 전근대 성균관의 묘학제 채용·운용과 일맥상통하는 측면도 있다. 한국에서는 정치와 구분되는 학문의 가치를 인정하는 이 제도를 적극적으로 이용하여 적어도 예제상(禮制上) 중원 왕조의 정치적 속박을 벗어나 독자적인 가치를 추구할 수 있었기 때문이다. 그렇다면 생각을 좀 더 진전시켜 보고 싶기도 하다. 언제 어디서나 현실의 주류 이념과 제도를 뛰어넘어 새로운 가치를 창출하고 실천하려 할 때, 이러한 한국의 역사적 경험을 참고할 만하지 않을까? 성균관대학교의 교정에서 품어 보는 뿌리 깊은 꿈이다.

[주요 참고 문헌]

민종현, 태학지번역사업회,『(국역)太學志』, 서울: 성균관, 1994.

권오흥 편,『儒敎와 釋奠』, 서울: 성균관, 2000.

장재천,『조선 성균관 학교문화』, 서울: 박영사, 2018.

高明士,『東亞傳統敎育與法文化』, 臺北: 臺灣大學出版中心, 2007.

박소정,「성균의 의미(Ⅰ): "成均"에 대한 문헌 고찰과 새로운 해석 가능성
　　　　탐색」,『한국철학논집』60, 2019;「성균의 의미(Ⅱ): "成均"과 "成均
　　　　館"의 관계」,『한국철학논집』61, 2019.

김창숙,「激勵辭 成均健兒에 寄함」,『成均』5, 1954.

孔祥林,「中國·韓國·越南·日本·琉球의 文廟制度 比較」,『儒敎文化硏究』
　　　　8, 2004.

고려, 성균의 인재를 양성하다

-박재우(성균관대학교 사학과 교수)

1. 성균이라 이름 짓다*

고려시기 국립대학은 성종(成宗)의 국학(國學)과 국자감(國子監)을 거쳐 충렬왕(忠烈王)의 국학, 충선왕(忠宣王)의 성균감(成均監)과 성균관(成均館), 공민왕(恭愍王)의 국자감과 성균관 등으로 변천했으나 대체로는 전기의 국자감과 후기의 성균관으로 대표된다. 성균관은 국자감에서 명칭만 달라진 것이 아니라 교육 이념이나 학제 구성, 운영 방식 등에서 상당히 다른 면모를 가지고 있었다. 이러한 점을 고려하면서 성균관의 명명 배경, 교육 이념, 학제 구성, 운영 방식에 대해 살펴보고자 한다.

먼저 충선왕이 국립대학을 성균관으로 명명한 역사적 배경과 성격에 대해 살펴보자. 충선왕은 성균이라는 이름을 국립대학의 명칭으로 사용하여 성균감과 성균관을 설치했는데, 이들은 모두 충렬왕의 국학을 개편한 것이었다. 원래 고려의 국립대학은 성종 초반에 국학으로 불렸으나 992년(성종 11) 12월에 대학 건물을 건립하면서 국자감으로 명명하여 283년의 긴 기간 동안 그 명칭을 사용했다. 그러다가 충렬왕이 1275년(충렬왕 1) 10월에 새로 개칭한 이름이 국학이었다.

이러한 국자감에서 국학으로의 개칭은 원(元)의 복속이라는 정치외교적 상황을 배경으로 이루어진 것이므로 국학의 명칭이 원의 직접적인 압박에 따른 것이었다고 생각하기 쉬우나, 실은 그와 상관없이 고려의 내부적 필요에 따라 이루어졌다는 특징이 있었다.

충렬왕 초반에 원은 고려 관료제의 위격(位格)을 제후국의 위상에

---

*　　이 글은 박재우, 「고려 성균관의 성립과 운영」 『사림』 74, 2020를 토대로 작성되었음.

적합하도록 개편하라고 압박해 왔다. 이러한 관료제 개편과 관련하여 원의 요구는 왕실 제도의 용어나 관료기구의 명칭에서 제후국인 고려가 황제국 제도의 명칭을 사용하지 말라는 것이었다. 관료기구의 명칭에 대해서는 고려가 원의 상급 관서인 중서성의 '성(省)', 추밀원의 '원(院)', 어사대의 '대(臺)'와 같은 명칭을 채택하는 것은 참월(僭越)한 것이므로 사용하지 말라는 것이었고, 그래서 고려는 중서문하성을 '첨의부', 추밀원을 '밀직사', 어사대를 '감찰사'로 개칭하였다.

당시 원의 의도는 고려의 관료제 운영에 간여하기 위해 관료제 전반을 개편하려 했던 것이 아니라, 정치 외교적으로 고려가 원의 제후국임을 분명히 하기 위해 상급관청의 명칭을 개정하여 관료제의 위격을 낮추려 했던 것이었다. 그래서 충렬왕도 3성 6부와 추밀원, 어사대의 명칭을 개편했을 뿐, 중급관청인 '시(寺)'·'감(監)'의 명칭은 원의 제도와 같은 것이 있어도 그대로 남겨두었다. 다만 '각문(閣門)'을 '통례문(通禮門)'으로, '국자감'을 '국학'으로 개편하였다.

비록 1275년의 관료제 개편이 원의 압박 속에서 이루어지기는 했으나 중급관청에 대한 개편 요구는 없었던 상황에서 충렬왕이 국자감을 국학으로 개칭한 이유는 분명치 않다. 다시 말해 국자감에서 국학으로의 개칭은 크게 보면 원의 압박으로 인한 상급관청의 개편과 함께 이루어진 것이기는 하지만 원의 직접적인 요구에 따른 것은 아니었다. 이러한 점에서 국학으로 명칭을 개편한 고려의 내부적 상황을 살펴볼 필요가 있다.

이와 관련해서 생각할 것은 충렬왕이 유학 교육의 진흥에 관심이 많았다는 점이다. 무신정권기와 여몽전쟁기를 거치면서 고려의 국자감은 제 기능을 하지 못하고 있었다. 강화 천도 후에는 건물이 없어 향학 건물을 사용하기도 했는데, 그나마 퇴락하자 1243년(고종 30)

6월에 최이(崔怡)가 건물을 수리하고 양현고에 재물을 희사하여 학교 재정에 충당하기도 했다. 1251년에는 국자감 건물을 새로 세웠지만 교육이 활발하게 일어나지는 못했다. 개경으로 환도한 후에도 삼별초의 봉기, 원의 일본 정벌 등의 전쟁이 이어지면서 대학 교육에 힘쓸 겨를이 없었다.

그런데 충렬왕은 세자로서 여러 차례 인질로 원나라에 머물렀는데, 당시 원에서는 세조(世祖)의 지휘 아래 국가 차원의 교육을 강화하면서 한족의 문화를 가르치는 국자학(國子學), 몽골 문자를 가르치는 몽골 국자학 등이 설치되었다. 이를 지켜보았던 충렬왕은 즉위하자 원의 압박으로 관료제를 개편하게 된 것을 계기로 국자감을 국학으로 개칭하면서 대학 교육을 활성화하고자 하였다.

실제로 충렬왕은 유학 진흥을 위해 다양한 노력을 기울였다. 1280년(충렬왕 6) 당시 유학자들의 문제점은 과거(科擧)의 문장만 익히고 경사(經史)에 박통한 사람이 없는 것이라 진단하고 경전과 사서를 가르칠 수 있는 교수를 선발하여 유학 교육을 담당하게 했다. 삼별초의 봉기와 일본 원정과 같은 전쟁 상황을 경험했던 당시로는, 관료든 학생이든 모두 유학 교육을 새로 받아야 할 필요가 있었기에 학생들을 가르치는 국학 중심의 교육이 아니라 관료와 학생을 포괄하는 경사교수 중심의 유학 교육이 이루어졌던 것이다.

이것이 성과를 거두자 1296년에 경사교수도감(經史敎授都監)을 설치하고 7품 이하 관리를 교육하게 했다. 그 결과 1304년에는 안향(安珦)의 추천을 받은 이산(李㦃)과 이진(李瑱)이 경사교수도감사에 임명되자 금내학관(禁內學官)·내시(內侍) 및 삼도감(三都監)·오고(五庫)에서 배우려는 선비와 칠관(七管)·십이도(十二徒)의 학생들이 수백 명이나 수업을 들었다고 한다.[1] 경사교수도감이 중심이 되는 유학 교육의 진흥이 충렬왕 말년에는 상당히 활발하게 이루어진 것이다.

이에 반해 국자감을 국학으로 개칭하기는 했으나 국립대학의 재건은 쉽지 않았다. 충렬왕은 1286년에 세자에게 국학에 들어가 육경(六經)을 배우도록 했으나 별다른 진전은 없었다. 그러다가 1304년 6월에 대성전(大成殿)을 개축하면서 국립대학 재건이 본격화되었다. 이에는 안향의 노력이 컸는데, 안향이 국학에 섬학전(贍學錢)을 설치하도록 건의하여 관료들이 은과 베를 내어 재정을 마련하였고, 충렬왕도 왕실 창고에서 비용을 하사했다. 또 원에 사람을 보내 선성(先聖)과 칠십자(七十子)의 초상과 제기(祭器)·악기(樂器) 및 육경, 제자, 사서를 구해왔다. 하지만 칠관 곧 국자감의 칠재(七齋) 학생들이 경사교수도감사로부터 수업을 듣는 상황이었으므로 충렬왕 대의 국학 교육은 한계가 분명하였다.

이러한 배경에서 충선왕은 1298년(충렬왕 24) 즉위하자 5월에 국학을 성균감으로 개칭했다. 그러나 충선왕은 충렬왕의 측근정치로 인한 폐단을 개혁하는 과정에서 정쟁에 휘말려 그해 8월에 원의 간섭으로 폐위되었다. 충렬왕은 복위하여 성균감을 국학으로 환원하였는데, 충선왕은 1308년(충렬왕 34) 5월 복위를 앞두고 국학을 성균관으로 다시 개편했다.

그런데 충선왕이 국립대학을 성균감, 성균관으로 명명했던 것도 충렬왕의 국학과 마찬가지로 넓게 보면 원의 복속이라는 상황 속에서 이루어진 것이었으나 원의 직접적인 압박에 따른 것은 아니었다. 사실 관료기구의 명칭이 원과의 관계에서 제후국의 위상을 갖도록 했던

---

1) 『高麗史節要』 권22, 충렬왕 30년 5월.

것은 충렬왕 대의 관료제 개편으로 충분했으므로, 이후 충렬왕의 제도에 대해 원이나 고려 양국에서 이와 관련된 문제가 제기된 적은 없었다. 그러므로 원의 압박이 성균감, 성균관으로 명명한 원인이라고 볼 필요는 없다.

그보다는 고려의 내부적 필요에 의한 것이라 할 수 있는데, 이는 충렬왕 대 측근정치의 폐단을 제거하려는 노력에서 이루어진 관료제의 개혁으로 보아야 한다. 이와 관련된 충선왕의 입장은 1298년 즉위년의 교서에 잘 나타나 있다. 이에 따르면 선왕(先王)이 관직을 설치하고 직무를 나눈 것은 인재를 얻어 서무를 함께 도모하기 위해서였다. "국왕이라는 무거운 책임을 맡아 폐단을 덜어내고 혁파하려 한다. 부왕이 원의 제도를 피해 백관의 명칭을 개정했으나 같은 데도 고치지 않거나 같지 않은 데도 고친 것이 있으며 개칭한 것이 옛 제도를 본받지 않은 것도 있다. 역대의 관제를 참고하고 원의 관호(官號)와 관련되지 않는다면 개정하겠다"라는 취지였다.[2]

충렬왕의 국학은 중국 역대의 대학 명칭에는 없는 칭호로서 이 명칭은 신라 신문왕의 국학과 고려 성종의 국학이 있을 뿐이었다. 이에 충선왕은 중국 역대의 제도를 참고하여 측천무후 시절에 사용했던 성균감의 명칭을 수용하여 1298년에 성균감이라 했고, 이후 성균의 이름을 살려 1308년에는 성균관으로 고쳤다.

다만 충선왕이 성균감, 성균관으로 고치기는 했어도 국립대학으로서 성균관의 교육 기능을 제대로 펼쳐지지는 못했다. 성균감으로 개편했던 1298년에는 충선왕이 곧장 폐위되었기 때문에 성과를 낼 만

---

2)　『高麗史』 권33, 忠宣王 즉위년 5월 辛卯.

한 시간적 여유가 없었고, 성균관으로 고쳤던 1308년에는 양현고에
은 50근을 내려 학교 재정을 확충하기도 했으나, 이후 충선왕은 원에
머물며 정치를 이끌었기 때문에 국립대학의 발전에 차분히 힘을 쏟을
여건이 마련되지 못했다.

결국 성균관은 1314년(충숙왕 1)에 교육이 부실하여 학생들이 학업
을 버리고 있다는 평가를 받았던 반면에, 경사교수도감은 1348년(충
목왕 4)에 제조를 설치할 정도로 유학 교육에서 경사교수도감의 영향
은 계속되고 있었다.

이후 공민왕은 반원(反元) 개혁정치의 과정에서 1356년(공민왕 5)에
성균관을 국자감으로 개편했다가 1362년에 성균관으로 복구하였다.
그러다가 1365년 1월 성균관에 오경사서재(五經四書齋)가 설치되고,
1366년 성균관 건물이 중수되면서 성균관은 본격적인 중흥의 기회
를 얻게 되었다. 이때 이색(李穡)을 중심으로 김구용(金九容), 정몽주(鄭
夢周), 박상충(朴尙衷), 박의중(朴宜中), 이숭인(李崇仁) 등의 학관(學官)이
참여하면서 학문적 토론이 활발하게 일어났다. 이렇게 해서 성균관은
고려 국립대학으로 자리를 잡았고 이후 조선으로 계승될 수 있었다.

2. 성균의 이념을 지향하다

충선왕은 국립대학을 성균감, 성균관으로 명명하면서 '성균'이라는
명칭을 사용했다. 이는 충선왕이 즉위하고 복위할 때 두 차례 관료제
를 개편하면서 같은 관청이라도 명칭을 달리했던 경우가 대다수였다
는 점을 생각하면 상당히 이례적이다. 그만큼 성균이라는 명칭의 사
용은 충선왕의 의지가 반영된 것이었다고 할 수 있다.

예를 들어 고려시기 행정의 중추적 기구였던 6부의 경우 충렬왕은 전리사(典理司), 군부사(軍簿司), 판도사(版圖司), 전법사(典法司)의 4사를 두었는데, 충선왕은 즉위년에 전조(銓曹), 병조(兵曹), 민조(民曹), 형조(刑曹), 의조(儀曹), 공조(工曹)의 6조로 고쳤고, 복위년에는 선부(選部), 민부(民部), 언부(讞部)의 3부로 개편했다. 이들 중에 민조가 민부로 개칭된 것 외에는 6부의 편제와 명칭이 모두 달랐다. 그런데 국립대학은 충렬왕의 국학을 개칭하면서 성균감, 성균관 등 성균의 명칭을 공통으로 사용했다. 이러한 점에서 성균의 이름을 사용한 데에는 충선왕의 교육 이념이 작용했다고 이해할 수 있다.

이러한 성균의 교육 이념은 전기의 국자감에 들어 있는 '국자(國子)'의 교육 이념과 비교하여 함께 설명할 필요가 있다. 먼저 국자의 교육 이념에 대해 살펴보면, 고려 성종은 중국 제도를 도입하여 관료제를 정비했고 그에 적합한 관료 선발을 중요한 과제로 인식하고 있었다. 그래서 지방 향리의 자제들을 국립대학에 입학시켜 공부하게 하고 과거를 통해 선발하고자 했다.

성종은 987년(성종 6)에 교서를 내려, "순임금은 상하(上下)의 상(庠)을 열었고 하후씨(夏后氏)는 동서의 서(序)를 두었으며 은나라는 양학(兩學)을 정비하고 주나라는 이교(二膠)를 세웠다. 선생을 택하여 토론하고 국자(國子)들에게 명하여 익히게 하니 군신과 부자는 모두 사랑과 공경의 기풍을 알게 되었고 예악과 시서로 족히 경륜의 업을 이룩하였다"라고 하여,[3] 성종 자신이 국자를 유학으로 교육하여 유교 국가를 이루겠다는 의지를 표명하였다.

---

3)   『高麗史』 권3, 성종 6년 8월.

국자의 명칭은 『주례(周禮)』에서 기원했는데 사씨(師氏)의 직능과 관련하여 설명되고 있다. 이에 따르면 '사씨는 선한 것으로 왕에게 고하고 삼덕(三德)으로 국자를 가르치는 것을 관장한다. 호문(虎門)의 왼쪽에 거하며 왕의 조회를 살핀다. 나라 예법에 맞거나 어긋난 일로 국자제(國子弟)를 가르치는 일을 관장한다. 무릇 나라의 귀유자제(貴游子弟)가 배운다'라고 하였다.[4] 주나라에서 국자는 교육의 대상이었으니 곧 국자제, 귀유자제였던 것이다. 이에 대해 후한(後漢)의 정현(鄭玄)은 '국자'를 공경대부의 자제라고 했다. 이후 국자는 지배층의 자제를 의미하는 용어로 인식되었다.

성종이 국립대학을 국자감으로 명명한 것은, 지배층 자제에게 유학교육을 하여 관료로 선발해 고려를 유교 국가로 만들려는 이념에서 나온 것이었다. 이러한 교육 이념은 국학 시절부터 가지고 있던 것으로 국자감의 명명으로 더욱 분명히 드러났다.

충렬왕이 국학으로 명명한 것 역시 유학 교육을 받은 관료를 양성하려는 의지의 발현이었으니, 성종의 교육 이념과 연결되는 것이었다. 1280년 충렬왕이 경사교수를 선발한 이유가 국자를 가르치기 위해서였다고 표방한 것에서도 잘 확인된다.[5] 충렬왕은 성종처럼 국자곧 지배층 자제에 대한 유학 교육에 관심이 있었고 그래서 국학이라는 명칭을 채택했던 것으로 이해된다.

이에 비해 충선왕이 생각하는 '성균'의 이념은 달랐다. 원래 성균은 학교 운영과 인재 양성의 원리로 이해될 수 있는 용어였다. 고려 지배층은 대학 교육의 지향과 이념으로 중국 고대에 기원을 둔 이념을 수

---

4) 『周禮』 권4, 地官司徒, 下, 師氏.
5) 『高麗史』 권74, 選擧志 2, 學校.

용해 왔다. 앞서 성종이 채택한 국자감의 명칭이 국자를 교육하려는 『주례』의 교육 목표와 관련 있었던 것처럼 성균도 『주례』의 사상에 기원을 둔 것이었다.

『주례』에 따르면 '대사악(大司樂)은 성균의 법으로 나라의 학정(學政)을 다스려 세우고 나라의 자제를 모은다'라고 했고, 이에 대해 '성균은 오제(五帝)의 학(學)'이라는 동중서(董仲舒)의 견해가 제시된 이래로 동아시아 전통사회에서 성균은 제왕의 학교로 이해되어왔다.[6]

성균이 제왕의 학교로 이해되어 온 지적 전통과는 별개로, 『주례』의 대사악이 음악과 관련된 직제라는 점을 생각하면 대사악의 기능은 '성'과 '균'의 모습을 갖춘 음악을 수단으로 학교를 운영하고 인재를 양성하는 것으로도 이해된다. 이러한 성균의 의미에 대해 정중(鄭衆)은 '균(均)'을 조율한다는 의미로 이해했는데,[7] '성(成)'에도 고르게 한다는 의미가 있으므로 성균은 원래 음을 고르게 조율한다는 의미였다고 생각된다. 고르게 조율된 음악으로 학교 운영과 인재 양성을 하는 것이 대사악의 기능이었다.

성균은 동아시아 전통사회에서 대학의 명칭으로 널리 이해되었고 송대 이후 교육 원리 또는 교육 이념으로 이해되었다. 왕안석(王安石)이 '성균이란 이지러진 것을 완성하고 지나치거나 미치지 못하는 것을 고르게 하는 것을 의미한다'라는 해석을 제시한 이후, 성균의 의미는 교육 이념으로 이해되는 경향이 있었는데 원(元)의 사대부도 이런 견해를 수용하였다.

충선왕은 어린 시절부터 고려의 세자로서 원에서 숙위(宿衛)하며 생

---

6)   박소정, 「성균의 의미(1)」 『한국철학논집』 60, 2019.

7)   『周禮註疏』 권22. 春官宗伯, 下, 大司樂.

활했고, 폐위되었을 때는 원에 만권당(萬卷堂)을 설치하여 원의 성리
학자 요수(姚燧), 염복(閻復), 원명선(元明善), 조맹부(趙孟頫) 등과 고려의
이제현(李齊賢)이 학문적 교류를 하도록 했다.[8] 이러한 배경에서 충선
왕은 성균의 의미 부여와 관련하여 원 사대부의 영향을 받았던 것으
로 이해된다.[9]

충선왕은 개혁정치를 시행하면서 지나치거나 부족함이 없는 자질
을 갖춘 인재를 양성한다는 교육 이념이 담긴 성균의 명칭을 채택하
여 즉위년에는 성균감으로, 복위년에는 성균관으로 명명했다. 국자감
의 국자가 교육 대상을 지칭하는 것이었다면, 성균감과 성균관의 성
균은 대학 교육의 방향 또는 인재 양성의 지향을 제시한 명칭이라 할
수 있다.

그런데 성균은 고려 사회에서 낯선 명칭이 아니었다. 고려는 이미
국자감을 제왕의 학교 곧 성균으로 부르는 관행이 있었다. 1139년(인
종 17)에 국자감시의 시관(試官)에 임명된 임광(林光)이 이를 사양한 일
이 있었다. 이에 인종(仁宗)은 "짐은 조종(朝宗)이 해를 걸러 인재를 선
발하는 제도에 따라 군국(郡國)이 빈현(賓賢)을 추천하는 문서를 받고
성균(成均)을 활짝 열어 많은 선비를 모았으니 영특하고 뛰어난 무리
로 후일에 동량이 될 재목을 얻을 생각을 한다"라고 하며 임광의 청을
윤허하지 않았다.[10] 인종의 말은 국자감시를 앞두고 지역의 향시 급
제자가 국자감에 모인 상황을 설명하는 맥락이므로 여기서 '성균'은
국자감을 의미한다고 보아야 한다.

---

8)   정옥자, 「여말 주자성리학의 도입에 대한 시고」 『진단학보』 51, 1981.

9)   하원수, 「중국 중앙관학과의 비교를 통해본 성균관의 특성」 『인문과학』 75, 2019.

10) 『東文選』 권30, 「禮部侍郎林光讓監試試官不允」.

그래서 고려에서는 예비 시험 성격인 국자감시를 '성균시'라고 부르기도 했다. 국자감이 있던 시기에 이인실(李仁實)은 약관이 되지 않아 성균시에 합격했고 26세인 1106년(예종 1)에 병과에 등제했다는 기록도 있고(「李仁實墓誌銘」), 유공권(柳公權)은 1155년(의종 9)에 성균시에 합격하고 다음 해에 태학에 들어갔다는 기록도 확인된다(「柳公權墓誌銘」).

이러한 관행으로 국학이 있던 충렬왕 때도 '성균시' 명칭은 계속 사용되었다. 김태현(金台鉉)은 1299년(충렬왕 25)에 성균시를 관장한 바 있고(「金台鉉墓誌銘」), 이제현은 1301년에 15세로 성균시에서 으뜸을 차지했다(「李齊賢墓誌銘」)고 하는 데서 성균의 명칭을 확인할 수 있다. 이처럼 국자감이나 국학은 성균이란 명칭으로도 통용되었다. 다시 말해 고려 내부적으로도 성균감, 성균관으로 개칭할 만한 여건은 충분했던 것이다.

이처럼 국자의 이념이 지배층의 자제를 교육 대상으로 삼는다는 의미라면, 성균의 이념은 완성되어 지나치거나 부족함이 없는 자질을 갖춘 인재를 양성한다는 의미가 포함되어 있다. 국자감의 '국자'보다는 성균감, 성균관의 '성균'이 훨씬 더 깊은 철학적 의미가 담긴 교육 이념이라 할 수 있다.

3. 유학 인재를 양성하다

충선왕은 성균감, 성균관의 이름으로 국립대학을 설립하였다. 하지만 성균감이 종합대학이었고 성균관은 유학대학이었으므로 그 성격이 달랐다. 이러한 변화를 이해하기 위해서는 전기의 국자감에서 후기의 성균관으로 바뀌는 학제의 변화 과정을 살펴볼 필요가 있다.

고려의 국립대학은 당나라 제도와 송나라 제도를 수용하여 설립 운영되었다. 원래 고려가 수용했던 당(唐)의 국자감은 좨주(祭酒)와 사업(司業)이 이끌고, 승(丞), 주부(主簿), 녹사(錄事) 등이 행정을 담당하며, 학관으로는 박사(博士), 조교(助敎), 직강(直講) 등이 있었다. 학제는 국자학, 태학, 사문학(四門學)과 율학(律學), 서학(書學), 산학(算學)으로 구성된 말하자면 종합대학이었다.

고려의 성종은 당의 국자감을 수용하면서도 규모가 작은 유학대학으로 설립하였다. 성종의 국자감은 사업이 이끌고 주부가 행정을 담당했으며, 학관으로 박사와 조교가 있었고, 학제로는 국자학, 태학, 사문학의 유학부가 있었다. 그러다가 현종 대에 좨주를 추가로 설치하였다.

이후 고려는 국자감의 규모를 확대해 갔다. 그래서 문종(文宗)의 국자감은 좨주와 사업이 이끌고, 아래에 행정을 담당한 승, 주부가 있었으며, 학관은 박사와 조교로 이루어졌다. 학제는 국자학, 태학, 사문학과 서학, 산학으로 구성하여 유학부와 기술학부를 포함하는 종합대학으로 운영했다.

문종은 이에 더하여 송제(宋制)를 수용했다. 먼저 송나라 초기 제도인 제거(提擧), 동제거(同提擧), 관구(管勾), 판사(判事) 등의 관직을 설치했으나 판사 이외에는 짧은 기간 운영했다가 폐지했다. 대신 송 태학의 개혁에서 학사 행정을 담당했던 학정(學正), 학록(學錄), 직학(直學)과 학생 교육을 담당한 학유(學諭)를 도입하여 운영했다. 그래서 문종은 학관으로 박사, 조교를 두었지만 학유를 더하여 설치했고, 승, 주부가 행정을 담당했지만 학정, 학록, 직학을 추가로 설치했던 것이다. 이를 통해 박사와 조교는 경전을 나누어 가르친 교수로 활동했고, 학유는 학생들을 직접 깨우치는 역할을 했으며, 승과 주부가 학교 행정을 담당하고, 학정·학록·학유는 학사 행정을 담당하도록 했다. 다시 말해 송제에서 도입한 학정·학록·직학·학유는 학생과 밀착된 학생 교육과 학사 행정을 시행토록 한 것이었다.

이처럼 문종의 국자감은 유학대학에서 종합대학으로의 변화, 대학 차원의 학교 운영, 학생과 밀착된 교육과 행정으로의 변화를 추구한 것이었다. 이러한 변화의 흐름은 이후로도 이어져, 예종(睿宗) 대에는 송제(宋制)인 대사성이 장관으로 새로 설치되고 좨주가 차관으로 개편되면서 제사보다 교육을 강조하는 기조가 정착되었고, 인종 대에는 국자학, 태학, 사문학과 율학, 서학, 산학의 종합대학으로 운영되었으며, 인종 후반에는 명경학(明經學)이 설치되면서 학제가 일시적으로 확대되기도 했다.

충렬왕의 국학은 국자감을 개명하고 좨주를 전주(典酒), 사업을 사예(司藝)로 일부 관직을 개칭한 것일 뿐 대사성 등의 관직은 그대로 하는 종합대학의 학제가 유지되었다. 이러한 점은 충선왕이 즉위년에 성균감을 설치했을 때도 마찬가지였다. 대사성을 장관으로 하여 좨주와 사업이 보좌하였고, 학제는 성균학(成均學), 명경학(明經學)이 기록상 확인되나 국학의 학제와 크게 달라진 것으로 보이지는 않는다. 하지만 충선왕이 국립대학을 성균감으로 개편한 것은 그의 의지에서 나온 것임은 분명하다. 대사성의 품계를 정3품으로 높인 것이나 명경학을 새로 설치한 것은 대학 교육을 강화하고 경학 발전을 도모하려는 충선왕의 의도를 잘 보여준다.

이러한 충선왕 즉위년의 대학개혁 의지는 그가 폐위되면서 좌절되었다. 하지만 충선왕의 대학개혁 의지는 복위년에 성균관을 설치한 것에서 다시 확인된다. 대사성을 폐지하고 좨주가 장관이 되어 악정과 함께 학교를 이끌었고, 행정 관리를 축소하여 승(丞)이 혼자 담당하게 했으며, 학관은 박사를 두고 조교를 없앴다. 대신 학생과 밀착하여 학생 교육과 학사 행정을 처리했던 학정, 학록, 직학, 학유를 두었다. 그리고 학제로는 성균학, 순유학(諄諭學), 진덕학(進德學) 등 3개의 유학부를 두었다. 이와 같은 종합대학에서 유학대학으로의 변화는 산정원리(刪定員吏, 관원의 합리적 재배치)라고 표현된 것에서 드러나듯 유학 교육을 중점적으로 하는 조직으로 간소화했던 것으로 볼 수 있다. 이후 대사성을 복구하고, 악정을 사예로, 승을 직강으로 개편하기도 했으나 유학대학의 성격은 달라지지 않았다.

고려는 충렬왕 이후 대학 교육의 정상화를 추구했으나 종합대학으로서 국립대학의 정상화가 쉽지는 않았다. 그런 가운데 경사교수도감을 중심으로 유학의 진흥이 이루어졌던 상황과 맞물려 성균관을 유학대학으로 축소개편했던 것이다. 충선왕의 성균관은 유학대학으로 규모가 간소화되면서 유학 진흥에 보다 적합한 대학으로 운영되었다.

성균관은 반원개혁(反元改革) 정치의 일환으로 관료제 개편을 단행한 공민왕 대에 크게 바뀌었다. 1356년(공민왕 5)에 국자감으로 다시 바뀌고 대사성을 장관으로 좨주와 사업이 함께 이끌고 직강이 행정을 맡았다. 학관으로 박사, 조교를 두었고 아래에 학정, 학록, 직학, 학유를 두었다. 학제는 국자학, 태학, 사문학, 명경학과 율학, 서학, 산학으로 구성된 종합대학이었다.

당시 관료제 개편은 문종 당시의 구제(舊制)로 복구하는 것이었다고 알려져 있으나 반드시 그런 것은 아니었다. 장관인 대사성은 문종 대에는 없던 것으로 예종 대에 설치된 것이며, 명경학은 인종 대의 녹봉 규정에 처음으로 나타났고, 율학은 문종 대는 형부 소속이다가 인종 대에 국자감에 소속되었다. 그러므로 공민왕의 국자감은 문종의 구제가 아니라 예종 - 인종 대에 변화된 국자감 제도를 지향한 조직이었다.

이러한 국자감은 얼마 지나지 않아 1362년에 다시 성균관으로 개편되어 사업을 사예로, 국자학을 성균학으로, 사문학을 순유학으로 개칭했다. 이는 말하자면 충선왕이 제정한 성균관의 관제로 복구한 것으로, 공민왕은 종합대학인 국자감에서 유학대학인 성균관으로 개편한 것이었다. 이렇게 되면서 성균관은 1367년에 이색, 정몽주를 비롯한 사대부들이 모여 성리학을 토론하고 교육하는 초석이 될 수 있었다.

4. 과거 시험에 혜택을 주다

고려시기 대학 교육의 현실적인 목표는 과거를 통해 관료로 선발할 인재를 양성하는 것이었다. 그래서 국립대학의 교육 기능이 제대로 발휘되려면 교육 체계와 과거 시험의 선발 체계가 서로 연동되어야 했는데, 고려 성균관에는 이러한 제도가 마련되어 있었다.

이러한 점은 과거 합격자를 기록한 방목(榜目, 합격자 명단) 자료에서 확인된다. 『국조문과방목(國朝文科榜目)』의 '전조과거사적(前朝科擧事蹟)'에는 고려 성균관 시절의 방목이 남아 있다. 1362년(공민왕 11)의 방목에서 합격자 출신에 대한 기록을 살펴보면, 성균진사(成均進士), 순유진사(諄諭進士) 등은 성균관의 유학부 출신이고, 이택재생(麗澤齋生), 대빙재생(待聘齋生), 구인재생(求仁齋生), 양정재생(養正齋生), 복응재생(服膺齋生) 등은 성균관의 칠재(七齋) 출신이며, 상의봉어(尙衣奉御), 전상례직장(前尙禮直長), 통례문지후(通禮門祗侯), 전객주부(典客主簿), 원융부녹사(圓融府錄事), 경순부사인(慶順府舍人), 전수안궁녹사(前壽安宮錄事), 영복

도감판관(永福都監判官), 행랑도감판관(行廊都監判官), 감문위녹사(監門衛錄事), 낭장(郎將), 별장(別將) 등은 관료 출신이며, 향공진사(鄕貢進士)는 향공 출신이고, 진사는 국자감시 출신이다.[11]

여기서 보면 성균관의 유학부와 칠재 출신, 관료 출신이 합격자의 대부분을 차지하고 있다. 그런데 주목할 것은 성균관 출신은 유학부와 칠재 출신으로 구분되어 있다는 점이다. 당시 성균관의 유학부는 성균학, 순유학, 진덕학 등 3학이 있었으므로 방목의 성균진사와 순유진사는 성균학과 순유학 등의 유학부에서 공부한 학생들이고, 성균관의 칠재는 이택재, 대빙재, 경덕재, 구인재, 복응재, 양정재, 무학재 등이었으므로 방목의 이택재생, 대빙재생, 구인재생, 복응재생, 양정재생 등은 칠재에서 공부한 학생들이다.

유학부의 성균학, 진덕학, 순유학은 고려전기의 국자학, 태학, 사문학으로 인종 대의 학식(學式)에 따르면 국자학은 3품 이상 관료의 자손, 태학은 5품 이상 관료의 자손, 사문학은 7품 이상 관료의 아들이 입학하는 것으로 규정되어 있다. 하지만 실제로는 입학에서 부조의 관직의 지위 차이에 따른 입학 구분이 없었고 학부에 따라 가르치는 내용도 다르지 않았으며 시험으로 입학생을 선발하지도 않았다.[12]

반면에 칠재는 전공별 강좌로써 시험을 통해 학생들을 선발했으며 학업이나 시험 성적에 따라 과거 응시에 혜택을 주었다. 칠재에 입학하기 위한 시험이 있었다는 것은 1380년(우왕 6)에 권근이 성균관의 좌주로서 입학생의 시험을 주관했는데 이감(李敢)이 합격했다는 내

---

11)　허흥식, 「고려 과거의 응시자격」, 『고려의 과거제도』, 일조각, 2005.

12)　박찬수, 『고려시대 교육제도사 연구』, 경인문화사, 2001.

용에서 짐작된다.[13] 이것만으로는 권근이 주관한 입학시험이 무엇이 었는지 분명치 않다. 그러나 같은 사실이 『고려사』, 「선거지(選擧志)」 의 승보시(升補試) 조항을 보면 당시에 좨주 권근이 홍상빈(洪尙彬) 등 110명을 선발했다고 기록하고 있어, 이 시험이 칠재에 입학하기 위한 시험인 승보시 곧 생원시였음을 확인할 수 있다.

이는 시부(詩賦)와 경의(經義)를 시험하는 것으로 1147년(의종 1)에 처음 설치하여 임유공(任裕公) 등 55인을 선발한 것으로 되어 있으 나,[14] 실제로는 1109년(예종 4) 국자감에 칠재를 처음 설치했을 때 태 학(大學)은 최민용(崔敏庸) 등 70인과 무학(武學)은 한자순(韓自純) 등 7인을 시험하여 선발했다는 것에서 시작된 것이었다.[15]

길재(吉再)의 행장에서도 국자감의 입학과 달리 칠재의 입학은 시험 을 통해 이루어졌음을 확인할 수 있다. 그는 1374년(공민왕 23)에 국자 감에 입학했고 이어 생원시 23명에 합격했으며 1383년(우왕 9)에 사 마감시(司馬監試) 제4명에 합격했고 1386년에 예위(禮闈)에 들어가 진 사 제6명에 합격했다.[16] 이를 보면 길재가 처음에는 시험을 보지 않 고 국자감에 입학했는데 당시 국립대학의 명칭은 성균관이었다. 다시 말해 길재는 성균관의 유학부에 시험 없이 입학했다. 이어 칠재에 입 학하기 위한 시험인 생원시 곧 승보시에 합격했고 이를 통해 칠재에 들어간 것이다. 이후 길재는 사마감시 곧 국자감시에 합격했고 이어 예위 곧 예부시(禮部試)에 합격했던 것이다.

---

13) 『東文選』 권98, 「義民字說」.
14) 『高麗史』 권74, 「선거지」 2, 科目 2, 升補試.
15) 박용운, 「고려시대 과거의 고시와 체계에 대한 검토」 『한국사연구』 61~62, 1988.
16) 『冶隱先生言行拾遺』 卷湘, 附, 行狀.

이처럼 성균관에는 성균학, 진덕학, 순유학의 학제로 이루어진 유학부와 그와 별개로 전공별 강좌인 칠재가 설치되어 있었다. 입학시험이 없었던 유학부와 달리 칠재는 입학시험인 승보시에 합격해야 들어갈 수 있었다.

칠재의 입학이 유학부에 비해 쉽지 않았던 반면에 칠재 학생들은 유학부 학생들이 얻지 못하는 혜택을 받았다. 칠재의 교육 체계와 과거의 선발 체계를 연동시켜 운영했던 것이다.

고려의 과거제는 광종 대에 시작되어 현종과 덕종 대를 거치면서 향공시(鄕貢試), 국자감시, 예부시의 체계를 가지게 되었다. 이로써 국자감과 사학의 학생, 지역의 향공은 국자감시를 통과해야 예부시에 응시할 수 있었다.

그런데 정종 대에 국자감 학생은 입학한 지 3년이 되어야 국자감시를 보게 했다. 국자감에서의 수학이 과거 응시를 위한 의무 규정이 아닌 상황에서 국자감 학생들은 입학 후 3년 동안 국자감시를 보지 못하게 했기 때문에 이는 국자감 쇠퇴의 중요한 요인이 되었다. 이런 상황에서 문종 대부터 과거 시험을 대비하는 사학이 성행하자 국자감 학생들은 학업을 그만두는 경우가 많아졌고, 숙종 대는 국자감을 폐지해야 한다는 논의까지 일어났다. 국자감의 교육을 받지 않고도 과거를 통해 관료가 배출되고 있었기 때문이었다. 국자감 교육을 내실화하면서 교육 체계와 과거의 선발 체계를 연동시키는 제도적 장치의 필요가 크게 요구되었다.

이를 해결하기 위한 것이 예종-인종 대의 칠재였다. 예종은 대학 교육의 내실화를 위해 송나라의 태학 제도를 수용하여 앞에서 언급한 바와 같이 국자감에 이택재(주역) 등 전공별 강좌인 칠재를 설치하고 승보시를 통해 학생들을 선발했다.

당시 국자감은 종합대학으로 학제가 유학부와 기술학부로 구성되어 있었으나 예종의 관심사는 기술학부가 아니라 유학부였고, 이에 무학(武學)을 더하여 문무 양학을 강화하고자 했다. 유학부를 그대로 두고 유학과 무학을 가르치는 칠재를 따로 설치하여 시험으로 선발했던 것이다.

칠재의 학생들에게는 행실과 학업에 따른 행예(行藝)의 평가와 시험 성적이 매우 중요했다. 그에 따라 다양한 혜택을 받았기 때문이다. 첫째, 행예의 평가가 우수한 학생들은 재장(齋長)이나 재유(齋儒)에 선발되었다. 최유칭(崔褎偁)은 1121년(예종 16)에 이택재생으로 들어가 행예로서 재장이 되었고(「崔褎偁墓誌銘」), 정복경(鄭復卿)의 장남인 정영도(鄭永圖)는 음관(蔭官)으로 양온령(良醞令)이 된 후에 국자감의 칠재에 들어가 1154년(의종 8)에 이택재유(麗澤齋諭)가 되었다(「鄭復卿墓誌銘」). 이들은 학생 중에서 선발되어 재생의 행예를 관리했는데, 이택재에만 있었던 것이 아니라 칠재에 모두 있었던 것으로 보인다.

둘째, 행예의 등급에 따라 과거 응시에서 혜택을 받았다. 1136년(인종 14)에 국학의 재생으로 행예의 분수가 14분 이상이면 제3장에 곧장 응시하고 13분 이하 4분 이상이면 시부장(詩賦場)에 응시하도록 했다. 1154년(의종 8)에도 국학생은 육행(六行)을 살펴 14분 이상은 곧장 종장에 응시하도록 했다. 행예의 성적에 따라 시부장 또는 종장에 곧장 응시할 수 있었던 것이다.

셋째, 사시(私試) 곧 고예시의 성적에 따라 과거 응시의 혜택을 받았다. 예종은 송나라 태학에서 시행하던 월서계고(月書季考) 즉 사시를 도입하여 시험 성적에 따라 재생의 순위를 정하는 제도를 시행했다. 하지만 예종이 사시의 성적에 따라 예부시의 초장이나 중장을 면제해주는 제도를 시행했는지는 분명치 않다. 그러나 인종은 국자감 내부의 시험인 사시와 과거를 연동시키는 제도를 시행했다.

1135년(인종 13)에 국학의 학생들은 사계절에 사시를 시행하고 분수를 헤아려 곧장 과장에 응시하도록 했다. 이를 보면 사시는 계절 단위로 시험을 보고 성적에 따라 과거 응시에 혜택을 주는 것이었다. 그런데 실제 사례를 보면 단순히 계절마다 시험을 보았던 것이 아니라 송의 제도와 같이 매월 공부 내용에 대한 시험을 보고 계절마다 종합 시험을 치렀던 것으로 이해된다.

예를 들어 이공승(李公升)은 인종 무렵에 태학에 들어갔는데 월시계고(月試季考)에서 누차 과급(科級)에 올라 과거에서 문장을 다투었다고 하고(「李公升墓誌銘」), 유공권(柳公權)은 태학에 들어가 월서계고(月書季考)에서 매번 우등에 올랐고 1160년(의종 14)에 상국 김영부(金永夫) 공의 문하에서 을과로 등제했다고 한다(「柳公權墓誌銘」).

이러한 고예시는 고려 후기에도 계속 시행되었던 것으로 보인다. 충숙왕 대에 원의 과거에 응시할 수재를 선발한다는 이유로 고예시(考藝試)를 폐지했다. 이로 인해 성균 칠관(七館)의 생도들이 특혜를 받을 기회가 없어져 모두 과거의 초장(初場)에 응시하게 되었다. 이에 1320년(충숙왕 7) 이러한 상황은 옛 제도에 부합하지 않으니 예전처럼 고예시를 치르고 분수(分數, 점수 등급)를 정해 성적에 따라 중장(中場)에 곧장 응시하도록 하라는 조치가 내려졌다. 성균관 칠재의 학생들은 고예시에서 좋은 성적을 얻으면 예부시의 초장을 면제받고 중장에 곧장 응시하는 제도가 있었던 것이다.

이처럼 국자감의 유학 교육은 예종 – 인종 대부터 유학부와 칠재로 구분되어 운영되었고, 칠재는 교육 체계와 과거의 선발 체계가 연동되는 방식으로 운영되었다. 이러한 운영 방식은 고려 후기 성균관의 운영에도 그대로 계승되었다.

[주요 참고 문헌]

민병하, 『한국중세교육제도사연구』, 성균관대학교출판부, 1992.

박찬수, 『고려시대 교육제도사 연구』, 경인문화사, 2001.

신천식, 『고려교육제도사연구』, 형설출판사, 1983.

신천식, 『고려교육사연구』, 경인문화사, 1995.

허흥식, 『고려의 과거제도』, 일조각, 2005.

박소정, 「성균의 의미(Ⅰ)」 『한국철학논집』 60, 2019.

박용운, 「고려시대 과거의 고시와 체계에 대한 검토」 『한국사연구』 61~62, 1988.

박재우, 「고려 성균관의 성립과 운영」 『사림』 74, 2020.

정옥자, 「여말 주자성리학의 도입에 대한 시고」 『진단학보』 51, 1981.

하원수, 「중국 중앙관학과의 비교를 통해본 성균관의 특성」 『인문과학』 75, 2019.

조선 성균관의 교육과 문화

-장재천(용인대학교 교양교육원 교수)

1. 들어가며

우리나라 최고 교육기관의 명칭은 고구려 태학(太學, 372년), 신라 국학(國學, 682년), 고려 국자감(國子監, 992년)이었던 것이 조선에서는 시종 성균관(1398년 한양으로 이전하여 개교)이었다. 고려 국자감은 충렬왕 원년(1275)에 국학으로 개칭되었고, 1298년에 성균감(成均監)으로 되었다가 1308년 충선왕이 재즉위하면서 다시 성균관(成均館)으로 개칭되었다. 그리고 공민왕 5년(1356)에 반원 정책이 추진되면서, 일시적으로 다시 국자감으로 되었다가 공민왕 11년(1362)에 다시 성균관으로 개칭되어 조선왕조 내내 사용하였다.

이와 같은 명칭의 개편은 나라의 자주성(自主性)과 관계가 깊으며, 그 자주성은 또 정치 세력들의 부침과 함수관계가 깊다고 할 수 있다. 즉, 반원(反元) 정책을 강력히 추구하면서 자주성 회복을 추구했던 시기는 중국과 대등한 명칭을 썼다가, 원·명의 간섭 시기에는 다른 명칭을 사용하였다. 성균관의 별칭으로는 국학(國學), 태학(太學), 벽옹(辟雍), 반궁(泮宮), 근궁(芹宮), 국자학(國子學), 반학(泮學), 반당(泮堂), 태학관(太學館), 성묘(聖廟), 공묘(孔廟), 묘궁(廟宮), 반중(泮中), 반재(泮齋), 반상(泮庠), 태학재(太學齋), 문묘(文廟), 현관(賢關) 등이 있었다.

이러한 성균관은 일제강점기를 거치면서 교육 기능이 중단되고 제사 기능만 유지되었다. 해방 후 미군정의 몰이해로 성균관을 국립대학으로 인정하지 않는 내용의 국립대학안이 발표되었다. 이에 대해 국민의 반대운동이 거세게 일어났지만, 결국 일본이 세웠던 경성제국대학이 나라를 대표하는 국립대학이 되었다. 성균관은 유림 세력의 주도로 사립대학인 성균관대학의 설립으로 이어져 고등 교육 기능이 회복되었다.

2. 성균관의 역할

1) 국가적 위상과 경제적 기반

수선지지(首善之地)에 자리 잡은 성균관은 성리학 이념을 수호하고 신진 관료를 배출하는 최고의 고등교육기관이었으며, 중국 사신과 교류하며 외교적 실리를 취하는 국제 외교의 무대이기도 하였다. 또한 통문(通文)을 통해 공론(公論)을 형성하는 여론중심지였으며, 향사(享祀)와 제례를 통한 사회교화의 정점이기도 하였다. 성균관의 경제적 기반은 양현고(養賢庫)라는 기관이 관장하였는데, 학전(學田), 노비신공(奴婢身貢, 노비가 바치는 세금), 어장(漁場), 시장(柴場, 땔나무 채취 산림) 등을 통해 비용을 충당하였다. 거재(居齋, 기숙사 거주) 유생들에게는 성균관의 교육재정을 담당하는 양현고에서 음식과 학용품 등의 생활필수품 일체를 제공하였다.

이러한 비용은 국가에서 성균관에 내려준 학전의 세수(稅收)와 성균관 외거노비의 신공으로 충당되었다. 15세기 후반경 학전은 2,400여 결(結)이었으며, 성균관 노비는 400여 명이었다. 성균관 노비 가운데 선상노비(選上奴婢)는 성균관 내의 잡역(雜役)에 종사하였고, 외거노비는 신공을 바쳤다. 전답은 가장 많을 때 2천 결이었으니 대략 600만 평(이곳의 소출로 200명에게 1년간 식량 공급)으로 볼 수 있고, 노비는 전국에 1만 구(口)였으니 성균관의 1년 예산은 약 30억 원 이상으로 추산된다.

2) 외교적 기능

성균관은 중국 사신들이 문묘 알성(謁聖)을 위해 들르는 곳이었기에 국제 교류와 외교의 무대였다. 그래서 언제나 일정 수준으로 국가적인 위상과 체면이 유지될 필요가 있었다. 사신 영접은 영접도감(迎接

都監)이 관장하였는데, 중국 사신을 맞이하는 행사를 영조례(迎詔禮)라 불렀다. 이 절차의 습의(習儀) 즉 예행연습을 위해 여러 관원과 유생을 동원하기도 하였으니 거재 유생 수가 적을 때에는 경기권 내 유생들을 동원하여 500여 명까지 임시 유생을 유지한 적도 있었다.

또한 종사(從祀) 절차와 문묘 시설이 미리미리 정비되었고, 중국 사신들의 알성 후에는 언제나 다례와 음주례, 문답, 강론, 과거, 은전(恩典) 등이 베풀어졌으며, 사신들에 대한 결례나 실수가 있었을 때는 책임자와 당사자들을 중죄인으로 다스렸다. 그밖에 성균관 교관들은 사신으로 차출되거나 외교적 임무를 위해 주요 국가에 파견되기도 하였다.

3) 최고 교육기관

종묘(宗廟) 인근 숭교방(崇敎坊, 明倫洞도 포함하여)에 위치한 문묘(文廟) 즉 성균관의 전묘후학(前廟後學 - 앞에는 사당이 있고, 뒤에 학교가 있음) 시설은 크게 향사(享祀) 시설과 교육 시설로 나눌 수 있다. 향사 시설은 대성전(大成殿)과 동무(東廡)·서무(西廡), 계성사(啓聖祠), 향관청(享官廳), 전사청(典祀廳), 수복청(守僕廳), 제기고(祭器庫), 악기고(樂器庫) 등이 있다. 교육 시설은 명륜당(明倫堂), 동재(東齋)·서재(西齋), 존경각(尊經閣), 양현고(養賢庫), 비천당(丕闡堂), 정록청(正錄廳), 육일각(六一閣) 등이고, 휴식 시설로 북쪽 산기슭에 벽송정(碧松亭)이 있었다. 그 외 지원시설로 식당(食堂), 포주(庖廚), 서리청(書吏廳), 향청(享廳), 직방(直房), 문고(門庫), 일양재(一兩齋), 벽입재(闢入齋) 등이 존재하였다.

교육 시설인 존경각은 성종 6년(1475)에 세운 것이며, 비천당은 현종 5년(1664)에 억불숭유(抑佛崇儒) 정책의 일환으로 세웠는데 이때 일양재와 벽입재도 비천당 서쪽과 남북 모퉁이에 동시에 지었다. 그리고 '비천(丕闡)'이라는 말은 주자(朱子)가 절을 헐고 유궁(儒宮 - 학교의 높은 별칭)을 지으며 "큰 도를 크게 빛내고, 사특한 것을 억제하고 더불어 바른 데로 나간다(丕闡大猷, 昭示抑邪, 與正之漸)"라고 했던 말에서 따온 것이다.

계성사는 숙종 27년(1701)에 세운 것으로 공자(孔子), 안자(顏子), 증자(曾子), 자사(子思), 맹자(孟子) 등의 아버지들을 제사 지내는 곳이었다.

그러다가 성균관은 고종 32년(1895)에 성균관 관제(管制) 칙령 제136호 반포로 인하여 문묘 제사를 담당하는 기관으로 축소되고, 교육은 경학과(經學科)에서 전담하게 되었다. 1910년 국권 상실 이후 일제는 성균관과 향교의 재산을 분리하고 교육을 일체 중지시켜 국립대학과 민족교육의 맥을 끊었고, 명칭도 경학원(經學院)으로 바꾸었다. 그리고 민립대학 운동이 일어나자 1924년에 식민지교육을 위한 경성제국대학(京城帝國大學)을 성균관 인근 동숭동에 설립하였다.

당시 전국의 유림(儒林)은 주권을 지키려는 운동의 일환으로 의병(義兵) 운동도 벌이고 파리장서사건(巴里長書事件)도 일으켰다. 그리고 유림은 전국적으로 통문(通文)을 돌려 성균관의 교육기관으로서의 기능회복을 요구하였다. 그러자 일제는 그 회유책으로 1930년 명륜학원(明倫學院)의 설립을 허가하였다. 1939년에는 명륜전문학원, 1942년에는 명륜전문학교로 명칭이 바뀌었지만, 안타깝게도 진정한 유학교육과 문화계승 및 창달이라는 목적을 이루지 못하고 일제에 의해 전도된 황도유학(皇道儒學)을 강요받게 되었다. 이에 따라, 교과과정에 있어서도 국민도덕·일어·일본사·교련 등을 포함하여 식민교육으로 변모하게 되었다. 그런데 일제 국가총동원령에 의해 1943년에 그마저도 폐교되고 청년연성소(靑年鍊成所)로 바뀌게 됨으로써 정통유학의 맥은 그 명맥을 유지하기조차 힘들게 되었다.

국립대학의 전통을 되살리자는 운동은 8·15광복과 더불어 일어났다. 이에 1945년에는 명륜전문학교가 다시 문을 열었다가 미군정 시기에 명칭을 성균관으로 변경하였다. 1946년 9월 25일에 드디어 성균관대학이 정식으로 설립되었으며, 1953년에는 종합대학인 성균관대학교로 승격되었다. 초대학장 및 총장에는 정통 유림으로서 일제에 항거하였고, 해방 후에는 이승만 독재 반대 투쟁에 앞장섰던 심산(心山) 김창숙(金昌淑, 1879~1962) 선생이 취임하였다. 1960년부터 성균관대학교 유학·동양학부 학생 가운데 우수한 장학생을 선발해 동·서재에 기숙하며 유학을 공부하도록 하는 양현재생(養賢齋生) 제도를 두어 유학의 맥을 계승하게 하였다. 그러나 안타깝게도 지금은 화재 예방 및 문화재 보호 문제 때문에 동·서재를 비워두고 있다.

4) 석전제례(문묘제례)

성균관은 매년 춘추 2회의 석전(釋典 - 제사) 행사를 통해 예교(禮敎) 일치의 유교 이상을 구현하고 이를 통해 제례 문화를 발전시켜 사회 교화를 이루고자 하는 역할을 담당해왔다. 석전은 선성(先聖)의 학문, 인격, 덕행, 사상을 숭모하고 존중하며 이를 체득하기 위해 거행하는 길례(吉禮)로 국가적 대제(大祭)이며 거국적인 정치적 교화행사였다. 석전은 3년마다 국왕이 친림(親臨) 하였으며 혹은 왕세자가 참석하기도 하였다. 일반적으로는 성균관 유사(有司 - 총책임자)가 석전을 주관하였는데, 많게는 관리 2백여 명이 참가하였고 구경꾼은 수천여 명에 달하였다. 국가의 제사는 대사(大祀)·중사(中祀)·소사(小祀)로 구분되는데 석전은 중사에 해당했으니 가로 10변(籩, 과일 등을 담는 제기)과 세로 10두(豆, 고기 등을 담는 제기)의 10품(品) 제사상을 차렸다. 그리고 문묘제례악과 팔일무(八佾舞)가 동반되었다.

5) 대사례(大射禮)와 양로례(養老禮)

성균관 대사례는 육예(六藝, 禮, 樂, 射, 御, 書, 數)의 하나인 활쏘기를 거행하는 의례로써 국왕 이하 모든 벼슬아치가 모두 참가하는 연례(燕禮, 잔치) 이후 성균관 하련대(下輦臺 – 왕이 가마에서 내리는 곳)에서 실시하였다. 대사례의 목적은 군신이 함께 덕을 함양하는 것이었으므로 무예보다는 예악(禮樂)을 익히는 행사였다.

일반적으로 양로례는 보통 가을에 효와 경로사상을 함양하기 위해 지방관들이 각 고을의 학교에서 70세~80세 이상의 노인을 초청해 잔치를 베푸는 행사였다. 성균관 양로례는 연로하고 덕행이 높은 퇴임(70세가 정년) 관료 가운데 대상을 선택해 정사(政事)에 도움이 되는 말을 듣고 장수를 축하하며 경로효친사상을 선양하는 행사였다.

3. 성균관의 교육

1) 인간상과 교육목적

성균관의 교육이 추구하는 이상적 인간상은 성인(聖人)·군자(君子)였으니 그 대표는 바로 문묘(대성전)에 모신 공자였다. 그리고 공자의 제자 및 우리나라의 18현도 이상적 인간상으로 받들어졌다. 따라서 유생들의 임무는 유학의 학문적 도통(道統)을 잇는 훌륭한 인인(仁人)이 되는 것이었으며, 유덕(有德)한 치자(治者)가 되기 위해 성리학적 소양을 쌓아야 했다.

공자는 사회를 이끌어갈 군자를 길러내는 것을 교육의 목표를 삼았는데, 이는 성균관에서도 계승되었다. 고려와 조선에 있어 관학 교육의 목표는 국가나 사회가 필요로 하는 관리를 양성하는 데 목적이 있었고, 유생들도 그러한 교육을 발판으로 사회에 나가 역할을 하는 것을 목표로 삼았다. 그러므로 성균관의 교육목적은 지배이념이 내면화된 관인(官人)의 양성, 성리학적 국가 통치이념의 수호, 인간성의 계발 및 사회교화였다고 말할 수 있다.

2) 교육과정과 평가 및 논쟁

교육과정은 교육목적을 실현하는 수단이기 때문에, 성균관의 교육과정은 성균관의 교육목적을 잘 실현하도록 고안되었다. 조선왕조는 필요한 관료를 대부분 과거제도를 통하여 확보하였기 때문에, 중심 교과는 『대학(大學)』(수학 기간 1개월), 『논어(論語)』(4개월), 『맹자(孟子)』(4개월), 『중용(中庸)』(2개월)의 사서(四書) 그리고 『예기(禮記)』(7개월), 『춘추(春秋)』(6개월), 『시경(詩經)』(6개월), 『서경(書經)』(6개월), 『주역(周易)』(7개월)의 오경(五經)을 비롯하여 『근사록(近思錄)』, 『성리대전(性理大典)』, 『통감(通鑑)』, 『좌전(左傳)』, 『송원절요(宋元節要)』, 『경국대전(經國大典)』, 『동국정운(東國正韻)』 등이었는데, 과거 과목에 따라 변동되기도 하였다. 이밖에 시(詩)·부(賦)·송(頌)·책(策)과 같은 글을 짓는 방법을 비롯하여 때로는 중국의 왕희지(王羲之)와 조맹부(趙孟頫)의 필법도 익히게 하였으니 시대에 따라 기본 교과 외에는 약간씩 변화되었다고 볼 수 있다.

성균관 유생들에 대한 교육평가로는 학령(學令)에 명시되어 있는 학관(學官) 일강(日講)과 순과(旬課)를 비롯하여 예조월강(禮曹月講)이 있었는데 그 성적은 연말에 종합되어 식년시(式年試 – 3년에 한 번 치르는 정기시험)와 천거(薦擧 – 추천)에 반영되었다. 출석평가나 성적평가나 모두 장부에 기록하여 과거에 응시할 자격을 주거나 과거성적에 참작하였다.

성균관에는 과거 업무를 담당하는 장이소(長貳所)나 정록소(正錄所)

가 설치되어 있었다는 점이 주목을 끈다. 성균관 장이소는 태조 대에 새로운 집권층 형성을 위해 대사성(大司成) 이하 고위 학관이 중심이 되어 문과(文科) 초장(初場)의 업무를 주관하였다. 그러나 점차 예조가 문과 업무를 주관하면서부터, 오래도록 합격하지 못하는 성균관 유생을 경관(京官)으로 서용(敍用)케 하는 제도의 운용을 맡게 된 것으로 보인다. 아마도 건국 초기의 시급했던 목적이 일단 달성된 이후, 행정업무의 일원화 내지는 시험에 대한 철저한 국가통제를 위해 예조가 과거제도를 전담하게 되었던 것으로 판단된다. 성균관 정록소는 정9품 관인 학정(學正), 학록(學錄)과 종9품인 학유(學諭) 등으로 구성되어 성균관의 사무를 전담하였다. 그 기능을 보면, 태조 5년(1396년)부터 생원시 응시자를 심사하였고, 태종 7년부터는 성균관 입학자에 대한 적격 여부 시험을 담당하였다. 이렇게 성균관 교관들이 과거 업무에 깊이 관여했기 때문에, 유생들의 교육평가가 과거제도와 깊은 상관관계를 갖게 되지 않을 수가 없었다.

한편, 성균관 유생들을 대상으로 하는 문과 시험내용의 변화는 성균관의 교육과정에도 영향을 미쳤으며, 유생들의 학습 방법에도 많은 영향을 주었다. 기본적인 사서오경에 대한 시험방법을 강경(講經 - 암송과 이해력 측정)으로 하느냐 제술(製述 - 문장 작성 능력)로 하느냐의 문제를 두고 이해관계가 대립하여 조선시대 내내 논쟁을 거듭하였다. 조선 초기에 문과 초장에 대한 강경시험을 실시한 것은 고려 말부터 득세한 신진사대부들이 경학을 중시하였기 때문이었다. 강경은 체(體)요 제술은 용(用)인 셈이니 도덕성의 타락을 비판하면서 고려의 권문세가를 물리치고 왕조를 개창한 신진사대부 세력들은 자연히 체, 즉 실천 원리의 강경을 중요시할 수밖에 없었다. 그러나 이후 국가 운영을 위해서는 제술 능력이 매우 중요했으므로 제술을 중시하자는 의견도 대두하게 되었다.

3) 과거제도와 특전

막스 베버(Max Weber)는 중국의 과거시험을 교양 시험으로 보았으며 이런 시각에서 과거제도가 지닌 사회적 의미나 관료체제의 성격을 설명하였다. 그러나 당시 동북아의 책봉조공체제에서 요구되는 유교적 지식이나 외교문서를 작성할 수 있는 능력, 『경국대전』등 법령을 기반으로 하는 고도의 통치체계를 운용하는 능력은 교양 수준에서 습득될 수 있는 것이 아니었다. 이는 당시의 세계질서 차원에서 볼 때, 정치적 전문성의 영역으로 보는 것이 바른 이해라고 생각된다. 정치적 관료로 교양인을 요구하는 것이 아니라, 유학의 도(道)를 실천하는 사람 즉 행도자(行道者)를 요구한 것이다. 그리고 군왕이 관료에게 요구한 것은 실무적인 능력과 동시에 그것 이상으로 의리(義理)에 기반한 충성과 헌신이었다. 따라서 관학과 과거제도는 왕권 강화와 함수관계를 갖는 속성이 있었다. 이러한 관학의 내실을 충실히 하기 위해 원점(圓點, 식당에 오면 1점, 1년 300점 만점), 도기(到記 - 식당 출석 확인) 제도를 설치해 과거시험에 반영하였다. 교육과정을 충실히 따르게 하는 것은 유생들의 수학을 충실히 해 업적 본위의 선발 이념에 부합한 제도를 운용한다는 의미였으며 궁극적으로는 중앙집권제를 정착시키려는 목적이었다. 성균관 유생들은 여러 가지 특별 시험의 기회를 부여받았는데, 관시(館試)·알성시(謁聖試)·춘추도회(春秋都會) 등이 그것이었고 그 밖에 천거(薦擧)의 특전을 받기도 하였다.

4) 규칙과 절목(節目)

엄격한 규율은 학령(學令, 학칙과 같은 말. 조선시대에는 여러 종류의 학령이 있었음)으로 규정하였다. 그 대강은 다음과 같다. ① 새벽 미명(未明)에 북소리가 한 번(둥둥둥) 울리면 기상한다. ② 북소리가 두 번 울리면 의관(衣冠)을 갖춘다. ③ 북소리가 세 번 울리면 식당에 간다. ④ 교관이 명륜당에 들면 유생들은 절을 한다. ⑤ 북소리가 한 번 나면 유생들은 교관에게 예를 표한다. 그리고 유생들은 교관 앞에 나아가 일강(日講)을 청하고 교관은 강을 행한다. ⑥ 북소리가 두 번 나면 교관 앞에 나아가서 배운 것을 강난(講難, 토론)하고 변의(辨疑, 질문)하는 등 일과를 진행한다. 이러한 진행 과정에서 북소리가 나면 성균관 수복(守僕)들이 담당 방마다 일일이 돌아다니며 알렸다.

학업 규율로는 ① 노장·불경·잡류·백가자집(百家子集)의 이단 서적을 읽지 말 것 ② 수업 시 졸거나 한눈을 팔지 말 것 ③ 글을 쓸 때는 해서(楷書)로 단정히 쓸 것 ④ 수업에 참석하지 않거나 성적이 나쁘면 처벌함 등이 있었다. 도덕적 규율로는 ① 성현을 숭상하는 마음을 가질 것 ② 조정(朝庭)을 비방하는 말을 하지 말 것 ③ 주색(酒色)과 재물에 관한 이야기나 고담준론(高談峻論)을 하지 말 것 ④ 오륜(五倫)을 지킬 것 ⑤ 사장(師長 - 선생)에 예를 다할 것 ⑥ 말을 타지 말고 유희(遊戲) 등을 하지 말 것 등이었다. 유생들의 생활은 교관들이 관찰하여 선악부(善惡簿)라는 장부에 기재하고 이는 과거시험 응시 때 내신성적으로 반영되었다.

5) 교관과 유생

교관의 직제는 겸관(兼官, 겸임하는 관직)으로 정2품 지사(知事 - 지금의 대학교 이사장에 해당. 보통 홍문관 대제학이 겸함) 1명과 종2품 동지사(同知事 - 부이사장) 2명이 있으며, 실제 교수직은 정3품 대사성(大司成 - 지금의 대학교 총장) 1명, 종3품 사성(司成) 2명(지금의 교무처장), 정4품 사예(司藝)

3명, 종4품 직강(直講) 4명, 정6품 전적(典籍) 13명, 정7품 박사(博士) 3명, 정8품 학정(學正) 3명, 정9품 학록(學錄) 3명, 종9품 학유(學諭) 3명이었다. 개국초에 유생은 150인이었으나 1429년(세종 11년)에 200인으로 증원되었다. 생원·진사로 입학한 정규생은 상재생(上齋生), 유학(幼學) 중에서 선발된 유생은 하재생(下齋生) 또는 기재생(寄齋生)이었다. 기재생은 사학(四學, 서울의 관학, 동서남북 네 곳이 있었음) 생도로서 소정의 시험에 합격하여 입학한 승보기재(升補寄齋)와 부조(父祖)의 공덕으로 입학한 문음기재(門蔭寄齋) 및 개인적으로 식자재를 내고 들어온 사량기재생(私糧寄齋生)이 있었다.

4. 성균관의 문화

1) 자치활동과 사회참여

재회(齋會, 양현재의 자치 모임)의 임원들을 색장(色掌, 齋任이라고도 함)이라고 하였는데, 이에는 장의(掌議), 상색장(上色掌), 하색장(下色掌)이 각각 2인씩 6인으로 구성되며 그 외에 비임원으로 조사(曹司)와 당장(堂長) 등이 있었다. 총학생회장 격인 장의는 동·서재에서 각 1인씩 2인을 선출하는데, 현임 장의의 추천과 전임 장의들의 합의로 뽑는 간접선거제였다. 임원은 원칙적으로 춘추 석전 때 교체되었다. 전임 장의 3인이 모두 '근실(謹悉)'이라고 써주어야만 후보자 천책(薦冊) 즉 명부에 올라가는 엄격한 천거제였으므로 이를 둘러싸고 문제가 생길 수 있었다. 즉 한양 출신 권세가나 집권층의 자제들에게 많이 배분되는 현상이 생겨났다. 부모의 사회·경제적 지위가 현재도 학생들의 학업 성적의 배경에 큰 영향력을 발휘하고 있는 것처럼 조선시대 때도 마찬가지였다.

색장(총무부장)은 상·하색장으로 구성되는데, 동·서재에 상재생으로 2인, 하재생으로 2인 등 모두 4인을 장의 선출에 준해서 뽑았으며, 주 임무는 식당의 도기(到記) 검찰과 문묘의 청소였다. 재임(齋任)은 아니지만, 재회 시에 서기 역할을 담당하는 조사(曹司)는 좌중의 최연소자로 하였다. 그리고 당장(堂長)은 일종의 최고위원으로서 재회 시에 모인 총 인원 수에 따라 1명~7명까지 적정 수를 선출하였다.

재회는 자치활동을 위해 구성된 학생회 성격의 모임이었기에 비교적 민주적인 모임이었을 것으로 생각하기 쉽지만, 실상은 상당히 권위적인 구조를 지녔으며 관생(館生) 간의 위계 서열과 정치적인 당파색(특히 노론과 소론)에서 자유롭지 못해 여러 폐해가 생겨나기도 하였다. 그런 점에서 제한적인 학생 자치 조직이었지만 때로는 상당한 힘을 발휘하기도 하였다. 이러한 재회를 국가에서 허용한 것은 선비 기질의 함양을 도모하는 성균관 유생 우대정책의 일환이었는데 한편으로 재회는 조정 관료 사회의 축소판이기도 하였다. 그리고 여러 제한 사항이 있었지만 일단 재회에서 결정된 사항들은 공적인 의견이 되어 외부의 간섭에도 굴하지 않고 지키려는 기풍이 있었다. 이러한 재회는 정치적 훈련이라는 측면도 있었고, 관료 사회의 위계 의식이 내면화되는 과정이기도 하였다. 이는 '예(禮)'라는 규율이 성균관 유생집단 내부에 철저히 적용되는 과정이었다고 볼 수도 있다.

성균관에는 유생들의 공론 행위도 가능했으니 유소(儒疏)가 바로 그것이었다. 유생들의 상소라는 뜻의 유소는 사회의 공론 조성에 참여하는 것이며, 대체로 시비를 가리는 비판적 의사표시 행위였다. 세종 때에 본격적으로 시작되어 고종 때까지 80여 회 이상 일어났던 것으로 실록에 나타나 있다. 유생들은 자신들의 주장을 관철하기 위하여 유소에서 그치지 않고, 공관(空館 - 동맹휴학), 공재(空齋 - 기숙사 퇴거), 권당(捲堂 - 단식투쟁) 등 실력행사를 단행하기도 하였다.

공관을 할 때는 문묘의 신삼문(神三門 - 대성전 앞의 정문) 밖에서 사배례(四拜禮)를 하고 떠나는데, 이렇게 되면 대사성 이하 모든 성균관 관원들이 동·서재에 들어가 숙직하면서 문묘를 지켰다. 그리고 사태의 시말(始末)을 초기(草記 - 간단한 문서)로 국왕에게 보고하여 비답(批答 - 왕의 답변)을 받은 후, 문묘 앞 반교(泮橋, 香石橋) 밖에 장막을 설치하고 학부형들까지 동원하여 유생들을 취관(就館 - 등교) 하도록 선유(宣諭 - 신하에게 알림)하였다. 그래도 해결이 되지 않을 때는 예조의 관원까지 동원하기도 하였다. 따라서 재임(교관)은 공관이 해소될 때까지 성균관 근처에 머물러야 했다. 일반적으로 공관이 단행되면 유생들은 쉽사리 물러나지 않으므로 조정에서는 대개 유화정책을 썼으며 일시적으로는 유생들의 요구를 받아들여 정치적 후퇴를 기하기도 하였다.

권당이 '식당 출입 거부'를 뜻하게 된 것은 현종 대에 이르러서이며, 그 이전에는 공관과 혼용되었다. 즉, 성종 때의 공관은 권당으로도 표현되었다. 식당 출입을 거부하는 권당이 일어나면 수복은 즉시 대사성이나 동지관사(同知館事)에게 보고하고, 학교 당국자는 유생들을 명륜당에 소집하여 그 연유를 조사하고 선유를 개시하였다. 이에 응하지 않으면 서면으로 진술하게 하고 이를 토대로 초기를 작성하여 왕의 비답을 청하였다. 이래도 효과가 없으면 마침내 예조판서나 대신을 파견해 선유하였다. 이러한 방법으로도 식당 출입을 거부하면, 준비된 음식물들을 처리하기 위하여 방외(方外 - 숭교방 밖)의 유생(곧 四學儒生)들을 임시 소집해 식당 성원을 채우는 일도 있었다.

성균관의 교육은 성리학적 지배이념의 유지와 확산을 목적으로 하였지만, 현실의 지배 질서가 성리학적 원칙에 부합하지 않을 때 그것을 바로 잡으려는 노력이 성균관 유생들에 의해서도 이루어졌다. 그러므로 성균관은 지배집단의 요구대로 조종된 것만은 아니며, 성리학적 원칙을 중심에 두고 지배와 저항이 공존했다고 볼 수 있다. 유생들의 집단시위가 많이 일어났을 때는 그만큼 사회문제가 많은 시절이었다고 볼 수 있으며, 다른 한편으로 왕권에 대하여 상대적으로 신권(臣權)을 강조하는 정치사상의 유행과 관련지어 이해할 수도 있다.

2) 풍속과 문화

성균관 장의가 출타했다가 돌아올 때는 수복들이 탕평비 앞의 향석교(香石橋) 부근까지 마중을 나가는 풍습이 있었다. 동·서재 방색장(房色掌 - 대표)들도 지팡이를 짚고 앞길을 인도하였으며 이때 재직(齋直) 7, 8명이 무리 지어 따랐다. 그리고 모두가 용모가 아름답고 깨끗하였다. 조선 사회에서 이렇다 할 벼슬이 없는 데도 전후에서 호위하는 경우는 성균관에 장의가 들어올 때뿐이었다. 장의가 동재의 출입문에 들어서면 성균관 유생들도 유건(儒巾)을 고쳐 쓰고 창문을 닫은 채 머리를 조아렸다. 장의가 장의 방에 도착해야 비로서 재직들의 길게 외치는 '개창문(開窓門, 창문을 열라)!' 소리에 맞춰 창문을 열 수 있었다.

기숙사인 동·서재에는 면책(面責, 대면하고 꾸짖음)의 풍습이 있었다. 선배가 어떤 신참을 부르면 동·서재의 재직들이 호출당한 자가 있는 곳으로 몰려가서 그 신참을 에워싸고 함부로 성명을 불렀다. 그리고는 의복을 잡아끌고 가서 선배의 면전에서 곤욕을 주었으니 오늘날 군대에서 신병의 군기를 잡는 것과 유사하였다. 면책은 원래 과거급제 서열 즉 방차(榜次 - 생원 진사 급제 순)의 폐습이었다. 고려 말기에 권문세가의 나이 어린 기환자제(綺紈子弟, 부유한 자제를 일컫는 말)들이 15·6세에서 17·8세에 과거 급제를 하게 되면, 이들을 곤욕스럽게 하여 버릇없는 행실을 고치려고 한 것이 그 시초였다. 선조 때 금령(禁令)을 내렸으나 쉽게 없어지지 않았다.

『연려실기술(燃藜室記述)』을 보면 성균관 유생들은 매년 여름과 겨울에 궐희(闕戲 - 모의 조정 행사)라고 하는 작은 축제를 열었다는 기록이 있다. 공자를 왕으로 모시고 서울에 있던 사학(四學)을 각각 안자, 자사, 증자, 맹자가 제후인 봉국(封國)으로 삼아 마치 천자와 제후의 관계처럼 하여 상·하재의 학생을 백관의 자리에 앉히는 놀이였다. 이러한 대궐 벼슬 놀이에서는 현실의 정치처럼 반사(頒赦 - 반포, 사면)나 견사(遣使 - 사신 파견)의 예도 행하였으며, 모의 과거도 시행하였다. 과거는 사학의 유생에게 시제(試題)에 따라 제술(製述) 하도록 하였으며, 성적을 매겨서 '천장급제(天場及第 - 임금이 직접 주관하는 과거)'라 하여 창방(唱榜, 합격자 발표)하고, 때로는 정초(政草 - 정치개혁안)를 크게 써서 대성전 뜰에 대자보로 붙이기도 하였다.

성균관 유생들에게는 순당(巡堂)이라는 풍습도 있었다. 이는 새로 급제하고 3일 후 알성(謁聖, 임금님을 뵙는 행사)을 마치고서 급제자 복장으로 권반(勸飯 - 식사 시작 구호)에 앞서 식당 서쪽 출입구에서 시작해 서헌(西軒)을 한 바퀴 돌고 이어 동헌을 돈 뒤 식당 동쪽 문으로 나오는 습속이었다. 이는 급제를 자랑하고 축하하는 의미와 아울러 성균관 생활에 성실히 임하여 원점도 잘 취득하고 그 덕분에 과거시험에도 합격할 수 있었다는 감사의 뜻도 담은 행사였다. 그리고 또한 급제자들의 졸업 파티이기도 하였다.

정조 때 성균관에는 능행지영(陵幸祗迎)이라는 행사도 있었다. 이는 정조 임금이 봄과 가을에 화성에 있는 융릉(隆陵, 사도세자의 능)으로 행차할 때 유생들이 성 밖까지 나가서 지송(祗送 - 공손히 환송)하고, 또 임금이 돌아올 때는 지영(祗迎 - 공손히 환영)하는 것이었다. 이를 위해 각

방 부목(負木 - 땔감 준비하는 성균관 노비)이 전날에 미리 반촌마(泮村馬)를 준비해 놓는데 먼저 타고 나가기 위해서 치열한 경쟁도 있었다.

생원과 진사가 문묘 알성(공자님께 인사하기)을 할 때면 하재생을 시켜 통알(通謁)을 하게 하였다. 통알이란 다른 사람이 알성을 할 때 옆에서 순서를 돕는 것으로 대성전 앞에 짝지어 서서 서로 '흥배(興拜 - 허리를 일으켰다 숙임)'라고 외쳤다. 만약 대과 급제자가 알성을 하면 생원과 진사를 시켜 통알을 하게 하였다. 그런데 유생들에게 통알은 남 좋은 일만 해주는 것으로 여겨 기꺼이 하지 않으려는 분위기가 있었다. 그래서 통알을 거부하면 출재(黜齋. 퇴학) 처분을 내리기도 했지만, 그래도 통알을 거부하는 유생이 있었다.

성균관에는 공신(功臣)과 훈신(勳臣) 자제들에게 주어지는 특전인 문음(門蔭) 제도가 있었다. 그런데 이 제도는 양인(良人)이 학교를 통해 신분을 상승시킬 기회를 막아 사회의 건강한 순환을 가로막는 부작용도 있었으며, 성균관 교육의 활성화도 막았다. 그래서 세종대왕 때도 성균관의 교관직이 실세(失勢) 관리의 유배지와 같은 한직으로 인식된다는 지적도 나왔다. 당시에 대사성이었던 황현(黃鉉)은 사유(師儒)의 도에 합당하게 교관을 대우하지 않음으로써 성균관의 위상이 낮아진다고 비판하기도 하였다. 성균관의 위상이 낮을 때에는 유능한 교관이 부임하더라도 곧 전직(轉職)되거나 때로는 교관 스스로 환임(還任)을 요구하는 일도 있었다. 그리고 성종 때에는 성균관 유생들이 교관의 학문적 자질과 인격을 희롱하는 시(詩)와 글을 쓰고, 체벌에 대한 불만을 품어 권당을 감행하는 일도 벌어졌다. 이것은 유생들의 자치권이 부정적으로 사용된 사례라고 할 수 있을 터이지만, 인재의 공정한 선발이 무너지게 되면 교육도 무너지게 된다는 점을 잘 보여주고 있다.

3) 반촌과 반촌인

반촌은 일종의 대학촌이었으며 이곳의 풍속은 성균관의 하위문화(sub-culture)였다고 볼 수 있다. 여기에는 주로 성균관 소속의 노비(반노·반인)들이 살았다. 또 때로는 입재(入齋, 기숙사 입실)하지 못한 유생들이 양현고의 주선으로 머물기도 하였다(식사는 제외). 성균관에서는 오락 금지의 규정 때문에 바둑이나 장기를 둘 수 없었으므로, 유생들은 향관청이나 반촌으로 놀러 나가는 일이 많았다. 반촌은 성균관 앞 큰 길을 경계로 하여 동반촌과 서반촌으로 나누어지는데, 반촌 동구 서쪽에 하마비가 전석현(磚石峴, 박석고개, 서울대 간호대학 북쪽 부근)에 있어 이현(梨峴, 배나무고개, 종로4가 북쪽) 대로와 통하였다. 때로는 지방 유생들이 과거 준비를 위해 미리 올라와 유숙하기도 하였는데 한양 유생들이 이를 방해하기 위해 웃돈을 주고 방을 선점하는 일도 있었다.

4) 성역보호와 반동명승

성균관 일대는 열성조(列聖朝 - 역대 왕조)가 우대하는 지역이었기에 순졸(巡卒)이나 금리(禁吏) 등의 관리도 임의로 들어올 수 없었다. 그러므로 일반인은 성균관 주변의 반수(泮水, 성균관 주위를 흐르는 개천)를 넘어 들어올 수 없었고, 비록 범죄자라고 할지라도 일단 성균관 일원으로 들어오면 국가에서도 어찌할 수 없었다. 특히 대성전으로 도피하면 삼한시대의 소도(蘇塗)와 같아 잡아갈 수 없었다. 인조 때에 한 군교(軍校)가 순찰하다가 성균관에 들어갔었는데, 왕이 그 사실을 전해 듣고 그 군교를 잡아다가 성역 침입의 죄로 다스렸다는 기록도 있고, 명종 때에는 살인범을 체포하기 위해 형조 서리가 성균관에 난입한 사건이 발생해 징계한 일도 있었다. 이는 성균관을 대단히 신성한 장소로 여겼기 때문에 그랬던 것이며, 이를 제도화하여 공권력으로 보호해 준 것이다. 따라서 그 울타리 안에서 이루어지는 교육은 지극히 고귀한 것으로 인식될 수밖에 없었다.

성균관은 내부 환경도 건물들과 수목이 미학적으로 잘 배치되어 그 조경미가 뛰어났다. 주변의 동반수(東泮水)와 서반수(西泮水)도 자연스레 주변의 소음과 차단하는 역할을 해 성균관 경내는 정숙한 분위기가 조성되었다. 또 그 반수는 성균관 일대를 습윤(濕潤)하게 함으로써 유생들의 건강에도 도움이 되었다. 이같이 성균관의 교육시설을 둘러싼 반촌의 자연환경은 풍수적으로도 더할 나위 없이 아름다운 환경이었다. 그래서 반촌의 주변 풍광을 '반동명승(泮洞名勝)'이라 부르기도 했다. 특히 성균관 동북쪽의 송동(宋洞), 포동(浦洞), 어정동(御井洞) 일대(지금의 명륜동과 성북동 일원)는 암벽과 계곡이 잘 어우러져서 복사꽃 피는 봄에는 신선이 사는 세상과 방불하다 하여 상춘객이 몰려들기도 했다.

반동명승의 하나로 계성사 서북쪽에 있던 어정수(御井水)도 들 수 있다. 이 샘은 아무리 가뭄이 들어도 마르지 않으며 언제나 달고 시원했기에 석채(釋菜 - 채소만 올리는 약식 제사) 때는 이 샘의 정결함을 보존키 위해 샘을 지키는 관원까지 따로 차출될 정도였다. 그리고 명륜당 뒤편 응봉(鷹峰) 기슭의 절벽 위에 있던 망향대(望鄕臺)와 그 부근의 벽송정(碧松亭)도 명승으로 이름이 높았다. 또 반촌 동쪽 너머의 흥덕동(興德洞 - 혜화동과 성북동 일대)은 흥덕사라는 절이 있어 흥덕이란 지명이 유래했는데, 온갖 꽃나무와 화려한 누각이며 큰 연못들이 있어서 봄부터 가을까지 늘 꽃동산을 이루었다. 경도십영(京都十詠, 서울의 명승지 열 곳을 읊은 시)의 하나로 '흥덕골 꽃구경[興德賞花]'이 꼽힐 정도였다.

이같이 수려하고 청정한 환경에서 성균관 유생들은 동료들과 함께 치열하게 공부하며 수많은 추억도 만들었을 것이다. 오늘날에도 각

대학은 캠퍼스를 아름답게 가꾸기 위해 노력하고 있으며 시민들의 나들이 장소가 되기도 한다. 이는 좋은 교육이 이루어지기 위해서는 좋은 환경이 있어야 한다는 생각의 반영일 터인데 이러한 정신은 성균관 시절부터 면면히 이어지고 있었다고 말할 수 있겠다.

5) 기타

세조 때 영의정을 지낸 최항(崔恒)에 관한 이야기이다. 그는 성균관 관비생(館費生, 정식 학생)이 아닌 사량기재생이어서 동료와 주위 사람들로부터 온갖 멸시를 받았다. 하지만 그는 이에 굴하지 않고 공부에 정진하여 세종 16년(1434) 별시 때 마침내 장원급제하였다.

성균관 역사에는 성희롱 사건으로 유생이 엄한 처벌을 받은 일도 있었다. 세종 때의 일이다. 석전을 앞두고 치재(致齋, 제사에 앞서 심신을 정결히 하는 일)를 하는데 유생들이 반수에서 목욕하다가 지나가던 부녀자를 희롱하는 사건이 일어났다. 이에 대한 처벌로 해당 유생들은 각각 곤장 40대와 80대를 맞았다.

성종 때와 선조 때에는 벽서(壁書, 대자보) 사건도 있었다. 성종 때의 벽서는 성균관의 교관을 비방하는 내용이었고 선조 때의 벽서는 조정을 비방하는 내용이었다.

성종 때 성균관에서 무속 행위를 벌이다 적발되는 일도 있었다. 어떤 무당이 궁실 인사의 부탁으로 반수에서 기도를 올렸는데 유생들에게 발각되어 쫓겨났다.

성균관의 은행나무와 느티나무는 각각 유교의 교육(학문)과 관직을 뜻하는 상징적 수목이어서 관리에 정성을 기울였다. 숙종 8년에는 강풍에 쓰러진 은행나무와 늙은 느티나무를 위해 위안제(慰安祭)를 지냈고, 영조 31년에도 성균관 서편의 큰 잣나무가 역시 강풍에 쓰러져

위안제를 지낸 일이 있었다. 대성전 왼쪽의 세 갈래 측백나무는 삼강(三綱)을, 오른쪽 다섯 갈래 나무는 오륜(五倫)을 상징하였다. 건물 하나하나가 고도의 미학적 구도를 갖춘 예술품이었듯이 나무 한 그루, 초석 하나도 함부로 배치했거나 심은 것이 아니었다.

성균관에 국왕의 하사(下賜)나 은전(恩典)이 내려오면 이에 대하여 가요(歌謠), 송가(頌歌), 전문(箋文) 등을 바쳐 국왕을 예찬(禮讚)하는 행례(行禮)가 늘 이어졌다.

이외에 성균관 역사에는 여러 다툼과 부정부패 등 부정적인 일들도 많았다. 이런 점에 대해서도 객관적으로 성찰할 필요가 있다.

5. 나오며

조선왕조는 성균관을 매우 중시하였기에 각종 제도를 마련하여 운영에 만전을 기하였다. 이는 사회교화의 중심지가 문묘이며, 차세대 지도자 양성의 중심지가 명륜당이라고 인식했기 때문이었다. 이러한 최고 교육기관으로서 성균관의 위상을 높이기 위해, 풍수지리상 길지(吉地)에 자리를 잡고, 규모를 확대하고 교관 수를 증원하며 겸직을 통해 교관의 품계를 높였다. 또 유생정원을 확대하고 양현고 재정을 확충하는 등 여러 교육 정책을 통해 사회적 위상을 계속 높여갔다. 여말선초의 정치적 격변기를 통과하며 고려 성균관을 계승한 조선 성균관이지만 그 위상은 고려 성균관에 견주어 훨씬 높았다고 말할 수 있다.

그리고 국가적으로 큰 행사였던 석전제는 현실사회의 갈등을 해소하고 인간의 심성을 순화시키며 평화로운 세계를 지향하였으므로 석전제는 정치와 종교의 성격을 아우른 행사였다. 석전제는 제례악의 기능을 특히 중시하였는데 이때 거행되는 장중한 팔일무는 보는 이들의 마음을 순화시켰다. 성균관 유생들은 석전제에 참여하여, 예(禮)로 민심을 규제하고 악(樂)으로 민심을 하나로 모아 다스리는 계층과 다스림을 받는 계층의 조화를 추구하였던 유교 예악의 이상을 체득하였다. 이는 어찌 보면 오늘날 기독교 대학에서 채플을 필수로 이수하게 하는 것과 유사하다고 말할 수 있을 것이다.

성균관대학교는 조선 성균관의 터전에서 유교의 핵심적 가르침인 인의예지(仁義禮智)를 교시(校是)로 삼아 설립되었다. 그런 점에서 성균관대학교는 조선 성균관의 좋은 전통은 계승하고 부정적 전통은 극복함으로써 전통 학문과 교육을 오늘날의 학문과 교육으로 창조적으로 이어 나갈 책무가 있다고 말할 수 있다. 이를 위해서 성균관대학교 구성원들은 성균관의 역사와 전통에 대해 깊은 애정을 갖고 공부하는 기풍을 만들어 가야 할 것이다.

[주요 참고 문헌]

장재천, 『조선 성균관 교학문화』, 박영스토리, 2021.

장재천, 「조선전기 태학생과 외부관리와의 싸움 논고 - 『조선왕조실록』을 중심으로 - 」, 『한국 사상과 문화』105, 한국사상문화학회, 2022.

장재천, 「조선시대 성균관의 예악교육」, 『한국교육사학』42, 한국교육사학회, 2020.

반촌(泮村)과 반촌 사람들

– 안대회(성균관대학교 한문학과 교수)

1. 조선시대 한양의 특수구역 반촌

서울시 종로구 명륜동에는 조선시대의 대학인 성균관(成均館)이 고풍스런 자태를 보존하고 있고, 그 뒤쪽으로는 성균관대학교의 현대적 건물이 들어차 있다. 성균관을 둘러싸고 명륜동 1가부터 명륜동 4가에 걸쳐 대학가와 주택가로 구성돼 있다. 이 명륜동 전 구역을 20세기 이전에는 반촌(泮村)이라 불렀다. 반(泮)이란 글자는 성균관을 가리키므로 반촌은 '성균관이 있는 동네' 또는 '성균관 마을'이라는 뜻이다. 반궁(泮宮)인 성균관을 둘러싸고 있는 반촌은 성균관을 관리하고, 유생의 학업을 지원하는 실무담당자와 그 가족들이 거주하였다. 당시의 행정 명칭은 한성부 동부(東部) 숭교방(崇敎坊) 성균관계(成均館契)였다. 반촌은 조선시대 한양의 특수한 마을 이름으로 누구나 알 수 있었다. 현재는 대다수 한국인에게 완전히 생소한 마을 이름이 됐다.

조선 후기에는 대체로 거주이전의 자유가 보장돼 있었다. 한양에는 신분이나 직업이 동질적인 사람들이 집단으로 거주하는 마을이 적지 않았다. 그중 유난히 독특한 지역이 있었으니 바로 성균관 주위의 반촌이었다. 상인, 역관, 의원, 아전과 서리, 군인, 내시와 같이 대체로 양반보다는 중인 이하 평민들이 특수한 거주지를 형성하였다. 도시의 거주지 분할은 18세기 들어 그 특색을 또렷하게 드러냈다. 가장 독특한 지역이 반촌이었다. 특정 신분 또는 특정 직업인이 거주 주민의 다수를 점유하기는 해도 배타적으로 독점하지는 않았다. 반면에 반촌은 오로지 반촌 사람만 거주하였다. 도시는 향촌과 달리 개방적 거주가 특색인데 반촌은 이런 관행과는 동떨어진 예외적인 지역이었다.

1) 반촌 형성의 역사

그렇다면 반촌은 언제부터 형성됐을까? 상식에 따르면, 성균관이 세워진 이후 자연스럽게 반촌이 형성되어 조선 전기부터 형성됐으리라 예상할 수 있다. 그러나 예상과는 달리 반촌은 17세기 이후에나 마을의 정체성이 세상에 알려졌다.

조선 전기 한양의 지리 현황을 잘 정리해놓은『신증동국여지승람』의 경도(京都) 항목에는 반촌이 등장하지 않는다. 성균관을 묘사하고 또 그 부근에 있는 흥덕동이란 마을을 거론하고 있을 뿐, 반촌을 특정한 지역으로 내세우지도 않았고, 설명하지도 않았다. 임진왜란 이전의 문헌에는 어디서도 반촌이 보이지 않는다.

광해군 때의 문인 유몽인(柳夢寅)은『어우야담(於于野談)』308화에서 "성균관 동네에 여인 한 사람이 있었는데 나이 47세에도 자녀가 없었다."라고 썼다. 18세기 이후였다면 으레 반촌이라 말할 지역을 성균관 동네로 표현하였다. 유몽인 이전에는 대체로 이렇게 표기하였다. 훗날에는 반촌이라 불렸던 지역을 성균관동이나 흥덕동으로 표기한 것은 반촌이란 인식이 없었음을 말해준다.

반촌이 처음 등장한 문헌은『선조실록』이고, 시기는 1606년이다. 이후에는『왕조실록』과『승정원일기』등 국가 기록물과 문집 등의 문헌에 반촌이란 말이 점차 나타나다가 18세기 들어서는 본격적으로 행정구역명을 제치고 일반 명칭으로 자리를 굳혔다. 17세기 이후 점차로 사용 빈도가 늘어나다가 18세기에는 마을 이름으로 자리를 잡고 조선 말기까지 사용되었다. 역사적 지역명으로 반촌이 확고해졌다.

반인(泮人)이란 명칭 역시 반촌과 같은 역사적 명칭이다. 반인은 성균관에 소속된 공노비로 본디 성균관노(成均館奴), 줄여서 관노(館奴)로 불렸다. 반인도 17세기 이후 점차 쓰이기 시작하다가 18세기부터 본

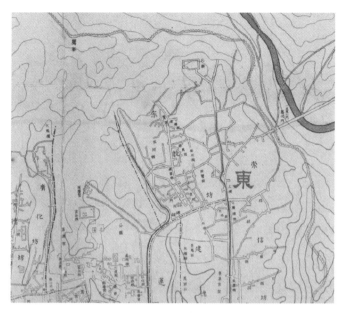

[그림 1] 대한제국 말기의 반촌 주변, 「최신경성전도(最新京城全圖)」,
日韓書房, 1907, 서울역사박물관 소장.

격적으로 쓰였다. 정조 때까지 가끔 관노로 부르기는 했으나 관노보
다는 반인, 반민 등으로 불렀다.

17세기 이후 반촌과 반인은 독특한 정체성을 지닌 한양의 마을과
주민으로 인식되었다. 특정한 시기에 갑자기 만들어진 존재와 명칭이
아니라 장기간에 걸친 사회경제, 문화의 변화 과정에서 형성되어 자
리가 잡혔다.

반촌이 독특한 정체성을 지닌 마을로 부상한 배경에는 반인의 지
위가 향상된 역사적 맥락이 있다. 성균관에서 수복과 서리 등의 직역
을 담당하던 관노는 점차 업무상 역할이 커졌고, 그 숫자 또한 크게
불어났다. 또 현방(懸房, 푸줏간) 운영자와 반주인(泮主人)은 그 역할과
세력이 꽤 큰 비중을 가지게 됐고, 반촌의 영역이 넓어지고 반인 전체

의 숫자가 확대되면서 지위 향상이 이루어졌다.

2) 반촌의 영역과 동반촌, 서반촌

반촌은 당시에는 숭교방 전 지역이었고, 현재는 명륜동 경내에 해당한다. 관고개[館峴]에서 혜화문에 이르는 길을 경계로 하여 성균관 쪽에 위치하였다. 관고개는 창경궁에서 성균관으로 가는 언덕길이었고, 혜화문은 현재의 창경궁로 35길과 한양도성 성곽이 만나는 장소에 있었다. 본디 반촌은 현재의 성균관대 사거리에서 남쪽으로 대명 길을 따라 혜화역 4번 출구로 가는 길을 경계로 하였고, 여기에서 꺾어져 큰 도로를 따라 혜화동로터리를 거쳐 북쪽으로 뻗은 길을 경계로 하였다. 이 길은 반수가 대학로로 흘러가는 물줄기이고, 혜화로를 따라 내려오는 흥덕동천(興德洞川)과 혜화역 4번 출구 주변에서 합해졌다. 혜화로를 흐르는 물줄기가 반촌의 동쪽 경계였다. 반촌의 경계는 물줄기와 밀접한 관련이 있다. 그 영역을 옛 모습을 간직한 지도로 표시하면 [그림 2] 와 같다.

반촌 주변의 도로는 일제강점기 이후 큰 변화를 겪었다. 조선총독부는 1914년을 전후하여 창경궁에서 혜화문을 통하여 교외로 나가는 간선도로를 만들어 직선화하는 도로망을 추진하였다. 이 때문에 한양 동북부의 도로에 작지 않은 변화가 일어났고, 반촌의 경계는 작지 않게 해체되었다. 이 길이 만들어지면서 창경궁에서 동소문 방면으로 버스길과 전차노선이 놓였다.[1]

따라서 반촌은 동서로는 창경궁 담장으로부터 현재의 혜화로까지

---

1) 강창우·양승우, 「일제강점기 경성 동북부 도시조직 변화과정연구」, 서울특별시 종로구 혜화동을 중심으로」, 『서울학연구』 57호, 2014, 115~172면.

이고, 남쪽으로는 관고 개에서 혜화역 4번 출구까지 뻗어있는 대명길이 그 경계선이었다. 서반촌과 동반촌의 경계는 현재의 성균관대 정문 앞으로 뻗은 성균관로이다.

반촌의 북쪽 경계를 명확하게 밝힌 문헌은 없다. 하지만 반촌 북쪽은 혜화문에서 응봉까지 성곽으로 둘러싸여 있고, 성곽 아래는 가파른 산길에 숲으로 이어졌다. 당시에는 인가가 들어서기 힘든 산등성이거나 복숭아나무와

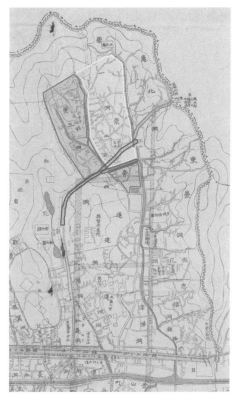

[그림 2] 반촌의 영역과 경계, 1914년 지도
「경성부명세신지도(京城府明細新地圖)」,
일한서방(日韓書房), 1914.

앵두나무 등 유실수를 심은 과수원과 소나무 숲, 그리고 채소밭이었다. 1920년대까지만 해도 명륜동과 혜화동의 한양도성 안쪽 지대는 조선 후기와 큰 차이가 없었다. 1927년 지목(地目)에는 거의 모두 '전 (田)'으로 표시되어 있다. 한마디로 인가가 크게 형성되지 않았다. 그 지역에는 송동(宋洞)과 갯골[浦洞] 등이 있어 반인이 주축이 되어 양반과 평민이 뒤섞여 거주하였으나 보통 반촌에 속한 지역으로 여겼다.

정조 때에 사도세자의 사당 경모궁(景慕宮)을 조성하기 이전만 해도

반촌 일대는 도성 안에서도 낙후된 지역이었다. 1910년대 이후 도로를 확충하고, 1931년 창경궁과 종묘 사이에 길을 뚫어 현재의 율곡로를 만들기 이전에는 한양 동북쪽에 치우친 외진 지역이었다.[2] 반촌의 남쪽 경계는 정조 치세에 조금 더 확대되었다. 1782년 정조는 경모궁 동쪽에 연못을 조성하고 남북에 각각 경계석을 세워 반촌의 남쪽 경계임을 표시하였다. 그 때문에 남쪽 경계가 대명길에서 대학로1길까지 확대되었다. 경모궁을 건설하면서 수십 가구의 반촌을 확장하여 번화한 풍경을 조성하고자 하였다.

반촌은 크게 동반촌(東泮村)과 서반촌(西泮村)으로 나뉘었다. 성균관대 사거리 북쪽의 성균관로를 기준으로 서쪽은 서반촌, 동쪽은 동반촌으로 구분하였다. 이는 동반수(東泮水)의 동쪽 마을, 서반수(西泮水)의 서쪽 마을이기도 하다. 서반촌의 서쪽 경계는 창경궁 담이었고, 동쪽 경계는 흥덕동천이 흐르는 혜화로였다.

3) 치외법권이 적용된 특수지역

위에서 반촌의 경계를 자세하게 설명한 데는 이유가 있다. 반촌은 한양의 다른 지역과 동떨어진 섬처럼 존재하여 중세 유럽에 존재한 게토(ghetto, 소수자 집단이 밀집해서 거주하는 지구)와도 비슷하였다.[3] 반촌은 경찰권이 함부로 들어가지 못하도록 제한하여 일종의 치외법권을 인정한 구역이었다. 순라를 도는 군졸과 의금부와 형조의 형리가 반

---

2) 강창우·양승우, 위의 논문; 유슬기·김경민, 「조선시대 한양도성 안 동부 지역의 상업도시화 과정」, 『서울학연구』 57호, 2017, 239~264면.
3) 강명관, 「서울의 게토, 도살면허 독점한 치외법권 지대/반촌」, 『조선의 뒷골목 풍경』, 푸른역사, 2003, 224~257면.

촌을 출입하지 못했다.

형리의 출입 금지는 조선 초기부터 시행한 법이었다. 『연려실기술
(燃藜室記述)』에서는 성균관의 제도와 역사를 두루 설명하는 중에 다음
과 같이 쓰고 있다.

> 열성조(列聖朝)에서 우대하였기에 성균관에는 순라군과 금부(禁府)
> 이속(吏屬)이 누구도 감히 들어가지 못하였다. 인조 임금 때에 한
> 군교(軍校)가 밤에 순라를 돌다가 반촌에 들어갔다. 임금께서 그
> 사실을 들으시고 군교를 치죄하라고 명하셨다.(『연려실기술』, 별집 제
> 7권, 「官職典故」, '성균관')

간명한 서술이지만 순라군과 형리들이 성균관을 함부로 들어가지
못하게 하였던 오래된 법제를 밝혀놓았다. 이 금령은 성균관을 다룬
각종 저술에 빠짐없이 나온다. 1639년 김육(金堉)은 인조에게 "태학(太
學)의 경우, 나라의 큰 금법(禁法)에 관계된 일이더라도 향교(香橋)를 넘
어서 반중(泮中)에 들어가지 못합니다. 이 금법을 범한 자를 벌하는 것
이 전해 내려오는 규례입니다."(『일성록』, 인조 17년(1639) 11월 19일)라고
진언하였다.

이 금법을 김육은 나라에 전해 내려오는 규례라고 하였고, 정조는
왕조의 법전에 기록된 사실이라고 하였다. 여기에서 말하는 법전은
곧 『태학속전(太學續典)』이다. 거기에는 "금리는 감히 반중(泮中)에 들어
가지 못한다[禁吏無敢入泮]"라는 규정이 명문화돼 있다. 성균관은 이 금
법을 근거로 범죄를 다루고 통행금지를 담당하는 기관과 잦은 다툼을
벌였다. 적지 않은 사례가 역사 기록에 등장하고 큰 문제로 불거지기
도 하였다.

여기서 향교를 넘지 못한다는 말은 더 설명이 필요하다. 향교는 곧 향석교(香石橋)로 서반수와 동반수가 합류하는 지점이자 성균관 경내로 들어가는 대문과 같은 구실을 한 장소이다. 현재의 성균관대학교 정문이 위치한 장소이다. 이 금법은 공자를 제사하는 문묘(文廟)를 신성시하는 존성묘(尊聖廟)와 성균관을 우대하는 중현관(重賢關)의 정책에 뿌리를 두고 있다. 직접적으로 출입이 금지된 장소는 문묘 일원이며, 확대하면 명륜당을 포함한 성균관 경내 전체였다. 그 범위는 향석교를 기점으로 서반수와 동반수 안쪽 학교 경계로 제한되었고 반인이 사는 반촌 전체는 본래 포함되지 않았다.

그러나 실제로는 금법이 반촌 전체로 확대되어 적용되었다. 몇 가지 구체적 사례가 보고돼 있다. 반촌에서 오랫동안 기거했던 황윤석(黃胤錫)은 누구보다 성균관과 반촌의 제도에 해박하였다. 그는 출입 금지의 적용 범위를 성균관 경내만이 아닌 반촌 전체로 이해하고 있었다.

> 우리 왕조의 태학 노비에게는 도사(屠肆, 푸줏간)를 생업으로 삼아 생계를 꾸리도록 허가하였다. 반촌 남쪽 돌다리[저자주: 관기교] 안쪽에는 동서로 삼천여 호(戶)가 살고 있어 순라군이 야금(夜禁)하는 것을 허락하지 않았다. 이는 모두 선비를 우대하는 도타운 뜻에서 나온 조치로 예전 역사에서 듣지 못한 일이다. 어떤 이는 "김자점(金自點)이 정승이었을 때 비로소 건의하여 그렇게 만들었다"라고 한다. 간흉(奸凶)이라도 한 가지 잘하는 점은 있게 마련이다.(황윤석, 『이재난고(頤齋亂藁)』, 1771년 4월 11일 기사)

삼천여 호에 달하는 반촌 전체에 출입 금지 금법이 적용되고 있고,

그 제도가 김자점의 제안으로부터 시작했다고 연원을 밝혔다. 금법의 적용을 두고서, 이 법의 시행을 담당하는 법사(法司) 및 통행금지를 다루는 기관들과 성균관 사이에 자주 다툼이 발생하게 되자 아예 적용 범위를 확대하여 시행한 것으로 보인다.

금법의 적용을 두고 다툼이 크게 일어난 사례는 많으나 그중에서 1775년에 대사성 조경(趙璥, 1727~1789)이 형조판서 구선복(具善復, ?~1786)과 갈등을 겪은 사건이 흥미롭다. 유생이 법을 어기고 공물을 사용했다는 이유로 형조의 형리가 반촌에 들어와 행패를 부린 일이 발생하였다. 조경은 "금리는 감히 반중(泮中)에 들어가지 못한다"라는 규정을 들어 형조와 논란을 벌였다. 조경은 책임을 지고 국왕에게 사직상소를 올렸고, 결국 조경은 대사성 자리에서 삭직되었다. 그러나 바로 이어 갈등을 겪은 형조의 참의로 임명되자 또 사직상소를 올렸다. 조경은 상소에서 출입 금지와 관련하여 중요한 언급을 하고 있다.

아! 금리(禁吏)가 반촌에 감히 들어가지 못하는 것은 본디 400년 동안 전해오는 법규입니다. 근년 이래로 성균관이 조금씩 가벼워지는데 이번 형조의 사건에 이르러 극에 달했습니다. 저 송동(宋洞)과 하마비 모퉁이가 그 이름은 달라도 반궁(泮宮)의 땅인 것은 똑같습니다. 전복(典僕)과 고직(庫直)이 하는 일은 달라도 반궁의 사람임은 매한가지입니다. 반궁 땅 안에서 반인을 붙잡고서 "금리가 반중(泮中)에 들어가지 않았다"라고 하는 말은 강이나 호수에 들어가 물고기를 잡고서 "나는 물고기를 잡지 않았다"라고 하는 말과 무엇이 다릅니까? 상말에 "반촌은 문묘의 행랑(行廊)이다"라는 말이 있습니다. 금리가 반촌에 들어와 소란을 피우지 못하는 것은 문묘를 공경하기 때문입니다. 그렇지 않다면 유생들이 어째서 군이 신에게 하소연하고, 신 또한 형조판서와 떠들썩하게 언쟁을 반복하겠습니까?(조경, 『하서집(荷棲集)』 권4, 「사대사성소(辭大司成疏)」)

조경은 금법이 조선 초부터 지켜온 법규임을 강조하고 있다. 무엇보다 성균관 일대만이 아니라 반촌 전체에 출입을 금하였고, 유생만이 아니라 성균관에서 일하는 반인 모두에 대해 형리가 함부로 체포할 수 없다고 하였다. 조경이 언급한 송동은 반촌 북쪽 경계에 있어서 명확히 반촌이라 규정하기가 어려울 정도인데 그곳까지 반촌으로 간주하여 금법을 적용해야 한다고 보았다. 그런 생각은 "반촌은 문묘의 행랑(行廊)이다"라는 말에 집약되어 있다. 반촌은 문묘를 수호하는 행랑과 같은 곳이므로 문묘에 적용하는 법규가 반촌까지 확대돼야 한다는 입장이 선명하게 드러나 있다.

2. 반인의 성격과 거주의 제한

1) 안향이 희사한 노비, 개성 이주민의 후예

반촌의 주민은 반인(泮人)이라 불렀다. 반인은 반민(泮民), 반한(泮漢), 관인(館人), 관사람, 관노(館奴), 반예(泮隷) 등 여러 표현이 함께 쓰였다.

반인의 신분은 공노비였다. 『속대전』 권5 형전(刑典) 공천(公賤) 조에 '성균관노비(成均館奴婢)'라고 법적으로 규정하였다. 성균관 노비는 성균관 업무에만 충실하도록, 노비 신분에서 벗어나는 면천(免賤)이 원천적으로 불가능하였다. 공로가 있어도 다른 포상으로 대체하였고, 다른 부역도 면제하였다. 반인이 노비 신분을 공식적으로 벗은 것은 1801년에 내시노비(內寺奴婢)를 혁파한 조치 이후다.

반인은 노비이기는 하나 18세기 이후로 그 위상이 높아져 단순한 노비 이상이었다. 사회적 경제적 문화적 수준이 상당히 높아졌고, 유생이나 조정 관료가 반주인을 함부로 부리지 못하였다. 유생과 반주인 사이에는 노동과 그에 따른 보수 관계가 확립되어 있었다. 반인이 따로 노비를 소유하는 일도 있었다.

반인은 공노비 중에서도 특별한 존재로 그 출발부터 일반 공노비와는 달랐다. 반인은 흔히 고려 후기의 유학자 안향(安珦, 1243~1306)이 성균관에 기증한 노비의 후예로 인식되었다. 안향의 외손 후예인 성현(成俔)은 『용재총화(慵齋叢話)』에서 이렇게 밝히고 있다.

거란의 침략 이후로 학교는 황폐해지고 문화와 교육은 바닥에 떨어졌다. 문성공 안향이 학교를 보수하고 녹봉을 바치고 노비 백여 구(口)를 헌납하였다. 지금도 성균관에서 부리는 자는 모두 문성공의 노비이다. 문성공은 그 공적으로 문묘에 배향되었다.(『용재총화』 권3)

성균관의 노비는 안향이 희사한 노비 백여 명의 후손이라는 말인데, 이는 반인의 성격과 구성을 이해하는 데 있어 중요한 요소이다. 반인은 안향을 자기 존재의 연원으로 존경하여 마을 제사로 받들었다. 유본예(柳本藝)는 『한경지략(漢京識略)』 성균관 조항에서 다음과 같이 밝히고 있다.

옛날 문성공 안향이 노비 백 명을 성균관에 바쳤다. 그 뒤로 노비가 늘어나 수천여 명에 이르렀다. 지금 반촌에 거주하는 주민은 모두 그 자손이다. 매년 9월 12일 문성공의 기일에는 반민들이

돈과 베를 갹출하여 제수품을 성대히 갖추어 제사를 지낸다. 성균
관에서는 또 면포 5필을 내고, 양현고에서 쌀을 내주어 제사를 돕
는다.(『한경지략』 권2, 「궐외각사(闕外各司)」, '성균관')

반인이 반촌 북쪽에 제단을 만들고 제사를 받들었다고 하였다. 허
구가 아니라 역사적 실체가 뚜렷한 말이다. 제삿날은 9월 12일로 이
날이 되면 반인이 문묘의 동무에서 제사를 올렸다. 18세기 중반 이후
에는 숭교방 북쪽에 터를 새로 잡아 제단을 설치하고 제사를 올렸다.
반인들 스스로 안향의 가노라는 의식과 안향을 숭모하는 마음을 지녔
음을 알 수 있다.

반인은 안향의 노비에서 개성 성균관의 노비가 되었고, 조선이 건
국되자 한양 성균관으로 이주하였다. 한양으로 이주한 뒤에도 반인은
거주지와 직업, 신분과 혈통을 대대로 세습하여 개성 사람의 독특한
기질과 언어와 풍속을 오랫동안 유지하였다. 그래서 한양 사람들에게
특별한 이주민 집단으로 각인되었다. 반인의 남다른 특징은 반촌에
자주 드나들었던 지식인에게 관심의 대상이었다. 윤기는 「반중잡영
(泮中雜詠)」 제20수에서 반인의 유래와 풍속, 기질을 다음과 같이 밝혔
다.

반인은 송경(松京)에서 이주해온 이들이다. 그 때문에 말투와 곡
(哭)하는 소리가 송경 사람과 똑같다. 또 남자의 복색이 화려하고
특이하다. 반인은 기개를 숭상하고 의협심이 강하며, 죽음을 두려
워하지 않는다. 왕왕 싸우다가 칼로 가슴을 긋거나 정강이를 찌르
기도 한다. 풍습이 대체로 서울과 몹시 다르다.(윤기, 『무명자집(無名
子集)』, 「반중잡영」 제20수)

반인은 한양 사람과는 풍습과 기질과 말투에서 구별되는 집단이었다. 반인은 한양 안에서 섬처럼 존재하는 고려의 후예이자 개성 이주민으로 무려 400년이나 전통을 지켜왔다. 개성 이주민이란 정체성은 반인의 종교 생활에서도 드러났다. 반인은 최영(崔瑩) 장군과 그 딸인 영비(寧妃)를 신령으로 모신 부군당(府君堂)을 설치하고 제사를 올렸다. 부군당이란 각종 관아에서 신령을 모시던 집을 일컫는 민속 신앙의 하나로 조선 초기부터 존재하였다. 성균관에서는 양현고(養賢庫) 서쪽의 부군당에 최영과 영비의 신령을 모셨다. 이는『중종실록』에서부터 그 증거를 확인할 수 있다. 1511년 3월 29일 기사에는 양현고 안에 부근당(付根堂, 부군당과 같은 말)이 있고, 국왕이 문묘에 행차했을 때 대비전(大妃殿)에서 사람을 보내 부근당에서 고사를 지냈다고 하였다.

양현고 옆에 있던 부군당의 존재는 정조 때 자료로 다시 확인할 수 있다. 1778년 9월 9일 황윤석은 친구와 함께 성균관에 들렀다가 벽송정에 올라 반촌을 둘러보았다. 그때 양현고 옆에 있는 부군당에서 최영과 영비의 초상을 보고 자세하게 기록하였다. 중종 때 설치한 부근당의 위치와 같으므로 성균관의 부군당은 수백 년 동안 같은 자리에서 전통을 이어갔음을 알 수 있다.

최영을 섬기는 무속신앙은 전국적으로 널리 퍼져 있었고, 현재까지도 서울 마을굿에서 핵심적 신앙의 대상이다. 관아에 설치되었던 부군당과 관련된 무속신앙이 수백 년 동안 지속된 것은 이것이 조선왕조의 풍속이었기 때문이다. 그러나 유학 교육의 본산인 성균관에까지 부군당을 설치하고 더군다나 전조(前朝)의 인물인 최영과 영비를 숭배의 대상으로 삼았으며 대비전에서 상례로 고사를 지낸 사실은 의아한 일이 아닐 수 없다.

사실 최영과 영비를 모신 부군당은 유생과는 무관하게 반인의 신앙을 허용한 것이었다. 공식적으로는 어떤 곳에서도 성균관 부군당의 존재를 거론하지 않았다. 그곳이 유생의 영역이 아니라 오로지 반인의 영역이었기 때문이다. 개성에서 이주한 반인들이 출신지를 추억하는 하나의 방편으로 최영과 영비를 신앙의 대상으로 삼았다고 볼 수 있다. 부군당 역시 근대로 오면서 지금은 흔적도 없이 사라졌다.

2) 반인의 규모와 거주지 제한

과연 반인은 어느 정도 규모였을까? 반촌 주민은 대략 호구로는 400호에서 3,000여 호, 인구로는 1,400여 명에서 1만 명에 근접한 숫자였다.[4] 반인의 가구와 주민수는 기록한 사람에 따라 차이가 상당히 크다. 성균관에서 파악한 반인과 실제 거주한 반인 사이에 적지 않은 격차가 있었다. 반인 가운데 성균관에 직접 들어가 일하지 않고 다른 사람을 고용하여 일을 맡기고서 자신은 자유로운 신분으로 살아가는 반인이 증가한 현상도 영향을 미쳤다.[5]

『승정원일기』의 기록을 검토하면, 17세기 말엽에는 반촌의 호구가 340~400호이고, 반인의 수는 2,000명 정도였으나[6] 18세기 말엽에는 800호에 4,000천 명이었다. 성균관에 들어와 의무적으로 일을 하는 가구 위주로 파악한 숫자가 그렇다. 한 세기 사이에 주민이 거의 곱절로 늘었다는 것은 이곳이 다른 지역에 비해 경제적으로 윤택한 곳이었음을 말해주고있다.

---

4)   송찬식, 「懸房考」, 『朝鮮後期 社會經濟史의 硏究』, 일조각, 1997, 534~535면.

5)   최은정, 「18세기 현방의 상업활동과 운영」, 『이화사학연구』 24권, 1997, 83~112면.

6)   박지영, 「조선후기 泮人의 존재양상과 泮村의 공간 변화」, 2013, 부산대학교 사학과 석사학위논문, 26~27면.

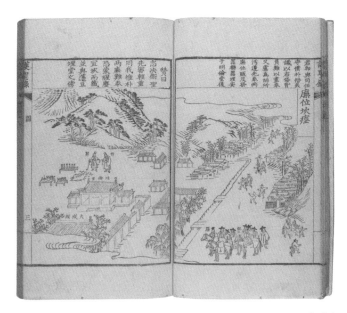

[그림 3] 성균관과 반촌. 강명제(姜命齊) 편, 『정의사호성록(鄭義士護聖錄)』, 1804년 간본, 미국 버클리대학교 동아시아도서관 소장. 〈호성록십이도(護聖錄十二圖)〉 중 '무위감예(廡位坎瘞)' 그림. 왼쪽 그림은 명륜당 위쪽에 신주를 묻는 장면으로 명륜당 뒤쪽의 벽송정 일대가 그려졌다. 오른쪽 그림은 동반수 옆쪽으로 반촌이 그려져 있다.

반촌은 다른 신분과 직업을 가진 사람이 거주하지 못하는 지역이었다.[7] 반인에게 오로지 성균관에 복무하도록 반촌을 벗어나 생활하는 것을 허락하지 않았다. 1697년 7월 28일에 대사성 박태순(朴泰淳)은 성균관 전복은 신역(身役)이 대단히 무거워서 반인은 예전부터 반촌 밖 다른 지역으로 이주하는 것을 허락하지 않았다고 하였다.(『승정원일기』, 숙종 23년 7월 28일) 성균관에 복무하는 견디기 힘든 고역을 남들로 대체하기 힘들어서 그렇게 한다고 하였다.

<hr />

7) 강명관, 「조선후기 체제의 반인(泮人) 지배와 반인의 대응」, 『한국문화연구』 15권, 2008, 79~111면.

1782년 1월 21일에도 정조는 전복이 반촌을 벗어나 일반 여염집에 거주하는 것은 금령이라 하고, 반촌에서 가까운 경모궁 남쪽과 북쪽에 거주하는 전복(典僕) 가운데 경모궁 남쪽에 거주하는 전복을 반촌으로 쇄환하라고 지시한 일이 있었다.(『승정원일기』 정조 6년 1월 21일) 거주 이전의 자유가 없음을 확인할 수 있다. 1788년 11월 6일 형조에서 국왕에게 보고한 내용에서도 같은 법령을 언급하였다. 반인이 반촌 밖에 거주하는 것은 금지 항목에 들어가 있고, 반인을 외부에 거주하지 못하도록 하는 조치는 대사성과 법관의 소관 업무로 파악하였다.(『일성록』, 1788년 11월 6일)

반촌 밖의 일반인이 반촌에 들어가 거주하지 않는 풍조도 만들어졌다. 다만 법률로 강제한 것은 아니고 반인을 천시하는 사회 분위기가 작용한 것이었다. 간혹 여염의 잡인이 반촌에 들어와 거주하기도 하였고, 일부 사대부가 반촌 안이나 반촌 외곽에 거주하기도 하였다. 조문명(趙文命, 1680~1732)의 저택 역시 숭교방에 있었으므로 반촌 경계에 속했고, 홍상언(洪尙彦 1701~1763)의 집 역시 사현사(四賢祠) 자리에 있었다. 이들은 모두 왕실과 가까운 명문가였다. 다만 이러한 사례가 많지는 않아서 반촌은 반인만이 사는 동네라는 통념을 깨트릴 정도는 아니었다. 조선 말기까지 반촌은 반인만이 거주하는 특별한 지역이라는 인식이 유지되었다.

3. 반인의 성균관 업무

반인은 문묘(文廟) 수호와 유생 부양에 관계된 각종 잡무를 담당하였다. 반인이 하는 일은 크게 다음 세 영역으로 나뉜다. 하나는 성균관 수복(守僕)을 정점으로 하여 성균관 잡무를 수행하는 전복(典僕)의 역할이다. 다음으로는 소의 도살과 쇠고기 판매를 독점한 현방(懸房) 운영이다. 세 번째는 반촌에서 유생을 하숙생으로 치는 일을 하여 생계를 꾸리는 반주인(泮主人)이었다.

1) 반인의 성균관 직무

공노비로서 반인은 성균관에 일정 기간 들어가 급료 없이 업무를 보아야 할 의무를 지고 있었다. 이를 입역(入役)이라 하였는데 이 의무에서 벗어나는 면역(免役)도 가능하였다. 공노비로서 가장 중요한 일은 문묘의 제례를 돕고 건물을 유지하고 보수하는 실무였고, 다음으로는 태학생의 학업과 생활 일체를 돕고 성균관의 재정을 마련하고 경비를 담당하는 실무였다. 이들은 오백 년에 걸쳐 대대로 이 업무를 담당하였기에 그 전문성이 매우 확고하였다.

성균관에 근무하는 전복은 몇 가지 직책으로 구분되어 있었다. 정식 직책으로는 6명의 수복이 있었지만, 사안별로 많은 임시 수복을 두어 번갈아가며 직책을 수행하였다. 그 수는 상당히 많아 정조 때에는 100명을 넘겼다. 수복 다음으로는 서리(書吏)와 재직(齋直)이 있었다.

이와 같은 성균관 전복의 직책과 그들의 업무를 자세하게 설명한 저술은 윤기의 『반중잡영』이다. 이를 토대로 남성 반인의 주요 직역을 도표로 정리하면 아래와 같다.

〈표 1: 성균관 반인의 주요 직역〉

직역	직무	비고
재직(齋直, 재지기)	성균관 재사(齋舍)의 각 방에 소속되어 잔심부름	성균관 소속 여종의 소생

서리(書吏)	장무서리(掌務書吏) 지통서리(紙筒書吏) 책색서리(冊色書吏)	성균관에 소속되지 않은 여종의 소생
수복(守僕)	평상시: 성균관의 청소 석전대제와 분향례 등 의식 거행시: 의식을 실질적으로 진행	장성한 재직 가운데 선발
부목(負木)	땔감을 대는 불목지기로 성균관의 난방을 담당	동재 서재에 각각 4인씩 겨울에는 한 달에 15꿰미, 여름에는 그 절반을 받아 난방 운용
일차부목(日次負木)	장의(掌議)의 심부름과 재사 안의 공적인 일	여러 부목이 돌아가며 담당

이 밖에도 식당직(食堂直)과 요리와 음식을 제공하는 식모(食母), 다모(茶母)와 같은 여성 직책이 있었고, 대청직(大廳直)과 가사직(家事直) 등의 직책이 있어 명륜당과 동재 서재의 창호와 제반 기물을 설치하는 등의 일을 맡아보았다.

2) 수복(守僕)의 위상과 자부심

수복은 성균관 전복 가운데 가장 높은 지위로서 반인을 대표하였다. 각 기관에도 수복이 있었으나 성균관 수복이 가장 위세가 높고 명예로웠다. 공자와 그 제자를 모시는 문묘의 수호를 실질적으로 책임질 뿐만 아니라 관련한 의식절차와 예법의 전문가였기에 그만한 대우를 받았다. 직책상 성균관 유생과 사이도 가까웠고, 유생의 활동 전반에 간여하였으며, 국왕을 가까이에서 볼 수 있는 영예를 누렸다. 수복은 반촌 전체의 어른으로 대접받았다. 수복 가운데 우두머리를 수수복(首守僕) 또는 사지수복(事知守僕)이라 불렀다.

수복이 근무하는 관청은 수복청(守僕廳)이다. 현재 대성전 서편에 수복청 건물이 예전 모습을 간직한 채 서 있다. 수복청에는 대학당(戴學堂)이라는 현판이 걸려 있다. 국학(國學) 또는 태학(太學)을 머리에 이고 있다는 의미이니 성균관을 받들어 시중을 든다는 수복의 임무를 상징한다. 건물에는 기둥마다 네 글자씩 주련(柱聯)이 걸려 있는데 수복이 해야 할 업무의 근간을 밝히고 있다. 다음에 번역하여 싣는다.

莪沚化溢	선비 교육의 교화가 넘쳐 흐르고
杏壇風餘	행단(杏壇)의 풍모가 남아 있네.
以紫衣趨	자줏빛 옷 입고 종종 걸음으로
爲靑衿後	푸른 옷깃 유생의 뒤를 따르네.
雁序駿奔	질서 있게 서둘러 제사 받들고
式禮莫愆	예를 갖춰 어기는 일 전혀 없네.
守護輔導	문묘를 수호하고 유생을 보호하며
講明典禮	전례를 잘 익혀서 밝히려 하네.

수복이 해야 할 업무의 핵심이 담겨 있다. 20세기 이후에도 수복은 전통을 계승하여 성균관을 지켜왔고, 최근까지도 수복의 후손이 성균관 관리를 맡아보았다. 수복은 반인 명문가가 대대로 직역을 맡았다. 수복을 지낸 적이 있는 홍익룡(洪翼龍, 1763~)이 수복의 생활과 정서를 「삼가 풍헌의 시에 차운하다[敬次風軒韻]」라는 시로 지었는데 『반림영화(泮林英華)』에 전문이 다음과 같이 수록되어 있다.

吾儕環住碧松亭	우리 무리 벽송정을 에워싸고 거주하니
及見先王德化成	덕화 펼친 선왕의 모습을 직접 보았네.

恭守聖祠斯願足	성인의 사당을 삼가 지켰으니 소원을 이루었고
忝登仙閣是身淸	신선의 누각에 올랐으니 한 몸이 깨끗했네.
虛庭淡月中秋色	빈 뜰에 맑은 달은 중추절의 빛이요
深樹流鸎上苑聲	깊은 나무 꾀꼬리는 금원에서 들려오는 소리일세.
三十一年如昨日	서른한 해 예전 일은 어젯일처럼 느껴지니
重來忽似夢魂醒	다시 이곳에 들렀더니 문득 꿈에서 깬 듯하네.

시를 지은 시기는 1820년 이전으로 추정되고, 제2구의 '선왕'은 정조를 가리킨다. 벽송정 주위 반촌에 사는 시인은 31년 전 정조가 성균관에 행차한 때를 회고하고 있다. 수복청의 한 자리를 차지하여 깨끗한 몸을 지녔다고 했으니 수복으로 근무한 경력을 자랑스레 밝힌 것이다. '신선의 누각[仙閣]'에 대해서는 "수복청의 호칭이다[守僕廳號]"라는 주석이 따로 달렸다. 수복청이 반인들 사이에서는 신선의 누각으로 불렸으니 수복이 얼마나 선망하는 직책이었는지를 엿볼 수 있다.

4. 반주인(泮主人)의 세계

1) 반주인의 성격과 하는 일

반촌 주민 가운데 주목할 존재가 바로 반주인(泮主人)이다. 반주인은 관주인(館主人)이라고도 불렸다. 이들은 성균관 유생, 과거시험을 보러 반촌에 머문 응시생, 한양에 올라온 지방 관료 등에게 숙식과 편의를 제공하였다. 오늘날 대학가의 하숙집이나 원룸 주인에 견주어볼 만하다. 반주인도 반인으로서 어떤 형식으로든 성균관에 들어가 일을 맡아야 했는데, 적지 않은 반주인은 입역(立役)의 의무를 품삯으로 고용한 이에게 대신 지도록 하였다. 이러한 행태를 고립(雇立)이라 하였다. 성균관에서는 역을 져야 할 반인 자제에게 면역첩(免役帖)을 팔아 비용을 충당하기도 했는데 반인은 그 기회를 활용해 입역에서 벗어나기도 하였다. 18세기 이후에는 성균관에 예속되기보다는 자립하여 상업활동을 하는 반주인이 많이 늘어났다. 반주인 본연의 업무는 유생에게 숙식과 편의를 제공하는 것이었지만 성균관에서 숙식을 해결하지 못하는 유생이나 성균관의 숙식이 열악하여 그보다 나은 환경을 바라는 유생에게 숙식을 제공하고 그 비용을 받았다. 그 점에서 유생과는 상업적 계약 관계에 있었다.

조선 후기에는 반주인의 역할이 더욱 다양해졌다. 먼저 반주인은 과거시험의 브로커 노릇을 하였다. 반촌은 과거시험과 관련한 인력과 정보의 집합지였으며 반주인은 정보의 중개인이었다. 반주인은 자연스럽게 각종 과거시험 부정행위에 연루되었다. 다음으로 반주인은 유생을 상대로 고리대금업을 하였다. 하나의 사례를 들면, 1759년 황윤석은 소과(小科)를 보러 반촌에 와서 반주인에게 50냥을 빌렸다가 나중에 100냥으로 갚았다. 황윤석은 이를 두고 "반채(泮債, 반촌에서 빌린 돈)는 신은(新恩)을 입었을 때 돈을 더 얹어서 주니 이것이 전례이다"라고 말하였다(『이재난고』 1766년 8월 4일 기사).

이 밖에도 유생에게 물건을 대신 구매해주거나 월봉(月俸)을 대리 수납하는 등 유생이나 관료의 업무도 대신하며 이익을 챙겼다. 또 과거시험에 쓰이는 시지(試紙)의 유통에도 간여하여, 전국 지방에서 펼쳐지는 과거시험 응시자에게 시지를 판매하기도 하였다.

2) 반주인과 유생의 관계

반주인은 유생에게 숙식과 편의를 제공하는 일을 하는 일종의 주객(主客) 관계였다. 반주인과 유생은 신분 차이가 엄격하게 있었으나 일방적 주종(主從) 관계는 아니었다. 반주인은 유생의 성균관 생활과 과거 응시를 돕고 보증하는 후견인이나 집사와 같은 존재였다.

반주인과 유생 사이에는 상당히 끈끈한 인간관계가 맺어졌다. 때로는 평생토록 유지되기도 했고, 자손까지 면면히 대물림되기도 했다. 유생이 반촌에 와서 반주인을 정한 뒤 마음에 들지 않으면 다른 주인으로 바꾸기도 했으나 대체로 한번 주객의 관계로 맺어지면 쉽게 바꾸지 않았다.

유생과 반주인의 관계를 잘 설명한 글이 검주(黔州) 이웅징(李熊徵, 1658~1713)의 『검옹지림(黔翁志林)』에 등장한다. 17세기 후반 반주인과 유생의 관계가 어떠하였는지 잘 보여준다.

성균관은 유생이 모여드는 곳이라 사대부는 반드시 전복(典僕)을 주인으로 정한다. 석전이나 소청(疏廳)에서 유생을 불러 모을 때면 반드시 각 유생의 주인을 시켜 유생을 불러들인다. 대궐 뜰에서 과거 합격자를 발표할 때도 일반적으로 잡인의 난입을 금하지만, 관주인(館主人)만은 들어오는 것을 허락하고 합격자의 머리에 꽃을 꽂아주게 한다. 성균관(成均館)·예문관(藝文館)·승문원(承文院)·교서관(校書館)에서 새로 벼슬하는 사람을 부르거나 면신례(免新禮)에서 명함을 돌릴 때도 주인이 유생의 앞뒤를 돌보아주어 유모가 어린아이를 돌보듯 한다. 새로 벼슬하는 사람이 조금이라도 공손치 못한 행동을 하면 반드시 주인에게 죄를 물어 온갖 힘들고 괴로운 일을 겪도록 한다. 그래서 유생은 관직이 높아지면 주인에게 상당히 후하게 보답하고, 주인 역시 사대부(유생)를 상전처럼 여겨서 대대로 관계를 이어가 바꾸지 않는다. 사대부가 간혹 공적인 일로 성균관에 가게 되면 주인은 반드시 식사를 장만하여 대접하기를 유생이었을 때와 똑같이 한다.

인용문에서 주인은 곧 반주인이다. 유모가 어린아이를 돌보듯이 반주인이 유생을 돌본다고 한 말이 인상적이다. 후견인이나 집사와 같은 역할이다. 평상시에는 유생이 식대로 보상하지만 넉넉한 보상은 아니다. 진정한 보상은 유생이 관직에 진출한 이후에 이루어졌다. 반촌 시절에 유생을 물심양면으로 도우면, 관직에 진출한 유생은 반주인에게 상당한 경제적 특혜를 선물하였다. 그것이 반주인이 유생을 뒷바라지하며 때로는 온갖 고된 일도 마다하지 않는 실질적 이유였다.

반주인이 반촌에서의 인연으로 유생에게 후한 재물을 얻은 것처럼, 유생은 반주인과 맺은 인연을 이용하여 많은 돈을 빌리기도 하였다. 유생은 성균관에서 금전을 빌리고 갚지 않는 일이 많았는데 성균관의 재물을 관리하는 담당자는 곧 전복으로 전복 가운데 또 반주인이 있었다. 유생이 빚을 갚지 않는 경우 반주인이 인정상 억지로 받아내지는 못하였다. 반주인과 유생은 경제적으로 복잡한 채무 관계로 얽히기 쉬웠다.

3) 반민의 생활상

반촌은 풍속이 매우 좋지 않은 곳으로 지목되기도 하였다. 반촌에서 생활한 유생이 반주인과 접촉하면서 갈등이 잦았던 후과이다. 반인은 한양의 일반 주민보다는 나은 수준의 경제생활을 영위했으리라 추정한다. 현방이라고 하는 독점적 쇠고기 판매망을 소유하였고, 반주인으로서 유생을 하숙생으로 받는 생계의 주업이 있어서 이를 통한 고정적 수입은 이들의 든든한 밑바탕이 되었다.

서명응(徐命膺, 1716~1787)은 「안광수전(安光洙傳)」에서 반촌의 풍속을 다음과 같이 기록하였다.

안향 선생이 희사한 노비의 자손이 이미 수천 명이다. 반수를 에워싸고 집을 지어 살아서 골목이 있고 개와 닭이 있어 버젓하게 하나의 마을을 이루고 있다. 사람들이 그곳을 반촌이라 부른다. 그들의 자제들은 나고 자라매 반촌 밖으로 벗어나지 않는다. 성균관에 일이 있으면 이들은 북을 치고 무리 지어 소리 지르며 유생을 이끌어 읍을 하게 한다. 아침부터 저녁까지 성균관에서 일을 맡다 보니 글 읽는 소리가 익숙하여 왕왕 구절과 말을 외우기도 한다. 그래서 항간에서 하는 말에 '귀에는 익으나 눈으로는 모르는 것'을 가리켜 '재직(齋直)의 문구'라고 하니 실제로 터득하지는 못했다는 말이다. 총각이 되면 힘이 센 자는 바둑과 장기를 두며 협객 행세를 하고, 인색한 자는 또 장사의 이익을 급급하게 추구하여 예법의 가르침을 따르는 자가 드물다.

반인의 인생을 거칠게 조망하고 있다. 유생을 뒷바라지하며 협객 노릇을 하거나 상인처럼 생활하는 반인을 묘사하였다. 성균관 실무자이면서 반주인으로서의 성격에 초점을 맞추고 있다. 반인의 생활과 처지를 다른 각도에서 드러낸 글로 1727년 대사성 송인명(宋寅明)이 올린 상소가 있다.

현재 공적 사적으로 신역(身役)이 괴롭고 무거운 자로는 성균관 전복보다 지나친 경우가 없습니다. 남녀노소가 장시간 신역에 응해야 하므로 잠시도 편안히 지내지 못합니다. 앞뒤로 그 괴로움을 견디지 못하여 자살하는 사람이 거의 예닐곱 명이 넘으니 그 처지를 생각하면 참으로 측은합니다. 더구나 반촌에 꼭 붙어살면서 한 발짝도 밖으로 떠나지 못하므로 사실상 일을 하여 생계를 꾸려나갈 길이 없습니다. 저들이 입을 벌려 먹어서 목숨을 이어갈 것으로는 현방의 푸줏간뿐입니다만 삼사(三司)에 납속(納贖)해야 할 금액이 거의 수천 냥에 이릅니다.

반인의 업무가 고되고 괴로워 자살자가 자주 발생하는 심각한 상황을 밝혔다. 그러나 반인 편에 서서 이권을 확보해야 하는 대사성의 말이므로 있는 그대로 믿을 수는 없다. 주요한 이익원인 현방의 경우 매년 사헌부와 한성부, 형조에 납부할 금전이 1만 3천 팔백여 냥이 되어 과중하였고, 현방 외에 소를 도살하는 관서와 업자가 늘어나 현방의 이익이 줄어들기도 하였다. 그러나 이런 하소연은 실상을 일부만 반영한다. 반촌은 현방 운영을 독점하였고, 한양 안의 유일한 여관가(旅館街) 역할을 하였다. 그 밖에도 여러 면에서 경제적 이득을 얻을 환경이 조성되어 있었다. 반인의 삶은 당시로 보면 중산층 이상이었다고 평가할 수 있다.

5. 반촌은 지방 출신 유생과 관료의 서울 거점

1) 반촌은 지방 유생의 한양 거점

반촌은 과거시험 때는 응시생들로 북적거렸고, 평상시에는 유생과 지방 출신 관료가 드나들었다. 먼 지방에서 온 유생과 관료들은 자기

지역민이 주로 드는 반주인 집을 따로 정해두고 있었다. 특정한 반주인을 선호하는 경향은 자연스럽게 동향인의 네트워크를 형성하였고, 당파가 같은 이들끼리 자주 찾는 집과 주인이 따로 있었다. 『한경지략』에 다음과 같은 기록이 보인다.

지금 영남의 유생과 벼슬아치는 서울에 오면 모두 반민의 집에 거처를 정해 머문다. 설령 서울에 사는 유생이라도 과거에 응시할 때는 반촌에 머물며 제각기 반주인을 정해둔다. 유생이 과거에 합격하면 모두 반주인의 수고에 보답하는 상을 주었다.

유생과 관료가 반주인과 맺는 관계에 주목한 기록이다. 흥미로운 점은 유생만이 아니라 관료도 반촌에 머문다는 사실이다. 거주지가 서울인 유생조차도 과거에 응시하려면 반주인을 찾았다. 과거시험과 관련한 온갖 정보가 모이는 곳이기 때문이었다. 반주인은 과거 응시생, 관료들에게 숙식뿐만 아니라 다양한 편의를 제공해주었다.

지방 사람 가운데 특히 반촌을 잘 활용한 이들이 바로 영남 사대부였다. 그들은 한양에 머물 때 주로 반촌을 거점으로 삼았다. 한양에서의 행적을 기록한 각종 문헌을 검토하면 반촌이 그들에게 얼마나 중요한 거점이었는지 나타난다. 그 가운데 이이순(李頤淳, 1754~1832)의 사례가 흥미롭다. 이이순은 1800년 효릉참봉으로 재직하면서 반촌에 기숙했는데 머무는 반주인 집에 영사(嶺舍)란 이름의 편액까지 내걸었다. 이는 영남인의 집이란 뜻이다. 마치 고대 중국에서 성도(成都) 사람이 수도에 가서 촉사(蜀舍)란 이름을 붙여 동향인과 어울렸던 옛일과 같은 취지였다. 대놓고 표방하지는 않더라도 '영사'처럼 특정 지역인의 거점이 되는 반주인 집이 반촌에는 적지 않았다.

호남 양반도 상황은 크게 다르지 않았다. 그런데 황윤석은 유난히 반주인을 여러 차례 교체하였다. 1766년에는 서반촌에 사는 김성빈(金聖賓)을 새 반주인으로 삼았는데 김성빈의 아버지 역시 반주인이었다. 그가 본디 '호남도회(湖南都會)'의 주인이라 호남 빈객들이 많이 몰렸다. 사람이 몰려드는 것이 싫기는 했으나 황윤석은 훗날 자제들도 이 집에 왕래하리라 예상하여 영구히 주인으로 삼기로 했다. 김성빈의 경우는 호남 사대부가 거점으로 삼은 반주인이었다.

이렇게 반촌이 지방 유생과 관료의 거점이 되었기에 유생의 동호인 모임이나 상소를 위한 모임, 독서 모임과 같은 다양한 회합이 반촌에서 이루어졌다. 유생이 반촌에서 지방에 보내는 편지나 지방에서 반촌에 보내는 편지를 보면 한양의 거점으로 반촌을 이용하는 실태가 잘 드러나 있다.

6. 근대 이후의 반촌과 반인

성균관은 조선 말기까지 국가 최고 교육기관으로 위상을 유지하였다. 그러나 조선 말기 급격한 혼란을 겪으며 그 위상을 급속도로 잃어갔다. 정치체제와 교육제도의 변화에 성균관은 무기력하였다. 서양의 문물과 교육기관이 밀물처럼 쏟아져 들어왔다. 육영공원(育英公院)과 같은 학교가 설립되자 성균관은 점차 권위와 효용을 잃어갔다. 겨우 명맥을 유지하던 성균관은 대한제국의 소멸과 함께 정예의 인재를 양성하는 대학으로서 역할을 상실하였다. 그 대신 경학원(經學院)으로 이름을 바꾸어, 유학을 연구 보존하는 조선총독부 산하의 연구기관이자 전국 유림을 통제하는 보수적 어용단체로 바뀌었다. 나중에는 명륜전문학교나 명륜학원 등 인재를 양성하는 교육기관이나 사회교육기관으로 변신을 꾀하기도 하였다. 하지만 여러 제한이 많아 교육기관의 기능을 제대로 수행하지 못하였다. 교육기관으로서의 위상 회복은 해방 후 성균관대학교가 설립됨으로써 비로소 가능하였다.

성균관의 위상 약화는 반촌의 반인들이 일찍이 경험하지 못한 충격이었다. 반촌의 정체성은 점차 해체되기 시작하여 식민지 체제 이후에는 완전히 사멸되고 말았다. 성균관과 반촌, 성균관과 반인 사이의 긴밀한 관계도 꼭 필요한 일부만을 남기고 없어졌다. 20세기 이후 반촌은 한양의 특수구역으로서 지니고 있던 특징을 감쪽같이 상실하였다. 1920년대 이후로는 동소문로와 율곡로가 개통되고, 대학과 전문학교를 비롯한 많은 학교와 병원 등 교육 문화시설이 설립되며, 명륜동과 혜화동의 신흥 주거 지역화가 이루어져 한적하고 외졌던 지역성을 탈피하여 번화한 도시 지역으로 편입되었다. 500년 동안 반인이 독점하던 반촌은 이주와 유입을 거치며 게토(ghetto)와 같았던 지역성이 사라졌다.

그래도 20세기 초입에는 반촌의 주민이 일시에 직업을 바꾸거나 한꺼번에 이주하지는 않았다. 식민지 초기에는 과거의 모습을 유지하고 있었다. 반촌 주민은 이 무렵에도 여전히 현방 주인으로 쇠고기를 판매하고 있거나 하숙생을 받아들이는 반주인으로 살고 있었다. 그들 가운데 일부는 균흥조합소(均興組合所)와 같은 신식 조합을 결성하여 권익을 지키려 하였다. 이 무렵 반촌과 반인의 변화하는 모습은 당시 사람들에게도 관심의 대상이었다. 다음은 『매일신보』 1916년 3월 19일자 신문에 실린 기사인데 극작가이자 소설가인 일재생(一齋生) 조중환(趙重桓, 1863~1944)이 쓴 기사이다.

반인이라 함은 속설에 소를 도살하는 생업을 영위하는 자를 칭하는 일종의 대명사이다. 그러나 이 명칭이 언제부터 시작되었는지는 자세히 살피기 어렵다. 그러나 동소문 안쪽 부근 일대의 주민은 오늘날까지도 소를 도살하는 영업을 하는 자가 많으므로 옛날에는 그 수가 곱절이나 많았음은 정해진 이치이다. 그러나 이 영업을 하는 자를 남들이 천하게 여겨 서로 교제하고 혼인하지 아니하므로, 이 부락의 주민은 세인의 압박과 수치, 교제와 혼인의 불허와 같은 모욕을 당한다. 그런 까닭에 자연스레 분개하는 마음이 일어나고 분개하는 마음이 일어나는 때에 이곳 주민 일동은 일체 단결하여, 남을 위하여 의로움을 세우는 데에는 생사를 돌아보지 않는 기개가 있었다. 옛날에는 다른 동네에서 이 동네에 들어오지 못했고, 이 동네 사람으로 다른 동네로 이주하는 일도 없어서 하나의 별천지를 형성하였다. 문명한 오늘에 이르러서는 옛날처럼 이 종족을 그다지 구별하는 자가 없으나 예전의 이른바 반인이라 관인이라 일컬어 천대하였음은 명확한 사실이었다.(京城 行脚 6 - 京城東部의 古蹟과 現今의 發展 5))

별천지였던 반촌의 과거와 현재를 교차하여 설명하고 있다. 기사에서 도살업만 부각되고 있음은 성균관 전복이나 반주인으로서 존재감이 사라진 세태를 반영한다. 그래도 반인이 천시당함을 극복하고 의협심으로 똘똘 뭉쳤다는 점을 이 기사는 주목하고 있다. 이 기사의 후반부에는 홍태윤(洪泰潤, 1857~1918)과 김태훈(金泰勳, 1870~) 두 명사가 반촌의 중심부인 숭이동(崇二洞, 현재의 명륜2동)에 사립 숭정학교(崇正學校)를 설립한 사실을 거론하였고, 이어서 반촌에 살고 있는 반인은 물론 다른 곳으로 이주한 사람들까지 힘을 합해 학교에 기금을 기부하는 현상을 칭송하였다. 이 숭정학교가 1927년 2월에 12학급의 혜화공립보통학교로 개편되었다.

이 기사에서 등장하는 두 지역 유지의 행적을 더 살펴보자. 홍태윤은 송동에 거주한 반인으로 조선 말기에 양주목사 등 지방관을 역임한 명사이자 큰 부자였다. 그가 사망하자 소위 천대받던 '관사람'으로서 그와 같은 지위에 올랐다 하여 부고 기사가 매우 크게 소개되기도 하였다. 김태훈은 명륜동에 거주한 현방 운영자로 문과 초시에도 합격하고 실업회사(實業會社) 동창(東昌)을 경영하기도 하였다. 두 사람은 반촌 출신으로 조선 말기에 높은 지위에 올랐고, 부를 축적하여 반인의 구심점이 되었다.

이들은 학교 설립에 적극적으로 나서 여러 곳의 학교를 설립하였는데 반촌에는 두 곳의 학교를 설립하였다. 사립 숭교의숙(崇敎義塾)을 먼저 창립하였으니 위치는 성균관 부속건물의 하나로 학부(學部)가 관리하고 있던 사현사(四賢祠)였다. 그 위치는 명륜2가 아남아파트 일대에 있었다. 숭교의숙은 1908년에 설립을 발의하여 1910년 2월 28일에 개교식을 열고 창립하였다. 사립 숭교의숙의 설립은 당시 명사들이 제안하여 시작되었다. 김윤식(金允植, 1835~1922)에 따르면, 숭교의숙은 반인들이 자제를 교육하기 위해 만든 학교로 융희(隆熙) 2년(1908) 10월 22일에 개교식을 개최하였고, 장박(張博)을 회장(會長) 겸 관장(館長)으로 삼고, 김유제(金有濟)를 부회장(副會長)으로, 김윤식을 찬성장(贊成長)으로, 유길준(兪吉濬)을 □□(□□長), 조의연(趙義淵)을 평의장(評議長), 정항조(鄭恒朝)를 감독(監督)으로 삼기로 하였다(『속음청사(續陰晴史)』하권). 그러나 숭교의숙을 실제로 설립한 주체는 반인이었다. 현방 주인으로 구성된 균흥조합소(均興組合所) 회원 80여 명이 재정을 책임지고 설립하였다. 이들에게 의숙의 설립을 권고한 이들이 바로 유길준, 김윤식 등이었고 실제 학교의 설립과 운영은 홍태윤과 김태윤이 맡았다. 그러나 숭교의숙이 제대로 운영되었는지는 의문이다. 의숙의 설립 직후에 두 사람에 의해 같은 자리에 숭정학교가 설립된 것을 보면, 숭정학교는 숭교의숙을 해산하고 설립된 것이 아닐까 추측한다.

숭교의숙과 숭정학교는 반촌 사람의 재정지원으로 반인 자제를 교육하기 위한 목적으로 세워졌다. 두 학교는 교육을 통해 새로운 시대를 열어가려는 반촌 주민의 소망을 담은 교육기관이었다. 그러나 1930년대가 가까워질수록 반촌에는 반인의 존재가 거의 사라졌고, 반인의 의식을 가진 주민, 반인의 자긍심을 가진 주민이 급격하게 줄어들었다. 1927년 여름에 숭정학교가 사립에서 공립으로 바뀐 것은 반촌의 완전한 소멸을 알리는 표지였다.

[주요 참고 문헌]

姜命齊 편, 『鄭義士護聖錄』, 간본, 미국 버클리대학교 동아시아도서관 소장, 1804.

高時彦 편, 『昭代風謠』, 『여항문학총서속집』 1책, 태동문화연구원, 영인본, 2022.

沈啓錫 편, 『泮林英華』, 1820, 성균관대 대동문화연구원, 영인본, 2019.10.

千壽景 편, 『風謠續選』, 아세아문화사 영인, 1980.

안대회 · 김세호 외 3인, 『성균관과 반촌』, 서울역사박물관, 서울기획연구 5, 2019. 12.

반인(泮人)의 인간 기질과 그 양상

-진재교(성균관대학교 한문교육과 교수)

1. 반촌과 반인*

조선왕조는 서울에 도읍을 정하자마자 길지에 성균관을 세워 인재 양성을 시작하였다. 성현을 기리는 문묘를 설치하고, 생원과 진사를 선발하여 성균관에서 가르쳤다. 성균관 유생들은 양재(兩齋, 東齋와 西齋)에서 기숙하며 공부하고, 과거 시험을 거쳐 벼슬길에 나아갔다. 유생들이 오로지 학업에 매진하도록, 이들의 생활을 돕고 문묘를 관리하던 공노비가 반인이다. 이 공노비를 관노(館奴) 혹은 관인(館人)·관예(館隸)·전복(典僕) 등으로도 불렀지만, 통칭해서 반인이라 한다.

반인은 성균관 주변에 모여 살면서 성균관과 문묘를 떠나지 못했다. 성균관과 문묘의 잡역을 지며 살던 이들의 거주지를 반촌(泮村)이라 하고, 이들의 의무를 입역(立役)이라 한다. 반촌은 반인이 성균관과 문묘에 종사하기 위해 생활하던 공간인 만큼, 성균관과 분리해서 설명할 수 없다. 흔히 성균관과 문묘를 합쳐 반궁(泮宮)이라 한다. 성균관과 문묘를 반궁이라 한 이유는 반수(泮水)가 있어서다. 그래서 반궁 근처에 살며 잡역에 종사하던 사람을 반인이라 하고, 반인의 집단 거주지를 반촌이라 불렀다.

반인은 1407년(태종 7)에 성균관 제도를 정비하고 인재 양성을 시작한 이후 출현하였는데 이들이 숭교방 일대에 거주하면서 반촌을 형성하였다. 태종은 개성의 성균관이 황량해진 것을 보고 특별히 입역자의 모집을 명했다. 이때 개성 성균관에서 입역하던 노비와 그 자손 일부를 한양으로 대거 이주시켰다. 그들 가운데 일부는 성균관의 입

---

* 이 글은 필자의 『동양한문학연구』 제63집(2022.10)에 실린 「朝鮮朝 後期 泮人의 人間 氣質과 그 성격」을 책의 성격에 맞게 윤문하고 수정한 것임.

역노비로 재편하였다. 그런데 조선 시대 성균관의 입역노비 중 일부는 개성에서 이주해온 집단이다. 고려 말 안향(安珦, 1243~1306)이 문묘 제향과 국가의 인재 양성을 위하여 성균관에 가내노비 100명을 바침으로써 반인의 역사적 존재가 시작되었기 때문이다. 따라서 처음 조선조에서 성균관과 문묘에 하사한 입역노비는 300명으로 알려져 있는바 이들을 반인의 초기 세대라고 할 수 있다.

이들 반인은 다른 곳에 입역하지 않고 오직 문묘 수호와 유생에게 음식을 드리는 잡역을 맡았으며, 반촌이라는 특별 공간에 대대로 정착하며 집단으로 거주하였다. 이처럼 반촌에만 거주한 반인은 조선조 후기에 오면 다른 지역의 공노비나 상민과 사뭇 다른 생활방식은 물론 남다른 의식을 지니게 되었다. 더욱이 반촌이라는 특수 공간에서 오래 거주하면서 특유의 배타성과 집단성은 물론 개성적인 인간 기질을 형성하였다.[1]

2. 반인 기질의 두 방향

조선조 전기와 달리 조선조 후기 반인은 다양한 삶의 양상을 보여주었다. 그 다양성은 반촌의 인구 증가와 거주 공간의 확대와 관련이 깊다. 한성부의 행정 편제는 5부(部)와 그 하위 단위인 방(坊)과 방의 하위 체제였던 리(里)·동(洞)·계(契)로 구성되었다고 한다. 17세기 이후 계는 한성부의 공식적인 최말단 행정단위이자 한성부 주민의 거주

---

1)   강명관,『조선의 뒷골목 풍경』,「서울의 게토, 도살면허 독점한 치외법권 지대, 반촌」, 푸른 역사, 2003, 224~257면.

지역을 파악하는 단위였다. 한성부 주민 대부분은 이 계에 편입되고, 이때 결성된 계는 방역(坊役)에 응하는 단위가 되었다.

1789년(정조 13)의 사례를 보면 성균관이 위치한 동부 숭교방은 839호와 4,276명의 인구, 그리고 성균관계(成均館契)가 있었다.[2] 반촌은 숭교방에 속하지만, 원칙적으로 계에 편입되지는 않았다. 반촌 거주민은 방역의 의무를 진 한성부 주민이 아니라 방역에서 제외된 존재였기 때문이다. 한성부는 반촌을 별도의 행정단위로 파악하지 않고, 반인과 반촌의 관리를 성균관에 위임하였다. 반촌은 행정 편제상 다른 곳과 같았으나, 관례상 문묘 수호와 유생의 잡역을 담당하는 반인만을 위해 편성된 특별한 공간이었다. 하지만 반인은 거주 이전의 자유가 없이 반촌에만 거주해야 했고, 외부인도 반촌에 거주할 수 없었다. 이 때문에 반촌은 오랜 기간 관습적 규제가 작동하던 특수 공간이기도 했다.

그러다가 17세기 후반 이후 반인의 증가로 반촌은 변모하기 시작하였다. 게다가 반인은 현방(懸房)을 통해 상업 활동을 하면서 반촌의 변화를 촉진시켰다. 반촌 인구의 증가에 따른 거주공간의 확대가 대표적 사례다. 18세기 초 최창대(崔昌大, 1669~1720)의 「진성균관사의소(陳成均館事宜疏)」에 따르면 성균관 전복의 숫자가 만여 명에 이를 정도였다고 적었다. 반인의 숫자가 만여 명에 이른다는 언급은 다소 과장으로 보이지만, 당시 반인의 인구 증가가 상당하였고, 이에 따라 거주 공간도 확대되었음을 알 수 있다. 본디 반촌은 반인 입역의 편리성과 지배의

---

2)   『戶口總數』(1789)에 나타난 동부의 戶口數 및 契名에 근거한 것이다. 이 부분의 기술은 박지영, 「조선 후기 泮人의 존재 양상과 泮村의 공간 변화」, 부산대학교 석사학위논문, 2013 참고.

효율성을 고려하여 편성된 공간이었다. 반인은 문묘 수호와 성균관에서 잡다한 역(役)을 수행하기 때문에 문묘나 성균관을 떠나 살 수 없었고,[3] 거주지 또한 성균관 주변으로 제한되었다. 무엇보다 반촌은 문묘와 가까워 금리(禁吏)나 순라군도 함부로 들어갈 수 없는 치외법권의 영역이어서 관인도 함부로 들어가면 처벌받을 정도였다. 이러한 출입 제한은 조선조 전기부터 관례가 되었고, 이후 이 관례는 엄격하게 지켜졌다.[4] 이처럼 반인의 인간 기질은 반촌이라는 공간의 특수성에서 나왔기 때문에 반촌 공간의 확장에도 불구하고 반인의 존재나 남다른 기질은 변하지 않았다.

조선조 후기 공사(公私) 간의 기록을 보면 반촌과 반인이 자주 등장하는바, 대개 반촌과 반인의 특이함을 보여주는 내용이 많다. 구체적으로 반촌의 공간적 특수성에 연결하여 반인의 개성적 기질에 주목하고 있다. 이를테면 조경(趙璥, 1727~1787)이 '금리(禁吏)가 반촌에 감히 들어가지 못하는 것이 400여 년의 규칙이 되었다.'라고 한 뒤, 반촌을 '문묘의 행랑'이라 언급한 것은 그 대표적 사례라 할 수 있다.(『荷棲集』 권4,「辭刑曹參議疏」) 조경의 언급에 따르면, 반촌은 문묘의 행랑이기 때문에 성인을 모시는 '문묘 일대(泮村)'에서 소란을 피우는 것은 불경한 일이라는 것이다. 이처럼 조선조 후기의 숱한 기록이 보여주듯이 반촌은 범법자가 숨더라도 관인들조차 함부로 들어가지 못하는 금단의 공간이었다. 이러한 공간을 둘러싼 역사적 특수성이 반인 특유의 인간 기질을 형성하는 배경이 되었다.

---

3) 『承政院日記』574책, 영조 즉위년(1724) 9월 26일. "館人誠可矜矣, 旣無經業, 又不敢離聖廟, 散處營生, 近來尤爲失業者, 蓋有其由."

4) 『明宗實錄』권3, 명종 1년(1546) 6월 21일 조 참고.

그런데 반인의 집단적 인간 기질은 대체로 두 갈래의 상반된 모습을 보여준다. 반인은 문묘와 성균관의 잡역에 종사하는 과정에서 형성된 기질이 있는가 하면, 다른 하나는 반촌이라는 특수한 독립 공간에서 형성된 반인 특유의 유대감에서 나온 집단적 모습도 있다. 유교 이념의 구현 공간이었던 문묘와 성균관에 종사하던 일부 반인은 유교 이념에 충실하고 유교 관련 지식을 습득하며 이를 실천하고자 하였다. 반면 반인 특유의 집단성에서 생성된 기질은 다른 존재와 구별되는 배타적 성격을 보여주었다. 흔히 기개(氣槪)와 호협(豪俠)을 숭상하는 모습으로 표출되었다. 이러한 반인의 집단성은 자신을 집단적 존재로 의식하고, 자신의 언어나 생활방식을 중시하였다. 더러 배타적 성격으로 드러내기도 하거니와 반골 기질로 나타나기도 하였다.

　서명응(徐命膺, 1716~1787)이 「안광수전(安光洙傳)」에서 반인을 두고 "굳센 자는 박혁(博奕)과 임협(任俠)을 일삼고, 인색한 자는 이윤을 좇아 예교를 따르는 자는 드물다."라고 언급한 바 있듯이, '임협'과 '예교를 잘 따르지 않는 것'을 반인 기질의 특징으로 주목하였다. 여기서 예교를 따르지 않는다는 것은 유교 이념에 순치되지 않음을 말하며, 임협은 호방한 기질을 표현한 것이다. 윤기(尹愭, 1741~1826)도 "반인은 기개를 숭상하고 의협심이 강하여 죽음을 두려워하지 않아서 왕왕 싸우다가 칼로 가슴을 긋거나 다리를 찌르기도 한다. 풍습이 대체로 서울 풍습과 매우 다르다."라고 하면서 반인의 기질을 다음과 같이 포착한 바 있다.(『無名子集』 2, 「泮中雜詠」)

泮人元自松都遷　　반인들 원래 오래전 송도(松都)에서 왔으니
女哭如歌男服奢　　여자의 곡소리 같은 노랫가락에 남자의 옷 화려하네.

豪俠帶來燕趙氣　　호협한 기질은 연(燕)나라 조(趙)나라의 기상 띠고
風謠怪底異京華　　풍요는 괴이하여 서울 노래와 다르네.

반인은 원래 개성에서 이주한 집단이기에 그들 특유의 복식과 노래는 물론 다른 부류와 구별되는 기질을 지녔다는 내용이다. 춘추전국 시대에 연(燕)의 형가(荊軻)와 고점리(高漸離), 조(趙)의 평원군(平原君) 등 호협과 의리의 대명사와도 같은 인물들에 이들을 견준 것은 매우 인상적이다. 이는 반촌의 독립 공간에서 생성된 집단적 유대감의 표출이라는 점에서 여타 입역노비와는 사뭇 다른 개성적 면모의 포착이다.

반인의 거친 기질은 범법행위를 하거나, 공권력에 저항하는 등 사회적 문제를 일으키곤 했다. 18세기 초 한성부에서 올린 보고에 따르면, 반인 특유의 집단성과 기질을 확인할 수 있다.

> 그중에 반촌에 사는 무뢰배가 흡사 큰 도적과 같이 무리를 지어 다니는데 감시인을 만나게 되면 낫을 메고 도끼를 휘두르며 앞으로 다가오지 못하게 하고 심한 경우 서로 칼을 휘둘러 그간에 상해를 입은 자가 많았습니다. 이 때문에 각 영의 군교들이 비록 장수의 명령 때문에 어쩔 수 없이 나가기는 해도 매번 살피러 가는 날짜가 되면 죽는 곳으로 들어가는 것처럼 여기고 있으니, 여기에서 간악한 백성의 악한 습속은 제어하기 어려움을 알 수 있어 그 애석하기가 이처럼 심할 수 없습니다.(『승정원일기』, 영조 2년 1726년 7월 3일)

범법행위를 저지른 뒤 관의 체포령을 무시하고 격렬하게 저항하

는 것 자체가 집단성에서 나온 호협한 기질의 엇나간 모습이다. 예컨
대 반인의 기개는 집단적 폭력 행위로 표출되어 종종 국가적 논란이
되었다. 반인은 관인조차 반촌에 쉽게 들어갈 수 없다는 사실을 악용
하여, 범법행위를 하거나 무리를 지어 관의 공권력에 도전한 셈이다.
여기서 반인의 범법행위는 '소나무 벌채 금지[禁松]', '임의 도살 금지
[禁屠]', '양조 금지[禁酒]' 등을 말한다. 위 인용문에 나타난 사건은 바
로 '금송(禁松)' 때문에 일어난 것이다. 반인의 집단적 저항에 공권력
을 집행하는 관인조차 두려움을 느낄 정도이니, 이는 문제가 단순하
지 않았음을 보여준다. 공권력조차 무시하고 폭력을 행사하는 반인이
집단적인 불법행위로 자신의 존재를 드러낸 것인바, 이러한 반사회적
행위는 그들 특유의 집단성과 호협한 기개를 표출한 것임은 물론이
다. 이는 기존 질서조차 무시하는 반인 기질이 관에 대한 저항의식으
로 전환된 것이기도 하다.

이와 달리 성균관의 전복(典僕)과 수복(守僕)을 지낸 반인의 경우는
전혀 다른 인간 기질을 형성하였다. 예컨대 「안광수전(安光洙傳)」의 주
인공인 안광수는 반촌의 훈장으로 총명한 70여 명의 반인 자제를 뽑
아 '제업문회(齊業文會)'라는 학계(學契)를 조직하여 경사(經史)와 자전
(子傳)을 교육하고 유교의 도리와 의례를 가르쳐 상당한 성과를 이루
었다. 이는 앞에서 보았던 면모와는 전혀 다른 방향이다.

이를테면 반인 중의 일부는 문묘나 성균관의 잡무에 종사하면서
과정에서 유교 이념을 실천하고, 그 과정에서 인간 기질을 형성한 바
도 있다. 수복(守僕)이 그 사례다. 본디 수복은 성균관과 문묘 주변의
청소뿐만 아니라 분향과 석전제(釋奠祭)를 담당하거나, 유생들의 식사
보조와 숙직, 그리고 성균관과 문묘를 지키는 임무에 이르기까지 다
양한 임무를 담당했다. 그 과정에서 잡역은 전복이 맡고, 문묘제례의

실무는 수복이 담당했다. 조선 후기 성균관의 수복은 종묘와 사직단의 수복과 함께 특별한 존재였다. 성균관의 일부 수복은 임금이 직접 낙점한 뒤 임명할 정도로 그 위상이 일반 반인과 상당히 달랐다. 적지 않은 수복의 경우는 한문에 능숙하였고, 문묘제례를 능숙하게 진행하는 식견도 소유하였다.

병자호란 당시 문묘의 신주를 지킨 수복 정신국(鄭信國, 1602~1681)의 행동은 그래서 가능했다. 정신국의 사례는 유교 이념을 실천하고 자신의 임무를 충실하게 지킨 경우이다. 병자호란 당시 유생들조차 문묘를 버리고 도망쳤지만, 정신국은 동료 수복 박잠미(朴潛美)와 함께 문묘의 신주를 지켰다. 당시 수복은 문묘 제례의 실무에 밝아 공자를 비롯하여 국가와 유교 이념을 체득한 바 있어, 유교 이념의 분신인 신주의 상징성도 누구보다 잘 알았다. 그래서 정신국은 수복의 임무를 충실하게 행하며 문묘의 신주를 수호했던 것이다. 정신국이 신주를 수호한 행위는 전란 이후 유교 이념의 수호자로 지목되어 국가의 정체성을 지킨 상징 인물로 기림을 받을 만하였다. 국가가 나서 정신국을 추앙하고 정려(旌閭)한 것은 당연하였다. 유생이나 사대부 관인조차 하지 못한 문묘의 위패를 수호한 정신국을 기리기 위하여 조선조는 다양한 추모행사를 거행했다. 그런데 반인의 유교 이념의 실천은 정신국만이 아니었다. 반촌에 살던 효자 이정성(李鼎成)과 황성룡(黃成龍), 열녀 안씨 등의 행위가 그러하였다. 국가는 그들을 정려하고 효열(孝烈)을 추숭하였다(李鈺, 「頖村四旌閭記」). 여기서 충·효·열이라는 유교 이념을 실천했던 반인의 행위는 반촌이라는 특수한 공간에서 탄생한 것이라는 사실을 기억할 필요가 있다.

한편, 수복은 성균관의 여러 의례와 문묘의 공식 행사 자체를 순조롭게 진행하는 데 결정적 역할을 할 정도로 문묘와 성균관의 제반 실무에 밝았다. 그들은 문묘나 성균관의 공식 행사에서 예의를 잃으면 고발당해 문책을 받을 정도로 의례에도 밝았다. 이들이 성균관의 이러저러한 공적 의례를 위해 몸소 유교 예의를 익혀야만 하는 고충은 이만저만한 것이 아니었다.[5]

반면에 수복을 포함한 반인이 성균관에 종사하며 몸소 체험한 의례와 견문 지식을 기반으로 유생과 교류하는 것은 전혀 이상한 일이 아니었다. 이들의 의례 습득과 유생과의 교류는 생각과 행동에까지 영향을 끼쳤다. 그 과정에서 일부 반인은 한문 식견을 가지고 시문 창작에 종사하기도 하였다. 앞에서 언급한 안광수가 바로 그러한 사람이었으며, 반촌에 서당을 차려 반촌의 자제를 가르친 정학수(鄭學洙)도 마찬가지다(윤기, 『무명자집』). 이는 반인의 한시를 대거 수록한 『반림영화(泮林英華)』의 존재에서 그 사실을 확인할 수 있다. 이 시집에 수록된 작품이 모두 반인의 작품은 아니지만, 반인의 시가 대거 들어 있다. 『반림영화』는 1820년 성균관 전적(典籍)으로 근무하고 있던 심계석(沈啓錫, 1782~1837)이 편찬하였으며, 2권 1책의 각 권 첫 면에 편자가 이봉장(李鳳章), 교정자가 김기영(金祺永)이라고 기록되어 있는데, 이들은 모두 반인이었다.

반인 시인 박영석(朴英錫)은 이 시집의 발문에서 "마침내 반수의 동서 반촌마을 팔백여 호에서 채집하기를 매우 열심히 하였고, 선별하기를 매우 정밀하게 하였다. 약간의 시를 모아 책을 완성하여 풍요(風謠)의 여운(餘韻)을 잇고 책 앞에 수록할 서문을 덧붙여 주셨으니 참으로 성대한 일이었다."라 하여 이 시집을 통해 반인 시인의 존재를 세

---

5)　『太學成典』권3의「殿講」을 보면 "守僕一人進去應講, 儒生出入時, 失儀則告之."라 한 것에서 알 수 있다.

상에 알렸던 것이다. 사실 반촌이라는 특수한 공간에 거주한 반인의 한시를 모아 편찬한 것은 매우 이례적이다. 반촌의 지리적 특수성과 공간에 주목하고, 그곳에서 생성한 한시를 모은 것도 특이하거니와 반인 중심으로 시를 뽑아 편찬한 것도 남다르다. 이는 반인으로서의 자의식이 없었다면 불가능한 일이다.

또한, 반인은 성균관 유생과 사적 교류를 통해 기질을 형성하기도 하였다. 반인은 성균관 유생과 공적 관계를 넘어 사적 관계를 형성한 바 있다. 일부 유생은 반인과 사적 관계로 맺고 반촌을 드나들었기 때문이다. 유생의 반촌 출입은 유생의 일상 공간의 확대이자 유생과 반인의 사적 관계의 확대다. 유생이 반촌을 기숙 장소로 삼은 것이 계기가 되었다. 성균관에 기숙하는 유생의 인원이 늘어나자 성균관은 유생들의 반촌 기숙을 허용하였다(李萬敷, 『太學成典』 권2 「齋中完議」). 게다가 지방 유생이 과거 시험을 위해 반촌에 단기간 하숙을 하는 일도 있었다. 성균관 유생이 반주인(泮主人)을 정해 하숙하는 경우나 지방의 벼슬아치가 반주인을 정해 하숙하는 경우는 특별하여 이들은 반주인과 남다른 관계를 유지하였다. 이 역시 반인의 하나의 모습이다. 이러한 유생과 관인(官人)과의 관계 속에서 반인 체제에 순치되는 방향으로 인간 기질을 형성하기도 하였다.

3. 반인 의식(泮人意識)과 인간 기질의 양상

반인의 말투는 서울 억양과 사뭇 달랐다. 성호(星湖) 이익(李瀷)은 『성호사설(星湖僿說)』에서 "우리나라의 습속이 서도(西道)에 흐린 음성이 많고 도성 가운데 반촌이 또한 그러하다."라고 말한 바 있으며, 이

옥(李鈺, 1760~1813)은 「반촌사정려기(泮村四旌閭記)」에서 "이곳 백성들은 대대로 눌러살면서 공자의 사당 지키는 것을 직업으로 하였는데, 습속과 언어가 다른 곳의 백성들과 매우 다르다."라고 증언하였다. 이는 반인 특유의 습속과 개성을 주목한 것이거니와, 반인은 심심치 않게 집단으로 자신의 기질과 존재를 드러내었다. 그래서 간혹 패싸움을 벌여 집단의식을 표출하거나, 관원에게까지 돌을 던져 사회적 문제를 일으키는 부정적 집단으로 비판받기도 하였다.

그런데 이러한 반인의 집단성은 다른 집단과의 관계에서 더욱 잘 드러났다. 반인은 서울 다른 지역인과 정기적으로 힘을 겨루며 친목을 도모하며 집단성을 표출한 바 있다. 이옥의 「호상관각력기(湖上觀角力記)」를 보면 구체적인 내용을 확인할 수 있다.

매년 오월이면 호상인(湖上人)과 반인이 마포의 북동쪽 도화동 앞에서 씨름 놀이를 하는 것이 관례였다. 그 승패는 항상 일정하지 않았고, 오직 누구의 힘이 어떠한지를 살펴볼 뿐이었다. 근래 호인(湖人) 중에 김흑(金黑)이란 자가 있는데, 아주 힘이 세어 반인 중에 씨름으로 손꼽히더라도 모두 그보다 못하였다. 반인이 이것을 부끄럽게 여기고 발분하여 한번 그를 쓰러뜨리고자 하였으나 잘되지 않았다. 이해 단오 이틀 전에 반인들은 "김흑이 짐을 싣는 일에 동원되어 닭이 우는 새벽부터 묘시(卯時)까지 백스물네 마리의 말에 손수 짐을 실었다."라는 소문을 듣고 서로 좋아하며 말하였다. "오늘 김흑은 반드시 녹초가 되었을 것이다." …… 이에 반인과 성안 사람들은 서북쪽에 있고, 호상인은 동남쪽에 서서 구경하였다. …… 반인들이 크게 떠들며 소란을 피우려고 하였다. 호인들이 주목을 드러내며 낯빛을 바꾸어 노려보니, 반인들이 감히 움직이지 못하였다.

이 글은 반인들이 마포 일대의 주민들과 마포 북쪽의 도화동(桃花洞)에서 씨름을 겨루는 풍속을 포착했다. '호상인'은 한강에서 생활하던 집단을 가리키는데, 호상인과 씨름을 겨루는 것으로 반인 의식을 드러내며 내부적 결속을 다졌다. 여기서 호상인은 한강을 중심으로 상업에 종사했던 집단을 가리킨다. 조선 후기 마포를 비롯한 한강의 오강(五江: 한강진, 용산, 서강, 마포, 망원)은 각 지방에서 올라오는 다양한 물화가 한양으로 들어오기 전에 짐을 부리는 곳으로 한양 최대의 물화 집적지였다. 특히 오강은 항상 여각과 객주를 비롯하여 수레를 끄는 마부(馬夫)와 차부(車夫) 등 짐을 나르는 짐꾼이 북적일 정도의 상권의 중심지 역할을 하였다.[6]

인용문에 등장하는 호상인 김흑은 말에 짐을 실어 나르는 짐꾼인데, 그는 오강 상권에서 생활하던 임노동자였다. 조선 후기 한강에서 상업에 종사하는 호상인은 서울의 물류를 장악하고 유통망을 관장한 바, 등장인물 김흑은 이 상권 소속의 짐꾼이었다.

조선조 후기의 반인 역시 현방을 운영하며 서울의 쇠고기 판매를 독점하며 일정한 상권과 유통망을 가졌던 집단이다. 호상인 김흑과 힘을 겨룬 반인은 현방에 종사하며 소를 잡는 인물 중의 한 사람이었을 터, 그 역시 근력이 상당하였다. 조선조 후기 반인은 씩씩하고 강

---

6) 金祖淳이 지은 兪最基의 행장에 "丁丑, 拜漢城府判尹. 罷亂廛全數屬公之規, 及楊花渡漁船收稅法, 革五江馬夫之弊."(『楓皐集』권12, 「右參贊兪公行狀」)라는 구절이 나온다. 당시 오강에는 馬夫를 비롯하여 짐을 실어 나르는 짐꾼에게 부과된 폐단이 적지 않았음을 알 수 있다. 이옥의 작품에 나오는 짐꾼 金黑도 하루에 백스물네 마리의 말에 짐을 실어 날랐을 정도로 과도한 역에 시달렸던 것으로 보인다.

건하며 날래고 용감한 사람이 많았던 집단으로 알려졌다.[7] 여기서 근력과 용맹을 겨루는 두 집단이 씨름 경기를 한 사회적 배경을 짐작해 볼 수 있다. 이를테면 서울에 형성된 두 거대한 상권의 힘겨루기이자 친목 행사의 하나로 씨름 경기를 한 것으로 보인다.

당시 현방을 운영하던 반인의 경우, 쇠고기의 독점 판매와 함께 특정 시기에는 어물전과 생선전의 수세(收稅)도 관장하였다. 반인이 운영하는 현방의 숫자는 일정하지 않았고, 국가의 시책에 따라 들쑥날쑥하였다. 국가에서는 필요에 따라 현방의 숫자를 늘리거나 줄이기도 하였는데, 현방의 숫자를 줄이면, 반인들은 생계유지가 힘들다는 명분을 들어 그 대안을 줄기차게 요구하였다. 이러한 반인의 요구를 반영하여 국가에서는 현방 숫자를 다시 조정할 때까지, 반인들에게 한시적으로 어물전과 생선전의 세수권을 부여하였다.

당시 반인의 어물전과 생선전의 수세는 성균관의 음식 조달과 관련이 있었기 때문에 정부가 세수권을 부여한 측면도 있었다. 전복의 중요한 임무 중 하나가 성균관 유생에게 밥과 음식을 만들어 제공하는 것인데, 유생에게 어채(魚菜)를 공급하는 것은 전복의 몫이었다. 조선조 후기 유생의 숫자가 증가하면서 어채 구매에 많은 인력과 경비를 지출하게 되어, 현방의 운영만으로는 그 경비 충당이 불가능하였다. 심지어 이를 감당하지 못한 전복의 자살 사건마저 연이어 일어날

---

7) 갑신정변 당시 鄭喬(1856~1925)는 『大韓季年史』 권1에서 갑신정변 당시 고종의 피신 행렬을 서술하면서 別抄軍을 거론하는데, 별초군 아래에 "國初 이전의 조정에서부터 문묘의 노비는 계속 사역을 시켰는데, 이들 노비는 성균관 부근의 땅인 東村에 모여 살아 이들을 泮人이라 불렀다. 반인은 씩씩하고 강건하며 날래고 용감한 사람이 많았다. 대원군이 그들 중 뛰어난 사람 수백 명을 뽑아 軍籍에 예속시켜 別抄軍이라 이름하였다."라는 각주를 달고 있다.

정도였다. 유생의 증가에 따라 쌀과 어채 등 성균관에 제공할 물품 감당이 너무 버거웠으므로 반인들은 현방의 숫자를 늘려주거나 어물전 등을 통해서도 수익을 확보하게 해달라고 줄기차게 요구하였다.

그 결과 조선조 후기 반인은 도성 안의 쇠고기 판매를 독점하는 것 외에도 어채 등 어물전과 생선전에서의 수세를 기반으로 도성의 상권을 장악해 갔다. 이를 계기로 반인은 도성 곳곳에서 현방을 운영하고 어물전과 생선전의 수세를 거두는 과정에서 다른 상권과도 대립하였다. 더욱이 반인은 현방을 독점 운영하면서 쇠고기는 물론 쇠가죽을 파는 창전(昌廛)을 운영하거나, 우방(牛肪)과 근각(筋角) 등을 판매하여 수익을 창출하기도 하였다. 여기에 머물지 않고 반인은 현방의 지방 설치를 요구하는 등 수익 사업에 적극적으로 나섰다.

이처럼 반인들은 쇠고기 판매 및 어물전과 생선전의 수세를 기반으로 도성 안팎의 상권을 장악해 가는 과정에서 경강상인과 경쟁 관계를 이루었다. 당시 경강상인은 곡물의 매점매석은 물론 어물전도 독점 판매하는 등 거대한 유통망을 형성한 도고(都賈)였다. 그러므로 반인과 경강상인은 한편으로 경쟁하고 한편으로는 상호 협조하기 위해 친목을 도모한 것으로 보인다.

이런 점에서 위 인용문에 보이는 두 집단의 힘겨루기는 매우 흥미롭다. 아마도 상호결속과 우호 증진은 상업을 통한 상호 이익을 공유하는 토대가 되었을 것이다. 반인들은 이러한 외부 집단과의 경쟁과 협력을 하면서 더욱더 내부 결속을 다지며 반인 의식의 함양에도 힘썼거니와, 이는 호협과 기개를 숭상하던 반인 의식의 또 다른 측면이라 할 수 있다. 요컨대 반인의 집단적 성격이 상업 유통망의 형성에 나름의 순기능을 했다고 볼 수 있다.

반인의 집단성은 다음과 같은 모습으로 표출되기도 하였다.

그런데 반촌에 도착하여 상세히 들으니, 지난달 20일경에 반인들이 마침 청나라 사신이 붕희(棚戲)를 중지시킨 때를 만나서 각자 돈을 모아 붕희의 도구를 빌려서 이틀 동안 문묘의 뒤쪽에서 붕희를 행하여 기이한 기예를 잡다하게 펼치면서 음란한 놀이를 크게 열었는데, 성균관의 유생들도 모두 달려가서 모여 구경했다고 합니다.(『승정원일기』 영조 12년 2월 20일)

유생이 올린 상소 일부다. 반인 집단이 즐기기 위한 놀이마당을 펼친 것을 두고 유생이 문제 삼은 사실을 적시한 내용이다. 반인이 돈을 갹출해 마련한 '붕희'는 나무로 단을 만들고 비단 장막을 늘어뜨려 장식한 무대를 말한다. 붕희는 산처럼 무대를 만들고 연희를 하였기 때문에 산붕(山棚) 혹은 산대(山臺)라고도 한다. 반인이 붕희를 위한 도구를 빌렸다는 것은 산대놀이에 필요한 다양한 연희 도구의 구비를 보여준다. 무대 설치·탈·줄·무대복 등은 모두 공연에 필요한 필수품이다. 문제는 반인의 산대놀이에 유생 일부도 함께 구경하며 즐겼다는 데 있다. 유학 공부에 매진해야 할 유생이 반인과 함께 산대놀이를 관람하고 즐겼다는 것은 의외다. 그래서 성인과 현인을 모시는 문묘 근처에서 산대놀이가 벌어진 것을 문제 삼아야 할 유생이 오히려 산대놀이를 구경하며 함께 즐겼고, 재임이나 삼사에서도 아무런 문제를 제기하지 않은 것은 사회적 이슈가 되었다. 이를 문제 삼은 일부 유생이 상소를 올리면서 이 사건은 정치적 문제로까지 비화되고 말았다.

위의 상소를 접한 좌의정 김재로(金在魯, 1682~1759)가 "반인들이 채붕(綵棚)을 설치하고 잡희(雜戲)를 벌인 것은 참으로 전례가 없는 해괴한 행동"이라는 취지로 영조에게 아뢰자, 영조는 당시 입직한 성균관원의 처벌과 성균관 당상관의 추고(推考), 그리고 성균관의 재임(齋任)

을 과거에 응시하지 못하도록 처벌하였다. 그러자 성균관에서 재차 영조에게 글을 올려 연희를 벌인 곳은 문묘 근처가 아니라 반촌에서 떨어진 포동(浦洞)이라는 말로 변명하는 등 사실관계를 두고 논란을 벌였다. 그렇지만 반촌 근처에서 산대놀이를 한 것과 반인이 재인(才 人)이 되어 연희한 것, 여기에다 유생이 이를 관람한 것은 엄연한 사실이었다. 이 사건을 계기로 유생의 연희 구경은 금지되고 말았다. 이후 『태학지(太學志)』를 편찬할 때 이 사건은 유생을 경계(警戒)하는 하나의 사례로 들어가기도 하였다.(『太學志』 권7, '敎化')

　그런가 하면 반인 의식은 또 다른 측면에서 표출되었다. 반인은 오랜 기간 유생과 함께 생활하면서 특유의 의식을 형성하였으니 선조 39년(1606)에 있었던 성균관의 괘서 사건에서 그것을 엿볼 수 있다. 이 사건의 내용은 이러하다. 성균관 동무(東廡)의 외벽에 누군가 흉참스러운 내용을 익명으로 낙서하였는데, 유생이 성균관 노복을 시켜 이를 지우면서 발생하였다. 이 사건은 성묘(聖廟)를 어지럽혔다는 것이 문제가 되어 옥사로까지 번졌다. 조사 과정에서 유생과 반인이 대거 연루되었다는 것이 밝혀졌다. 유생의 지시로 성균관의 노복들이 동무의 낙서를 지운 사실, 일부 유생이 반인의 집에 거접(居接)했던 점, 반인의 집에 거접한 유생과 반인이 함께 연루된 점, 그리고 도망 간 노복을 종친(宗親)이 숨겨준 점 등 조사가 진행될수록 사건은 확대되었다. 더구나 공초 과정에서 대부분의 반인이 도망가는 바람에 성균관에 숙직할 수복이 없을 정도였다. 조사받던 반인 환복(還福)은 도중에 목숨을 잃고, 함께 취조당한 반인 천룡(天龍), 순룡(順龍), 가시(加屎), 막룡(莫龍) 등도 거의 죽음에 이르자, 다수의 반인들은 도망을 쳤다. 또한, 그 과정에 낙서를 지우도록 시킨 유생 정언규(丁彦珪), 정언선(丁彦璿) 형제의 죄가 드러났고, 도망간 성균관 노복을 숨겨준 종친인 영제군(寧堤君) 이석령(李錫齡)도 연루되었다. 이 사건에 반인들이 복잡하게 연루되면서 거의 한 달 반 동안 성균관과 반촌은 쑥대밭이 될 정도였다.

그런데 종친이 연루되었다는 것은 매우 심중한 문제였다. 익명의 괘서 방식으로 사회 문제를 제기하는 것은 당대 규범과 법질서를 넘어 사회적 이슈를 제기하는 것이자, 사회를 향한 저항 의식의 표출이라고 할 수 있다. 여기에 왕실의 일원인 종친까지 연루되었기에 그 파장은 클 수밖에 없었다. 하지만 이러한 사건에 반인들이 깊숙이 개입되었다는 점은 그들의 저항 의식과 인간 기질의 한 측면을 잘 보여주고 있어 문제적이다. 또한 그들의 강한 기질은 공초 과정에서도 잘 드러났다.

이복선(李善復)이 위관(委官)으로서 아뢰었다. "세영(世英)에게 형문(刑問)을 한 차례 하였지만, 바른대로 불지 않았습니다. 보통 인정으로 말한다면 가시(加屎)가 목격했다는 이야기를 많은 사람이 알고 있는데 이 사람만 어찌 홀로 알지 못할 리가 있겠습니까? 그런데 하늘을 가리키면서 굳게 숨겨 한결같이 이와 같을 줄은 일찍이 짐작하지도 못한 일입니다. 비록 많은 사람이 그렇게 공초했지만, 이는 실로 한낱 무식하고 미혹된 사람입니다. 연이어 가형하면 곧장 죽게 될 염려가 있습니다. 잠시 모로금(毛老金)이 잡히기를 기다린 다음에 대질하여 처리해야 할까요, 지금 즉시 형벌을 가해야 할까요. 감히 여쭙니다." 임금께서 답하셨다. "이 사람에 대한 형문을 멈추라. 천룡(天龍)이 말을 못하고 있으니 그의 마음을 헤아릴 수 없다. 또 이는 가시(加屎)와 같이 한 집에 사는 주인이므로 모를 리가 없다. 일찍이 성균관 전복은 본디 별종으로 다른 사람과 다르다고 들었었는데, 참으로 빈말이 아니다. 아뢴 말대로 잠시 형문을 멈추라."(『선조실록』 선조 39년 7월 18일)

"성균관 전복은 본디 별종으로 다른 사람과 다르다."라는 선조의 언급이 흥미롭다. '별종'이라 함은 반인 특유의 기질과 개성을 지목한 것일 터, 이는 기개를 숭상하는 반인 의식의 다른 모습이다. 특히 사건에 연루된 성균관 노복들이 형문을 받아 죽어가면서도 다른 반인의 보호를 위해 입을 열지 않은 것도 예사롭지 않고, 이러한 반인의 기질을 감안하여 형문을 잠시 중단시킨 선조의 조치도 각별하다. 반인이 반촌을 위해 기꺼이 죽음을 감수하려 한 것은 그들의 유대의식이 어떠했는지를 보여주는 사례다. 이러한 집단적 유대의식은 오랜 세월 동안 반촌에서 함께 지내며 터득한 생존 전략으로 볼 수 있다.

그런데 유생들은 이러한 반촌의 특수한 공간성을 활용하여 유교 이외의 사상을 토론하는 공간으로 활용하기도 하였다. 유생은 과거 시험에 전념하기 위해 반촌에 기숙하기도 하지만, 더러 새로운 서적을 읽고 이를 토론하는 공간으로도 반촌을 활용하였다. 반촌은 그러한 성격의 독서 모임과 토론 장소로 안성맞춤이었다. 사실 유학이 국시(國是)인 조선의 최고 교육 기관 성균관에서 유교 경전 이외의 서적을 읽고 토론하기는 불가능하다. 성균관에서 성현을 숭상하지 않고 고담(高談)과 이론(異論)을 좋아하거나, 옛 선현을 비방하고 조정을 헐뜯거나, 뇌물을 논하고 주색을 말하거나, 시세에 따라 아부해 벼슬에 나가려고 하는 자는 처벌받도록 되어 있었다(『太學成典』 권2, 「儀節」). 그렇기에 일부 유생들은 반촌의 공간을 빌려 비밀리에 이단의 서적을 읽는 모임을 진행해야 했다. 18세기 후반 유생들이 반촌의 공간에서 읽은 대표적 이단 서적은 서학서였다. 구체적 사례로 반주인 김석태

(金石太, 金錫泰로도 기록됨)의 집에서 이루어졌던 서학서 강독 사건을 들 수 있다.

1787년 10월 무렵 반촌에 사는 김석태의 집에서 젊은 유생들이 함께 모여 천주교 서적을 읽은 이른바 반회사건(泮會事件)이 발생하였다. 이 사건은 1787년(정조 11) 반촌에서 이승훈(李承薰, 1756~1801)이 정약용(丁若鏞, 1762~1836) 등과 함께 천주교 교리를 토론한 일을 유생들이 성토한 사건이다. 1784년 중국 북경에서 천주교 세례를 받고 돌아온 이승훈은 이벽(李檗, 1754~1786) 등과 천주교회를 창설하고 전교에 힘썼다. 1785년 추조적발사건(秋曹摘發事件)으로 박해를 받아 한때 교회 활동이 주춤했으나, 1787년 10월경 반촌에 있는 김석태의 집에서 소장층의 반유(泮儒)들과 천주교 서적을 읽고 토론하였다. 이 사건이 대대적 박해로까지 이어지지는 않았으나, 서학서의 도입과 유포가 사회적 문제로 떠올랐다. 이후 1788년에 전국에 천주교 관련 서학서를 색출·소각하라는 조처가 있었고, 이후 천주교 박해의 한 원인이 되었다. 당시 천주교를 비판하는 입장이었던 강세정(姜世靖, 1743~1818)은 이때의 사건을 다음과 같이 기록하였다.

> 정미년 겨울에 이승훈과 정약용이 성균관에서 지내며 과거 공부를 수학한다는 것을 핑계를 대고 동반촌 김석태의 집에 모여 밤낮을 가리지 않고 사서(邪書)를 강설한 지가 거의 한 달 가까이 되었다. 진사 강이원(姜履元)이 사학을 배우겠다고 속여 말하고 드디어 김석태의 집에 들어가, 서양의 책 이름과 설법 등의 일을 찾아 얻지 않음이 없었다.(姜世靖, 『松潭遺錄』)

이승훈과 정약용을 비롯한 일부 유생들이 반주인 김석태의 집을 빌려 서학서와 교리 관련 서적을 읽고 토론한 정황을 기록한 내용이다. 정약용이 김석태를 위해 제문까지 작성한 것을 보면 그 관계가 각별하다는 사실을 알 수 있다.(『與猶堂全書』文集17,「祭菽甫文」) 김석태는 정약용의 반주인으로 천주학의 강학 모임에 자신의 집을 제공할 정도로 대범하고 호협한 성격의 소유자였다. 이런 그를 정약용은 "내 잘못을 남이 지적하면 칼을 뽑아 크게 성을 내었고, 사람이 나와 잘 지내면 그를 위해 온 힘을 다하였네."라고 기렸다.(「제숙보문」) 정약용의 제문에서도 김석태의 강인한 기질이 잘 드러나고 있으며, 두 사람 사이의 신뢰 관계도 짐작할 수 있다.

그런데 김석태의 집은 반촌 중에서도 가장 조용하고 후미진 곳에 있어 사람이 쉽게 엿볼 수 없고, 겉으로 잘 드러나지도 않았다. 그러다가 이 모임은 이기경(李基慶, 1756~1819)에 의해 발각되어 마침내 반회사건[丁未泮會事件]으로 확대되었고, 정치적 문제로까지 비화되었다. 반주인 김석태가 천주교도였는지는 확인할 수 없으나, 기실 조선 후기 반인은 천주교와 깊이 연결되어 있었다. 이는 1801년 신유사옥에 연루된 반인 이합규(李鴿達)의 사례에서 확인할 수 있다.

이합규는 주문모(周文謨) 신부로부터 세례를 받은 뒤, 포교 활동을 하다가 신유사옥 때 참형을 당한 인물이다. 그는 황사영백서 사건 이후 황사영과 함께 도망갈 정도로 천주교의 핵심 지도자였다. 그런데 조선조 조정이 천주교를 탄압한 내용을 기록한 『사학징의(邪學懲義)』에서는 그를 '전복(典僕)' 또는 '반복(泮僕)'으로 기록하고 있다. '전복'과 '반복'이 반인을 지칭하는 용어이거니와, 그의 부친 이인찬(李寅燦)도 스스로 반민이라 진술하고 있다. 이합규는 처음 어머니 김조이(金召吏)로부터 천주서를 배운 후, 최필제(崔必悌)에게 본격적으로 배웠다. 신유사옥이 일어나자 그의 부친 이인찬(李寅燦), 누나 이득임(李得任),

외숙 김득호(金得浩), 외숙모 정분이(鄭分伊) 역시 천주교 신자로 지목받아 유배형에 처해졌다. 이합규의 가족과 친척 다수가 천주교 활동의 중심에 있었음을 고려하면, 18세기 반촌은 천주교 교리의 공부 공간이자 천주교를 전파하는 매개 역할을 한 셈이다.

이처럼 18세기 중후반 반촌은 서학과 서교(천주교)의 배후지로 등장하였다. 그러한 공간에서 일부 반인은 천주교의 지도자가 되어 포교활동은 물론 새로운 사회 질서와 가치를 추구하였다. 치외법권이라는 반촌의 공간적 특수성이 반인의 천주교 활동과 포교를 더 쉽게 했을 법하다. 반촌의 공간에서 형성된 반인 특유의 집단성과 반인 의식은 반촌 내부에서 기존의 가치와 질서를 뛰어넘어 새로운 사상과 종교의 수용에 적극적일 수 있었다. 천주교에 투신한 반인의 집단성과 반인의 유대의식은 반인의 호협한 기개가 새로운 모습으로 전환한 것이었다.

4. 맺음말

조선조 후기 역사 공간에 본격적으로 자신의 존재를 드러낸 반인의 존재는 기왕의 관노비와는 전혀 달랐다. 관노비의 존재 방식을 뛰어넘어 그들 고유의 집단의식과 정체성을 바탕으로 자기 존재를 선명하게 드러내었다. 반인은 다양한 모습으로 반인 의식을 표출하였다. 하지만 반인의 기질은 기본적으로 반촌이라는 독립적이고 특수한 공간을 배경으로 형성되었다. 성균관과 문묘에 이웃한 반촌은 반인 특유의 개성적 인간 기질의 형성에 큰 영향을 끼쳤다.

반촌에 정주한 이래, 반인은 오랜 기간 폐쇄된 공간에서 생활하면서 그들만의 언어를 쓰고, 그들 특유의 복식을 입으며 고유한 기질을 형성해 나갔다. 반인은 실정법에 저촉하는 대담성을 보이는가 하면, 성균관과 문묘에 종사하면서 습득한 유교 지식을 바탕으로 체제에 순응하는 모습을 보이는 등 상반되는 양상을 드러내었다.

조선조 후기 공간에서 체제에 순응하는 모습과 달리 다른 면에서 반인은 그 특유의 집단성과 인간 기질을 통해 다양한 양상을 보여주었다. 거칠고 대담한 행동은 문묘와 성균관 근처에서 연희 무대를 벌여 유생과 함께 놀이마당을 펼치기도 하고, 상업에 종사하며 상권을 장악하여 이익을 추구하는가 하면, 더러 천주교를 받아들여 새로운 가치 질서를 추구한 면모를 보였다. 특히 일부 반인이 서학(서교)을 받아들여 기존의 가치와 질서를 뛰어넘는 행동과 의식을 보여주었다.

조선조 역사 공간에서 반인을 별종으로 불렀던 것도 이러한 그들 특유의 인간 기질을 주목했기 때문이다. 이 모두 반인 특유의 집단의식과 반촌이라는 삶의 공간에서 나온 것임은 물론이다. 요컨대 조선조 후기 반인은 반촌이라는 공간에서 반인 특유의 의식과 기질을 형성하였고 그들 특유의 에토스를 창출하였다. 이러한 반인의 존재는 조선조 후기 역사 공간에서 주목할 만하다. 시대에 대응하였던 삶의 방식과 인간 기질과 집단의식은 조선조 후기 공간에서 쉽게 찾아볼 수 모습이자 존재 방식이기 때문이다.

이러한 반인의 자기 정체성은 20세기 초까지 이어졌다. 1916년 『매일신보』는 어느 독자의 기고문 「경성행각(京城行脚)」을 통해 당시 반촌을 두고 '일개 별천지를 형성'하였다고 술회한 바 있듯, 당시에도 반인은 별천지를 이루고 그들 특유의 에토스를 유지하고 있었다. 그때까지도 반인은 반촌을 떠나지 않을 정도로 배타성과 집단의식을 유지한 것이다. 반인의 집단의식과 그들만의 별천지는 20세기 초에는 다른 방식으로 표출하였다. 반인들은 1908년에 학교의 설립을 발의하였고, 1910년 1월에는 유길준(俞吉濬)·장박(張博)·조희연(趙義淵)·김윤식(金允植) 등의 권유를 받아 1910년 2월 28일에 근대 학교를 열었다. 숭교의숙(崇敎義塾)이 그것이다. 학교 재정은 반인 80여 사람이 맡았다. 반촌에 근대 학교를 건립한 것은 시대 변화에 적극적으로 대응하려는 반인 의식의 표출이자 집단적 정체성의 추구였지만, 숭교의숙의 건립과 함께 그들의 집단성과 반인 의식은 근대 교육 체계에서 옅어졌고, 반촌 역시 점차 해체되고 말았다. 얼마 지나지 않아 반인도 결국 역사에서 사라지고 말았다.

[주요 참고 문헌]

강명관,『조선의 뒷골목 풍경』, 푸른 역사, 2003.

정 민,『서학, 조선을 관통하다』, 김영사, 2022.

실시학사 고전문학연구회,『완역 이옥 전집』1,「顚村四旌閭記」, 휴머니스트, 2009.

안대회,『성균관과 반촌』,「반촌과 반인」, 서울역사박물관, 2019.

진재교,「『耳溪集』 소재 '崔必恭傳'」,『민족문학사연구』14호, 민족문학사연구소, 1999.

성균관의 역사인가 아닌가?
-식민지 시기의 성균관

-이용범(부산대학교 점필재연구소 전임연구원)

1. 친일이라는 아포리아

지난 2007년경의 일이다. 서울대학교 병원은 1907년 대한의원 설립을 기점으로 하여, 100주년 기념행사를 가지고자 했다. 이때 1885년의 제중원(濟衆院)을 자신의 기원으로 주장하는 다른 병원 쪽에서의 비판이 제기되었다. 비판의 요지는 대체로 두 가지였다. 첫째는 1907년은 을사늑약 이후 통감부가 통치하던 시기인데, 한국 근대의 시작을 조선총독부의 통치로 잡는 것과 마찬가지로 '친일적'이라는 것이었다. 둘째는 1945년까지 식민 통치 기간을 '대한민국 국립대학'의 역사로 포함하는 것이 과연 '옳은가' 하는 문제였다. 물론 그러한 비판에는 자신의 정통성―우리는 역사도 더 길고, 친일에서도 자유롭다―을 내세우고자 하는 의도가 짙게 반영되어 있다. 그렇지만 그것보다 근본적인 문제는 한국에서 식민지시기를 기억하는 방식을 둘러싼 기억의 정치에 있다.

식민지시기의 역사를 어떻게 해석할 것인가? 식민지시기, 혹은 그 이전을 자신의 기점으로 잡고 있는 대학들 가운데 이 문제에서 자유로운 곳은 한 곳도 없다. 각 대학은 자신의 역사를 서술하는 데에 있어서 '시간적 길이'는 챙기고, '친일'은 숨기거나 축소하거나 어물어물 얼버무리는 방식으로 정리하고 있다.

성균관대학교는 어떤가? 성균관대학교는 1398년부터 지금까지의 역사를 모두 자신의 전통 속에 산입(算入)하고 있다. 대학본부가 자리잡고 있는 600주년기념관, 학교 셔틀버스의 상단에 표시되어 매년 한 자리씩 숫자가 올라가는 6으로 시작하는 버스 번호, 그리고 학교의 심벌마크에는 당당하게 1398이라는 숫자가 자리 잡고 있다. 세계에서 가장 오래된 대학의 하나로 여겨지는 성균관대학교가 가지는 권위의 근간은 수백여 년의 역사를 주장할 수 있는 데 있다. 거기에 더해 600이라는 온전한 10의 배수가 주는 위압감도 무시할 수 없을 것이다.

'식민지시기'에 대해 성균관대학교는 '수난기'로 명명하고, 다음과 같이 홈페이지에 서술하고 있다.

> 수난기는 1910년 일제에 의하여 경학원 안에 명륜학원이 설치되고, 다시 명륜전문학원이 되었다가 1939년 명륜전문학교로 승격되었다. 그러나 이 고등학교 기관은 과거 최고 국립대학인 성균관의 정통을 계승한 것으로는 볼 수 없다.

문장도 어색하고, 사실관계도 틀렸다. 그렇지만 중요한 것은 "성균관의 정통을 계승한 것으로는 볼 수 없다"라는 부분이다. 이러한 주장을 극단적으로 밀고 나간다면, 지금 혜화역과 인문사회캠퍼스를 오가는 셔틀버스에 붙어 있는 623이라는 숫자에서 식민지시기인 35년간을 제외하고 다시 붙여야 한다. 600주년기념관은 당분간 이름을 바꿨다가 2033년에 다시 현판식을 해야 한다. 또, 600주년기념관 입구에 있는 역대 총장 명단에서 식민지시기 경학원 대제학의 이름도 모두 제외시켜야 할 것이다.

이런 식의 단순한 이분법적 사고는 우리가 가장 피해야 할 것 중의 하나이다. 식민지시기를 생각하는 데 있어서 가장 문제가 되는 것은 가치판단의 선행이다. 가치판단이 먼저 내려진 이후에 전개되는 이야기들은 대개는 "친일이라 나쁘다. 그 근거는 다음과 같다." "항일이라 훌륭하다. 그 근거는 다음과 같다." 식의 단순한 전개로 흐르기 쉽다. 단순한 이분법으로 그 시대를 재단하는 것은 그 내부를 빼곡히 채우

[사진 1] 1937년의 문묘 은행나무.

고 있는 다양한 인물들의 의지와 노력을 너무도 쉽게 덮어버린다. 한 연구자가 제시한 '회색지대'라는 표현이 보여주듯이, 식민지시기 대부분은 친일과 반일 그 어느 쪽도 아닌 두 가지가 깔끔하게 분리되지 않는 공간이 가장 지배적이었다.

식민지시기 성균관은 자신의 이름을 잃었다. 그렇지만 그 내부에서 수백 년의 전통은 변질은 있을지언정 면면(綿綿)히 이어져 왔고, 조선 후기 '글 읽는 소리'가 끊겼던 반촌(泮村)에 다시금 경서를 읽는 소리가 들리게 되었다. 성균관이 그 이름을 잃었을 때, 성균관이 아니었던 성균관은 어떻게 변화되었고, 또 그곳에 모여들었던 사람들은 어떤 사람들이었고, 각기 동기와 욕망, 혹은 이유를 가지고 있었는지 살

퍼보도록 하자. 친일과 반일의 이분법 속에서 가려지고 지워진 면면(面面)을 살펴보면서, 식민지시기의 성균관을 말하는 일이 그렇게 단순하지 않다는 것을 알 수 있을 것이다.

반촌(泮村)은 반궁(泮宮)이 있는 마을이라는 의미로, 반궁은 성균관을 뜻한다. 반궁은 『예기(禮記)』 왕제(王制)편에서 유래한 표현이다. 현행 행정구역상 성균관대학교 인문사회캠퍼스 정문을 중심으로 명륜동 1가와 3가 일대를 가리킨다. 요즘말로 바꾸어 말하면 대학촌이라고 할 수 있을 것이다.

2. 성균관에서 경학원(經學院)으로

1910년 8월 29일, 한일병합조약이 본격적으로 발효되어 한반도의 통치권은 조선총독부가 행사하게 되었다. 조선총독부는 1911년 6월 15일, 「조선총독부령」 제73호로 「경학원 규정」을 제정하여 경학원을 설치한다.

경학원이 설치되기 전까지, 성균관은 거의 방치되다시피 한 상태였다. 조선 후기 국정의 문란, 그리고 각 지방 서원의 약진으로 인해 성균관이 지녔던 등용문으로서의 성격은 매우 약해져 있던 상황이었다. 기능적으로 생각해보면 대과 급제라는 최종목표를 달성하는 데 있어서 성균관이라는 장소가 가지는 장점이 그다지 크지 않았던 것이다. 그리하여 19세기 말 성균관의 교육 기능은 극히 미약해진 상태로 근근히 유지되다가, 1894년 갑오개혁의 과거제 폐지로 인해 그 맥이 끊기게 된다.

경학원이라는 명칭은 일본이 만든 것이 아니고 조선왕조에서 쓰였던 것이었다. 고종 24년(1887년), 성균관의 재생(再生)을 목표로 성균관을 경학원으로 쇄신하고자 했던 것이다. 당시 조정은 성균관 학생들의 숫자가 매우 적은 것을 우려하여, 전임 대제학(大提學)과 현임 및 전임 문임(文任), 성균관의 당상(堂上官)들과 대사성들의 아들, 사위, 아우, 조카 가운데서 각각 2명씩 추천하도록 했다. 고종의 다음과 같은 하교는 눈여겨볼 필요가 있다.

> 성균관은 현사(賢士)들과 관계되는 곳으로서 자신을 단속하고 법도에 힘써서 세상에 쓰임이 되니 실로 나라의 원기(元氣)이다. 그런데 어찌 된 일인지 부화(浮華)한 것이 습성이 되어 글 읽는 소리를 전혀 들을 수 없으니 참으로 개탄스런 일이다. 또한 인도하고 배양하는 일에 대한 규정을 별도로 강구하여 실효가 있기를 기약하라. 그런데 처음은 잘해도 끝까지 잘 되는 일이 드무니 오래도록 지켜나가고 변경시키지 못하게 함으로써 영원히 훌륭하게 되도록 일체 확실히 밝히고 경학원과 각 도에 일깨우고 신칙하도록 하라.(『고종실록』 24권, 고종 24년 7월 20일 을해 3번째기사)

오늘날 유림회관 부근 성균관 입구 곁에 있는 하련대(下輦臺)는 임금의 거둥 시 가마(輦)를 내려놓던(下) 곳이다. 일찍이 조선의 왕들은 국가의 미래를 짊어질 동량지재(棟梁之材)들을 살피고 격려하기 위해서 이곳을 자주 찾았다. 성균관 유생에게 내리는 정조의 하교(「示菊製入場諸生」)를 살펴보아도 얼마나 많은 기대가 걸려 있었는지를 가늠할 수 있다. 성균관이 적막해진다는 것은 국가의 미래에 드리워진 그림자를 암시하는 것이기도 했다.

[사진 2] 1909년 촬영된 대성전 사진. 오늘날 전하는 가장 오래된 사진 중 하나이다.

　쇠락하여 방치되던 성균관은 조선총독부에 의해 경학원이라는 명칭을 다시금 부여받게 되었다. 그러나 그것을 성균관의 부활이라고 보기는 어렵다. 국권의 침탈, 서구적 근대로의 인식론적 전환은 성균관이 지니고 있던 존재의의의 많은 부분을 변화시켰다. 국가를 위한 인재 양성의 기능은 국망(國亡)으로 인해 지향성을 잃었고, 전통학문의 권위는 서구 학문의 위세 아래 자신의 위치를 잡기 힘들게 되었다.

　경학원은 그러한 대변혁의 시기에, 성균관이 지니고 있던 여러 가지 역할 중 제례 기능만을 취하게 되었다. 조선총독부가 식민지 통치의 편의를 위해 수백 년 역사 속 성균관의 일부만을 취사선택하여 제도화시킨 것이다. 「경학원 규정」 제1조를 살펴보면 조선총독부의 의도가 명확하게 나타난다.

제1조 경학원은 조선총독의 감독에 속하여 경학(經學)을 강구(講究)하며 풍교덕화(風敎德化)를 비보(裨補)함을 목적으로 함.

'조선총독의 감독에 속'한다는 것은, 경학원이 조선총독부의 직속 기구로 설치되었다는 것을 의미한다. '경학을 강구'한다는 것은 사서삼경을 깊이 공부하여 이치를 터득하고자 한다는 것이다. 전통적인 성리학의 흐름을 계속 잇겠다는 의지가 표명되고 있다. '비보'라는 것은 "도와서 부족한 것을 채운다"는 뜻이다. '풍교덕화를 비보'한다는 것은 표면적으로는 민(民)에게 인의예지와 염치를 가르친다는 것이지만, 실질적으로는 식민통치에 대한 반발을 무마시키기 위한 의도가 담겨 있다. 결국 경학원을 설치한 데에는 1910년을 전후한 시점에 조선 전역의 구석구석에서 여전히 막강한 영향력을 가지고 있던 유림들을 회유하기 위한 의도가 짙게 깔려 있었다고 볼 수 있다.

초대 경학원 수장으로는 을사오적 중 한 사람인 박제순(朴齊純, 1858~1916)이 임명되었다. 경학원의 직제는 조선시대에 비해 간소화되어, 경학원 대제학(大提學), 부제학(副提學), 좨주(祭酒), 사성(司成), 직원(直圓)의 구성으로 간소화되었다. 좨주는 규정상 존재했지만 실제로 좨주가 임명된 경우는 없었다. 경학원 내부의 직제와 더불어 전국 13도의 '강사'가 임명되었다. 강사 임명은 개인의 동의를 얻은 것은 아니었고, 유림을 회유하기 위한 목적으로 각 지역에서 가장 유력한 유학자를 임명하였다. 파리장서 사건의 주역인 곽종석(郭鍾錫, 1846~1919), 대표적인 민족주의 역사학자 박은식(朴殷植, 1859~1925)의 이름이 경학원 강사에 올라 있는 것은 그 때문이다.

경학원의 설치로 인해 성균관의 교육 기능, 특히 국가 운영을 위한 인재 배양이라는 취지는 완전히 사라지게 되었다. 성균관의 유지(遺

址)는 석전을 중심으로 한 제례 기능만 유지(維持)하게 되었다.

한편, 유림 내부에는 분화가 일어나기 시작했다. 파리장서 사건이나 의열단에 관여한 심산(心山) 김창숙(金昌淑, 1879~1962)과 같은 항일 유림이 있었지만, 전통적 유학의 부흥을 갈망하는 유림들은 경학원을 중심으로 모여들기 시작했다. 훗날 경학원 대제학 겸 명륜학원 총재를 지내게 되는 무정(茂亭) 정만조(鄭萬朝, 1858~1936) 같은 사람이 그 대표 격이었다.

3. '만들어진 전통들'

「경학원 규정」의 제4조는 다음과 같이 경학원의 업무를 규정하고 있다.

> 제4조 경학원은 매년 춘추 2회 문묘의 제사를 거행함. 제사는 조선총독의 지휘를 받아 대제학이 이를 행하고 경학원 강사를 이에 둠.

여기서 말하는 제사가 현재 국가무형문화재 제85호로 지정되어 있는 석전대제(釋奠大祭)이다. 석전대제는 공자를 비롯한 선성선현(先聖先賢)을 기리기 위한 것이다. 조선시대 석전은 국가의 매우 중요한 행사였다. 왕조의 조상들에게 제사를 지내는 공간을 종묘(宗廟)라 하여 신성시한 것과 함께, 공자를 제사 지내는 성균관 또한 문묘(文廟)로서 지고(至高)의 권위를 부여받았다. 그래서 성균관과 그 일대는 공권력조차 미칠 수 없는 공간이었다. 오늘날 성균관대 정문 곁에 서 있는 하

[사진 3] 2013년 11월 5일 성균관대 무용학과 학생들의 공연 모습

마비(下馬碑) 그리고 문묘 서편 출입구에 붙어 있는 '한인물입(閑人勿入, 일 없는 자는 들어오지 말라)'의 표지가 그것을 증언하고 있다.

식민지시기에 거행된 석전은 조선시대의 제례 전통이 오늘날까지 이어질 수 있도록 기여했다는 점에서 나름의 의의를 인정할 수 있다. 그러나 식민지시기에 석전은 갈수록 내용과 절차가 번잡해졌으며, 끝내는 일본의 승리를 위해 공자께 제사를 올리는 형태로까지 변질되고 말았다.

식민지시기 석전의 변화는 크게 세 가지 정도로 요약된다. 거행 시간과 일시의 변경, 석전 의식의 일반 개방, 그리고 의례의 번잡화이다. 본디 조선시대 석전은 매년 봄과 가을의 중일(仲日), 음력 2월과 8일의 상정일(上丁日)에 거행되었다. 봄과 가을의 중일을 선택한 것은 봄이 소생하는 절기이고 가을은 성숙하는 절기이기 때문이었고, 정일(丁日)을 고른 것은 『주역』에 따라 만민을 교화하고 인의와 도덕을 빛내기 위함이었다. 그런데 경학원은 1937년부터 춘기 석전은 양력 4월 15일, 추기 석전은 10월 15일로 일자를 변경하여 시행하였다.

석전의 거행 시간 또한 큰 변화를 겪었다. 조선시대의 석전은 이틀에 걸쳐 진행되는 것이었다. 석전이 거행되기 전날 새벽부터 명륜당에 위패와 악기를 배열하여 예행연습을 수행했다. 저녁 11시 24분(三更一點) 무렵에 북과 징을 울리면 성균관의 재생(齋生) 전원이 일어나 세수하고 의관을 정제하였다. 경건하게 기다리다 새벽 1시 24분(四更一點)이 되면 각자의 위치로 가서 홀기(笏記)를 읽는 것으로 예식을 시작했다. 전폐례(奠幣禮)에서 망예례(望瘞禮)에 이르기까지의 의식은 엄격하게 진행되던 시기에는 해가 뜰 무렵에야 마무리되었다. 그러나 경학원의 석전은 초기에는 오전 8시에 시작하여 10시에 종료되었고, 1915년부터는 오전 9시 시작으로 고정되었다. 석전이 종료된 이후에는 강연회가 개최되었는데, 시작 전 「교육칙어(敎育勅語)」를 낭독하는 등 일본의 통치를 위한 행사로 변질되었다.

석전은 본디 성균관의 재생들이 중심이 되어 수행하는 행사였다. 오늘날로 치면 총학생회장이라 할 만한 장의(掌議)가 행사를 주도했다. 그러나 식민지시기 들어서는 경학원 소속 직원들이 주도하게 되었다. 조선시대의 석전은 일반인이 함부로 들어올 수 없는 신성한 공간인 문묘에서의 지극히 엄숙한 제례였던 반면, 경학원은 1911년부터 석전을 일반에게 공개하기 시작했다. 초기 석전에 참여한 일반인은 연평균 1,000명에 근접했으며, 1918년 9월 7일의 석전에는 2,420명이 몰려들기도 했다. 제례의 의미에 있어서 많은 부분이 퇴색되고 형식화되었으며, 또 관광자원화 되어버렸던 것이다.

그리고 경학원의 석전은 의례 절차가 번잡하게 변화되었다. 1922년부터 기존에 폐지되었던 계성사(啓聖祠)에 대한 제사가 재개되었고, 동무(東廡)와 서무(西廡)의 배향이 추가되었다. 계성사는 성현(聖賢)의 부모를 모시는 공간이다. 계성사에 대한 제사는 본 행사인 석전이 시작되기 1시간 전, 경학원의 사성(司成)급 인물이 조촐하게 거행하였다. 동무와 서무는 대성전에 봉안되지 못한 위패를 모시는 곳인데 배향되는 위패의 숫자가 늘어났다. 새롭게 배향되는 인물들의 후손의 환심을 사서 포섭하고자 하는 의도도 숨어 있었다. 그리고 1928년에는 기존의 육일무(六佾舞)를 팔일무(八佾舞)로 늘렸다. 인원수가 늘어남에 따라 행사가 더욱더 화려해 보이는 효과가 있었다.

이와 같은 변화들은 석전의 본질보다는 공연성을 극대화하는 데에 초점이 맞춰져 있었다. 당시 동아일보에 실렸던 다음 기사가 정곡을 찌르고 있다고 말할 수 있을 것이다.

조선총독부에서는 일찍 경학원을 확장하여 그 직원을 관리로 대우하였으며 지방향교에도 관선으로 직원을 임명하여 선성의 제사를 봉사하게 하였으니 그 정책이 유생의 환심을 얻기 위함에 있고 선성을 존숭함에 있지 않음은 말할 것도 없다.(『동아일보』, 1920년 7월 3일)

석전의 변질과 더불어 새로운 전통들이 만들어지기 시작했다. 먼저 석전이 새벽이 아닌 오전에 시작하게 된 것은 식민지시기부터 만들어진 '전통'이라고 할 수 있을 것이다. 다음으로 전통결혼식의 거행을 들 수 있다. 성균관에서의 전통결혼식은 2000년대 초반까지도 진행되었다. 문묘와 성균관이라는 공간의 성격을 생각해보면 심히 격에 맞지 않는다는 것을 알 수 있다. 관혼상제는 인간의 생애주기에서 매우 중요한 사건들이지만, 문묘와 성균관은 국가의 가장 신성한 공간

중 하나이다. 필부필부의 혼례를 주관하고자 한다면 각 지방의 향교에서 맡아서 하면 충분할 일이다.

경학원에서의 혼인 의례 주관은 1937년 5월부터의 일로, 문묘의 개방과 거의 동시에 추진되었다. 문묘의 개방은 일견 합리적이지만, 그 공간에서의 혼인식 거행은 기존의 신성성을 모독하는 일에 가깝다. 비슷한 예시로는 창경궁 내부에 설치되었던 동물원(창경원)을 들 수 있겠다.

4. 명륜학원의 설치

성균관의 교육기능은 1930년 4월에 이르러 제한된 형태로 회복된다. 조선왕조에서의 교육 기능이 국가경영을 위한 엘리트의 육성에 초점이 맞춰져 있었다고 한다면, 식민지시기 경학원에의 교육은 유학(儒學)의 전수에 있었다. 「명륜학원 규정」을 보면 그 점이 분명하다.

제1조 명륜학원은 유학(儒學)에 관한 교수를 하고 아울러 인격을 도야함으로써 목적함. 명륜학원은 이를 경학원에 부치(附置)함.
제3조 정과(正果)의 과목은 유학 및 유학사, 국어(일본어를 말함), 동양철학, 한문학 및 공민과(公民科)로 함. 명륜학원은 조선총독의 인가를 받아 전 항 이외의 교과목을 추가할 수 있음.
제5조 명륜학원은 생도로부터 수업료를 징수할 수 없음.

1930년은 조선이 식민지가 된 지 20년이 지난 시점으로, 이 시기에 전통적인 유학 교육을 시작한 점은 다소 의아하게 여겨진다. 이는 근대적 유학 전수기관 설치에 대한 유림들의 지속적인 요구에 대한 조선총독부의 대응이자, 1926년 한반도에 최초로 설치된 종합대학 경성제국대학의 설치와 관련하여 근대적 학문기구로 유학을 포섭하려는 목적이었다고 이해할 수 있다.

명륜학원은 제1조 마지막의 '부치'라는 단어에서 확인되듯이 경학원 부설의 하위조직이었다. 조직도상으로는 제례 기능이 교육 기능의 상위에 배치되어 있었다. 명륜학원은 경학원의 설비와 인원에 기반하여 조직되었다. 경학원 대제학이 명륜학원 총재를 겸했고, 명륜학원의 전임강사는 대개 경학원의 직책도 겸하였다. 명륜학원에는 전임강사 외에도 다수의 외부 강사들이 있었는데, 경성제국대학의 교수 및 중추원 참의, 조선총독부 시학관, 편수관 등이 임명되었다. 경성제국대학의 교수진 중 다카하시 도루(高橋亨, 1878~1967)와 후지츠카 린(藤塚隣, 1879~1948) 등이 명륜학원에 강사로 출강하였다. 경성제국대학

[사진 4] (죄) 다카하시 도루, (우) 후지츠카 린, 1938년 명륜학원 6회 졸업사진

[사진 5] 1933년 명륜학원 제2회 졸업사진. 일본인 관료와 한복을 입은 조선의 한학자들이 섞여 있다. 좌측 맨 끝의 인물이 전임강사 안인식, 우측 맨 끝의 인물이 전임강사 김태준이다.

은 오늘날 마로니에 공원 인근에 있었다. 명륜학원까지의 도보거리는 10여 분에 불과하였다.

명륜학원의 초대(初代) 총재는 당시 경학원 대제학이었던 정만조가 임명되었다. 이후 명륜학원의 총재로는 정봉시(鄭鳳時), 류정수(柳正秀), 윤덕영(尹悳榮), 박상준(朴相駿) 등으로 이어졌다. 경학원 소속 직원들은 종신직이었기 때문에 대제학의 교체는 거의 대부분 전임자가 사망할 경우에 발생했다.

개교 시점에 첫 번째 전임강사로 안인식(安寅植, 1891~1969)이 임명되었다. 이후 1931년 4월 10일 자로 김태준(金台俊), 32년 4월 18일

[사진 6] 명륜학원 제6회 졸업사진,
비천당을 중심에 놓고 졸업생들을 출신지별로 배치하고 있다

[사진 7] 1937년 11월 2일자 도봉산 원족기념, 우하단에 기둥을 붙잡고 있는 이가
전임강사 김태준, 가운데 한복을 입고 수염을 기른 이가 강사 김영의이다.

자로 김승렬(金承烈), 그리고 1936년 5월 11일 자로 김영의(金永毅)가
임명되었다.

명륜학원의 생도들은 전국 각도별로 할당된 정원수(1~3인)에 따라
도지사 추천을 받아 선발하였으나, 정원에 미달하는 경우가 태반이
었다. 가장 큰 요인은 졸업 후 취직자리가 마땅치 않았다는 데에 있었
다. 실제로 졸업자의 취업률은 50%를 겨우 넘는 수준이었고, 또 취직
할 수 있는 직장 중 명륜학원의 졸업장이 꼭 필요한 경우는 각 군면(郡

面)의 교화주사(敎化主事) 정도였다. 취직을 염두에 둔 젊은이라면 명륜학원에 지원할 이유가 별로 없었던 것이다.

교실로는 제1강학공간으로 명륜당, 제2강학공간으로 비천당이 기록되어 있지만 대체로는 비천당에서 주로 수업이 진행되었던 것으로 보인다. 오늘날 전하는 명륜학원 졸업사진의 대부분이 비천당을 배경으로 삼고 있는 것도 그러한 이유에서일 것이다. 명륜당의 경우 사무실 및 외부 손님을 맞이하는 공간으로 사용되었던 것으로 추정된다.

명륜학원의 커리큘럼은 오늘날 동양철학, 중국철학, 한국철학 등으로 분류되는 유학에 관한 지식들을 중심으로 구성되었다. 그리고 한문학 관련 과목들이 추가되었고, 일본어와 기타 시사상식 같은 내용들이 약간 더해진 것이었다. 다시 말해서, "경서와 사서, 제자백가의 책들에다가 지금의 세상의 학문을 참작한 것" 정도가 명륜학원의 교과 내용이었다.

이를 통해 반촌(泮村)에서는 끊어졌던 '경전 읽는 소리'가 다시 들려오기 시작했다. 다음과 같은 일화는 낭만적이기까지 하다.

> "일찍이 눈이 오던 밤에, 선생께서는 학생들이 하숙하고 있는 집들을 순찰하며 친히 열심히 공부하고 있는지를 점검하셨다. 김씨댁에 하숙하고 있는 조성구(趙星九)의 차례에 다다러, 문밖에서 조군이 『장자』·「제물편」을 읽는 소리를 들었다. 처음에는 구두를 잘못 읽는 곳이 많아 문밖에 서서, 제대로 읽게 되기를 기다렸다. 많은 시간이 흘러 밤 열한 시가 넘을 때까지 수십여 번을 읽은 끝에 차차 마침내 제대로 해석하게 되니, 선생의 마음은 참으로 기쁨을 이기지 못하셨다 한다. 때는 이미 밤이 깊었다."(명륜학원 졸업생 이수원이 강사 안인식의 문집에 쓴 「서문」 중)

그렇지만 이렇게 명륜학원에서 이루어진 전통 한학의 전수는 식민지 현실을 외면하는 가운데 가능했다는 점도 잊지 말아야 할 것이다. 명륜학원에서의 교육은 성균관의 교육 기능이 변화된 시대적 상황에 대응하여 다시 작동하기 시작한 것이 아니었다. 그보다는 과거의 전통 학문 전수 방식을 그대로 유지하는 가운데 약간의 덧칠을 한 것이었다.

그리고 그것은 조선총독부의 의향에 따라 좌지우지될 수밖에 없는 것이기도 했다. 이후 명륜학원은 1939년 2월 18일 명륜전문학원으로 승격되고, 1942년 3월 17일부로 재단법인 명륜전문학교 설립 인가를 받게 되지만 전시체제가 격화되면서 1943년 9월 폐교되고, 성균관의 유지(遺址)는 '황민연성(皇民練成)'을 위한 명륜연성소로 강제 전환되었다.

5. 반궁(泮宮)에 모여들었던 사람들

성균관대학교 600주년기념관 박물관 초입의 오른쪽 벽면에는 장대한 길이의 「관서악부(關西樂府)」가 걸려 있다. 보는 이를 압도하는 이 작품은 추사(秋史) 김정희(金正喜, 1786~1856) 이래 최고의 서예가로 꼽히는 검여(劍如) 유희강(柳熙綱, 1911~1976)의 작품이다. 유희강은 명륜학원 제5회(1937) 졸업생이었기 때문에 그의 사후 성균관대학교에 그의 유작들이 기증되었다.

명륜학원을 졸업한 또 다른 인물로 연민(淵民) 이가원(李家源, 1917~2000)을 들 수 있다. 이가원은 안동의 퇴계 가문 출신으로, 23세가 되던 해 서울에 올라와 명륜전문학원에 입학하였다. 이가원은 당시 명

[사진 8] 성균관대학교 박물관에 걸려 있는 검여의 글씨

류전문학원 강사였던 김태준이 쓴『조선한문학사』를 읽고 책의 잘못된 지점을 조목조목 지적하였다고 한다. 그러자 김태준은 그러한 지적을 순순히 받아들이며 책이 그토록 허술하게 출판될 수밖에 없었던 이유를 설명해 주었다. 김태준이 경성제국대학 재학 시절에 일본인 교수들이 한국문학사를 내려고 욕심을 내고 있었는데, 그는 민족의식이 발동하여 그들보다 먼저 책을 출간해야 한다는 조급함에 준비가 부족한 채로 서둘러 책을 내게 되었다는 것이었다. 김태준은 이가원에게 부디 열심히 공부하여 자신의『조선한문학사』를 뛰어넘는 연구를 이룩해 달라고 당부했다. 이후 이가원은 성균관대학교 교수와 연세대학교 교수를 역임하며 한국 한문학, 중문학, 국문학, 서예 등에 있어 거대한 족적을 남겼다.

명륜학원과 관련된 인물 가운데 가장 문제적인 사람을 꼽는다면 김태준(金台俊)을 들 수 있다. 김태준은 평안북도 운산 출신으로, 당시

[사진 9] 김태준, 1938년
명륜학원 제6회 졸업사진

한반도의 유일한 종합대학이었던 경성
제국대학을 졸업하고 같은 해 곧바로
명륜학원 강사가 되었다. 김태준은 대학
재학 시절 『동아일보』에 「조선소설사」
(1930)를 연재하며 한국 최초의 근대적
문학사를 제출하였다. 1931년 12월에
는 역시 한국 최초로 근대 학술의 관점
에서 한문학사를 정리하여 『조선한문학
사』를 발표하였다. 이후로도 꾸준히 한
국의 문화유산을 수집·정리하는 작업
을 이어나갔다.

그 가운데 대표적인 것으로 현재 2권의 잔질(殘帙)만 전하는 『식우
집(拭疣集)』을 수습한 것과 『훈민정음』 해례본을 발굴하여 간송(澗松)
전형필(全鎣弼, 1906~1962)에게 알선했던 일을 들 수 있다. 『훈민정음』
해례본은 원래 광산 김씨 종가의 소장품이었다. 그 집안의 한 사위가
훔쳐 나와 판매처를 알아보고 있었다. 만일 그대로 매매가 이루어진
다면 일본인의 손에 갈 것이 뻔한 상황이었다. 당시 김태준은 경성제
국대학의 일본인 교수와 함께 한국의 문화유산을 수집하는 프로젝트
를 수행하고 있었지만, 해례본이 일본인에게 넘어가지 않도록 전형필
을 판매자에게 소개하였고, 그 결과 다행히 해례본은 한국에 남아 있
게 되었다.

김태준은 명륜학원 재직 시절 제자들을 자신의 집으로 불러 원전
강독이나 필사와 같은 전통적인 학문 방법을 전수하였다. 현재 서강
대학교 로욜라도서관 소장 『기문(奇聞)』의 앞부분에는 "정축년(1937년)
12월 19일 반궁 제자들과 함께 필사하다. 김태준."이라는 문장이 남

아 있다. 명륜학원이 성균관의 역
사를 계승하고 있다는 의식과 더
불어, 그것을 자신의 제자들에게
전수하고 있다는 자부심을 엿볼
수 있다.

  1937년 중일전쟁 발발과 더
불어 명륜학원이 점차 적극적인
친일 기관으로 기울게 되자, 전
도유망한 젊은 학자였던 김태준
은 기존의 문화유산 수집·정리
작업에서 한 걸음 더 나아가 적
극적인 항일의 길을 선택하였다.

[사진 10] 서강대학교 소장 『기문(奇聞)』

1940년부터 그는 조선공산당 재건을 위한 경성꼼그룹에 참여하였고,
1941년 일본 경찰에 체포당했다. 감옥에서 병을 얻어 보석으로 풀려
난 그는, 한반도를 탈출하여 중국 공산당 본거지 옌안(延安)으로 갔다.
해방 후 그는 남로당 계열에서 활동하며 적극적으로 신생 민족국가를
위한 각종 문화정책을 제시하지만, 강력한 반공 정책을 추진하던 이
승만 정권에 의해 살해당하게 된다.

  이상과 같은 인물들이 친일 혐의에서 자유로운 인물이라고 한다면,
적극적인 친일 행정이 뚜렷했던 인물들도 있다. 『친일인명사전』에 경
학원 사성 이상 재직자들이 일괄적으로 등재된 것은 기본적으로는 경
학원에서 고위 직급에 이른 인물들이 적극적으로 친일 행적을 보였기
때문이다. 경학원의 초대 대제학 박제순이 을사오적의 한 사람이라는
점도 다시 한번 언급할 필요가 있겠다.

  경학원 대제학이자 명륜학원 초대 총재를 지낸 무정 정만조의 경

우를 보면, 문과 알성시 병과 급제 후 대표적인 청직(淸職)인 홍문관 부교리로 벼슬을 시작하였다. 홍문관 부수찬, 사간원 정언(正言) 등의 요직을 거쳐 동부승지로 임명되었다. 이후 대한제국기 을미사변에 연루되었다는 죄목으로 12년간 유배 생활을 했다. 식민지시기 조선총독부 도서과, 조선사편수회, 경학원 등에서 활동했으며, 경성제국대학 설립 후 대학에서 강의하기도 했다. 다수의 청요직을 역임한 것에서 엿볼 수 있듯 젊은 시절 정만조의 문재(文才)와 기개는 남달랐던 것으로 보인다. 그러나 장기간의 유배 생활과 시세의 변화는 결국 그를 식민정권과 타협하도록 만들고 말았다.

그는 뛰어난 문인으로 시(詩)에 있어서는 당대의 무적이라고 일컬어졌으며, 한문학사에 대한 식견도 높아 그가 남긴 『용등시화』는 한국 시화사(詩話史)의 말미를 장식하는 가장 이채로운 저술로 평가받고 있다. 그리고 「조선시문변천(朝鮮詩文變遷)」이라는 글에서는 조선 후기 문화계가 쇠퇴하게 된 원인을 궁구하여 '경학과 문장의 분리', '소소한 자구와 틀에 얽매이는 과거 문장의 폐해', 그리고 '당쟁'을 세 가지 병폐로 지목했다. 그리고서 지금(곧 식민지시기)에 이르러 이 세 가지 병폐가 사라졌으므로 반드시 진정한 경학과 진정한 문장이 출현할 것이라는 기대감을 표명하였다. 정만조가 진정한 경학, 진정한 문학을 바라 마지 않던 그때는 이미 하늘에는 비행기가 날고 땅에는 자동차가 달리는 세상이었다. 어쩌면 시대착오적으로 보이는 그의 논리는 친일에 대한 단순한 변명에 불과할 수도 있다. 그러나 사문(斯文)에 대한 기대와 의탁이야말로 난세의 유학자에게 남겨진 단 하나의 희망이었을지 모른다.

6. 친일과 반일이 아닌 길을 향하여

1945년 해방 후 첫 번째 추기 석전은 10월 15일 미군정의 아놀드 군정장관이 주관하는 가운데 오전 10시에 시작되었다. '10월 15일'은 식민지시기에 정해진 날짜였고, 외국인 지배자가 행사를 주관한 것도 식민지시기와 유사했다. 그나마 오전 9시에 시작하던 행사가 오전 10시에 시작된 것이 식민지시기와 차이라면 차이였다.

오늘날의 석전은 온전히 회복되었는가? 사실 어려운 질문이라고 할 수 있다. 2021년의 석전은 9월 16일, 곧 신축(辛丑)년 정유(丁酉)월 정묘(丁卯)일에 실시되어 상정일(上丁日)에 실시되던 전통을 일부 회복했다고 말할 수 있다. 다만, 시작 시간은 오전 10시로 조선시대의 그것과는 같지 않다. 그러나 무리하게 예전의 모습들을 고수할 필요는 없을 것이다. 오히려 긍정적인 변화의 흐름에 놓여 있다고 생각한다.

성균관의 역사인가 아닌가 하는 질문은 사실 잘못된 질문이다. 성균관대학교가 성균관이라는 이름을 쓰고 있는 이상, 과거 성균관의 유지(遺址)에 자리 잡고 있는 이상 식민지시기의 역사는 거절할 수 없는 자신의 일부이다. 그렇다면 더 이상 피하지 말고 식민지시기의 역사와 대면해야 할 것이다. 이를테면 식민지시기 시작된 교육과 제례 기능의 분리와 같은 문제에 대해서 실천적 고민을 시작해볼 수도 있을 것이다.

마지막으로, 식민지시기의 성균관에 모여들었던 사람들을 생각해보고자 한다. 경학원 대제학으로부터 시작하여 말단의 직원(直員), 한학이 과거의 유물로 여겨지기 시작한 시기에 이곳에 모여든 학생들, 그리고 수복(守僕)이라는 이름으로 이곳을 지켜왔던 반인(泮人)들까지. 친일과 반일이라는 이분법 속에서 잊혀진 그들의 이야기들을 들어보아야 하지 않을까. 단순하고 폭력적인 이분법을 넘어설 단서는 그곳에 있지 않을까.

[주요 참고 문헌]

윤해동, 「식민지기 유교 고등교육과 명륜전문학교」, 『한국민족운동사연구』 102, 한국민족운동사학회, 2020.

이용범, 「'한학자' 김태준에 대하여 – 經學院 直員·明倫學院 講師 재직 10년간」, 『동방학지』 186, 연세대 국학연구원, 2019.

장진영, 「일제강점기 釋奠의 변질과 해방 후의 規正」, 『고전과 해석』 17, 고전문학한문학연구학회, 2014

[사진출처]

1 – 『서울문묘 실측조사보고서(상)』, 문화재청, 2006

2 – 『서울문묘 실측조사보고서(상)』, 문화재청, 2006

3 – 사진촬영 필자

4 – 전주시민기록관 소장

5 – 성균관대학교 기록보존실 소장(등록번호 1776)

6 – 전주시민기록관 소장

7 – 전주시민기록관 소장

8 – 사진촬영 필자

9 – 전주시민기록관 소장

10 – 서강대학교 소장

목숨을 걸고 국내에 잠입하다:
김창숙의 지하운동

-임경석(성균관대학교 사학과 교수)

1. 밀입국

김창숙이 국경을 넘은 때는 1925년 8월 23일경이었다. 그의 나이 47세였다. 원기왕성한 장년기였다. 망명길에 오른 지 6년 4개월 만에 다시 고국 땅을 밟으려는 참이었다. 하지만 합법적인 귀국길이 아니었다. 행여 남의 눈에 뜨일 새라 몰래 잠입하는 길이었다.

조선으로 밀입국하려면 어느 경로를 택해야 할까? 그는 압록강을 건너기로 했다. 신의주와 건너편 중국 측 국경도시 안동 사이를 오가는 철교가 놓여 있는 코스였다. 이 철교는 일본 경찰과 헌병의 삼엄한 감시 아래 관리되고 있었다. 1909년 5월에 착공되고 1911년 11월에 준공된 이 철교는 조선총독부 철도국이 세운, 길이 944미터의 현대식 교량이었다. 다리의 중앙에는 단선 철로가 부설되어 있고, 그 양쪽에는 인도가 마련되어 있었다. 이 다리는 선박의 항행을 자유롭게 하는 회전식 교량으로도 유명했다. 다리 중간 마디를 90도 회전함으로써, 선박의 통행을 가능하게 했다. 일본 제국주의의 대륙 진출을 위해 부설된 이 철교는 해외로 망명하는 지사들과 국내로 비밀리에 잠입하는 혁명가들이 반드시 거쳐야 할 관문이기도 했다.

국경을 관리하는 신의주경찰서는 사건이 많기로 소문난 곳이었다. 1928년의 보기를 들면 1년간 관내 검거사건은 3,109건으로 조선의 모든 경찰관서 중에서 1위였다. 당연히 정치·사상범 사건도 많았다. 민족주의와 사회주의 계열의 반일 운동 사건이 끊이질 않았다. 독립운동을 탄압하는 '제령' 위반 사건과 사회주의 운동을 단속하는 '치안유지법' 사건이 각각 47건, 84건으로서 양자를 합하면 131건에 이르렀다. 그 대다수가 국경을 넘으려다가 적발된 경우였다.(「국경의 1년간 검거된 범죄 수」, 『매일신보』, 1928.12.23.)

망명지 북경을 떠나 조선으로 향하는 길에 오른 시기는 1925년 8월 초였다. 그때부터 국경을 넘기까지 어떤 역정을 겪었는지 김창숙의 육성을 들어보자.

"8월 초에 북경을 출발하여 길림(吉林)의 하얼빈(哈爾濱)을 향하니 음력 6월 하순이었다. 하얼빈에 머무르기 십여 일 만에 만주 각지의 한인 상황을 대략 알게 되었으며, 인하여 농부의 누더기 옷으로 바꾸어 입고 차편으로 안동현(安東縣)에 이르러 걸어서 압록강 철교를 건넜다."(김창숙, 「벽옹 73년 회상기」, 『국역 심산유고』, 1979, 748쪽. 이하 '회상기'라 칭함)

북경을 떠나 곧바로 신의주로 향했던 것이 아니었음이 눈에 띈다. 중간 경유지를 거쳤다. 바로 하얼빈이었다. 하얼빈은 만주 광역 철도 시스템의 한 가운데에 위치한 도시였다. 그곳에 도착한 시기는 음력 6월 하순이었다고 한다. 양력으로 환산하면 8월 초중순이었다. 하얼빈에 가야 할 이유가 무엇일까. 그곳은 북만주에 치우쳐 있으므로 경유지로는 어울리지 않는 것 같은데, 왜 그곳에서 상당 기간 머물렀을까? 뭔가 조선 밀입국에 필요한 것을 얻기 위한 목적이었을 것이다. 국경 경찰에게 제시할 신분증이나 월경 이유를 설명할 수 있는 서류 등이 필요했을 것으로 보인다. 하얼빈에 체류하는 중에 "만주 각지의 한인 상황을 대략 알게" 되었다고 술회한 것을 보면, 여러 사람을 만났음이 틀림없다.

김창숙은 10여 일 뒤에 하얼빈을 떠나, 기차 편으로 안동현에 이르렀다. 옷차림이 주목된다. 농부의 누더기옷으로 바꾸어 입었다고 한다. 아마도 계절노동에 종사하고자 만주로 넘어갔던 귀환 농민처럼 꾸몄던 것 같다. 국경을 감시하는 경찰의 눈길을 따돌리려는 계책이었다. 유학자로서의 정체성을 지니고 40여 년 살아온 장년층 남성이 어느 날 갑자기 몸짓과 어투를 농사꾼처럼 바꾸기란 쉬운 일이 아니었을 것이다. 어색하게 흉내 냈다가는 도리어 위험에 빠질 수도 있는 계획이었다.

[사진 1] 국내 잠입 전후의 김창숙

언제쯤 압록강 철교에 도달했을까. 추산해보자. 하얼빈역에 도착한 때가 음력 6월 하순이고, 경성에 도착한 때가 음력 7월 7일(양력 8월 25일)이었다. 하얼빈에서 10여 일 체류했고, 안동현 체류 기간을 단기간이라고 추정한다면, 압록강 철교를 건넌 때는 대략 8월 23일경이었다고 추정할 수 있겠다.

김창숙은 걸어서 넘기로 결심했다. 철로를 따라 기차에 탑승한 채 월경을 시도하는 것은 위험하다고 판단했다. 국경을 지키는 정사복 경관, 권총을 걸어 맨 헌병이며 세관 관리들의 삼엄한 눈초리를 벗어나기 쉽지 않았다. 철로 양쪽에 난 인도를 따라서 걷는 게 더 나았다. 허름한 농민 복장을 하지 않았는가. 돈을 아끼고자 걸어서 압록강 철교를 건너는 게 자연스러워 보였다. 물론 거기에도 검문과 감시망이 깔려 있었다. 경찰과 헌병, 그리고 그들이 경쟁적으로 운용하는 밀정들이 사방에서 활동하고 있었다. 하지만 어느 누구도 누런 베옷을 입은 40대 후반의 추레한 농민에게 깊은 주의를 돌리지 않았다.

2. 결사입국의 뜻

김창숙이 비밀스레 조선으로 되돌아온 까닭은, 그 자신의 표현에 따르면 '결사입국의 뜻'이 있었기 때문이다. 목숨을 걸고서 모험을 벌이는 목적이 있었다. 바로 독립운동자금을 모으기 위해서였다.

1924년 10월경 중국의 진보적인 군벌 펑위샹(馮玉祥, 1882~1948)이 집권해 있을 때, 김창숙은 중국 정부와 교섭하여 내몽골 미간지 3만 정보 개간권을 어렵사리 획득했다. 쑤이위안(綏遠)성 바오터우(包頭) 일대였다. 그곳에 재만주 동포를 불러 모아 농업과 군사훈련을 병행하는 둔전 농장을 개척할 수 있게 됐다. '3만 정보'란 9천만 평의 넓이로서 대농장을 경영할 만한 땅이었다. 농장 자립 기반을 확충해 가면서 사관학교도 세우고, 병농일치의 군대도 준비할 수 있었다. 중장기적 전망을 갖고서 조선 독립운동을 추진해 갈 수 있는 최선의 방안이었다.

문제는 사업비였다. 조선 농민들을 이주시키고, 가옥을 지으며, 토지를 개간하는 데에 큰 자금이 필요했다. 도합 20만 원이 들 것으로 추산됐다. 오늘날 구매력으로는 얼마나 되는 돈인가? 1919년 당시 관청 '서기'의 1개월 급여는 본봉 30원에 수당을 합하여 약 50원가량이었다. 1920년 일용노동자의 하루 품삯은 1원 내지는 1원 10전이었고, 1925년 동아일보 신문사 지방부 기자의 월급은 40원이었다. 따라서 사업비 20만 원을 오늘날 구매력으로 환산하면 대략 150~200억 원에 해당한다고 볼 수 있다.

김창숙은 국내 모금을 통해서 사업비를 마련하기로 결심했다. 조선의 유교 역량과 자신의 네트워크를 활용한다면 가능할 것 같았다. 유교 학맥으로 연결된 대지주 출신의 부호 10인에게서 1~3만 원씩 모금하고, 나머지는 각 지방 문중을 통해서 형편 닿는 대로 수백~수천 원씩 거둘 수 있다고 계산했다. 혹여 동의하지 않는 부호가 있다면 강제로라도 징수할 생각이었다. 권총 두 자루와 실탄을 구매한 까닭은 바로 그 때문이었다.

게다가 좋은 기회가 왔다. 면우(俛宇) 곽종석(郭鍾錫) 선생의 사후 6주기에 즈음하여 문집을 간행하려는 움직임이 일고 있었다. 곽종석은 그의 스승이었다. 또 1919년 파리강화회의에 조선 유학자 137명의 연명으로 독립 청원서를 제출할 때 그 첫머리에 서명한 대표 유학자였다. 그 사건으로 옥고를 견디지 못하고 순국한 애국자이기도 했다. 그래서 전국 여러 곳에서 문집 간행을 도모하기 위해서 결집하고 있었다. 김창숙은 하늘이 준 기회라고 생각했다. 이 기회를 놓쳐서는 안 되겠다 판단하고서 비밀 입국을 기획했다.

일을 함께 도모할 동지들이 있어야 했다. 국내에 잠입하여 비밀활동을 수행할 뜻 맞는 동지를 구하는 일이 난제였다. 일의 성격상 극비리에 추진해야만 했다. 북경 한인사회에도 일본 영사관 경찰의 조종을 받는 한인 밀정들이 잠재해 있었기 때문이다. 널리 동지를 탐문하는 일은 위험했다. 마음을 터놓고 협의할 만한 인사는 북경에서는 오직 단재(丹齋) 신채호(申采浩)밖에 없었다고 뒷날 김창숙은 회고했다. 심지어는 17세 중등학생인 큰아들 김환기(1909~1927)에게도 비밀에 부쳤다. 사리를 분별하기에는 아직 미숙한 나이라고 여겼기 때문이다. 큰아들은 당시 함께 살고 있었다. 바로 그해 1925년 봄에 고향인 경상북도 성주군을 떠나 아버지가 망명해 있는 북경으로 먼 길을 찾아온 터였다.

북경 한인사회에는 청년들이 있었다. 북경의 고등교육기관에 수학하러 온 유학생들이었다. 유학생 숫자는 1923년 현재 6백여 명에 이르렀다. 그중에서 중등·고등 교육기관에 재학 중인 학생이 2백여 명이고, 사관학교 생도가 70여 명이었다. 그 속에서 국내 비밀운동의 동지들이 나왔다. 북경학원 중등과에 재학 중인 송영호(宋永祜)를 비롯하여, 이봉로(李鳳魯)와 김화식(金華植)이 김창숙의 계획에 호응했다. 이들은 22~24세의 청년들로서 김창숙의 비밀 기획에 활력을 가져다 주었다. 이들이 가세한 까닭은 대농장 건립 사업의 대의와 필요성에 공명했기 때문일 것이다. 그에 더하여 출신 지역의 공통성도 영향을 미친 것으로 보인다. 이들의 출신지는 성주(김창숙), 영주(송영호), 봉화(김화식), 달성(이봉로) 등으로 모두 경상북도에 속했다. 위험한 비밀활동을 공동으로 수행하는 데에 필요한 것이 상호 신뢰감이다. 그 감정의 형성에 출신 지역의 공통성이 긍정적 역할을 했던 것 같다.

그 당시 북경에는 한인 유학생과 거류민을 연결하는 커뮤니티가 존재했다. 유학생 입학 준비를 돕는 '강습소'와 북경 거류 동포 친목을 위한 '구락부'는 그 보기다. 이 단체들은 북경 거주 한인 동포 60여 명이 설립한 것인데, 그 발기인 중에는 김창숙도 포함되어 있었다. '북경조선유학생회'라는 학생 단체도 있었다. 이 단체는 1924년 북경 거주 한인 동포 신년회를 개최했는데, 참석자 중에는 김창숙을 비롯하여 원세훈, 김천택, 서왈보 등과 같은 망명자들도 포함되어 있었다. 거류민과 유학생 사이에 일상적인 교류가 이뤄지고 있었음을 알 수 있다. 이러한 커뮤니티는 북경 거주 한인들의 소통을 원활하게 할 뿐 아니라, 비밀운동 참가자들의 결속을 돕는 역할도 했다.

세 청년은 이미 1924년부터 김창숙과 교분을 나누고 있었다. 김창숙은 기록하기를, "때때로 내가 있는 곳을 찾아와 경서의 뜻을 질문했는데, 그 질박하고 진실함이 서로 의지할 만하여" 기뻤노라고 썼다.(「회상기」, 745쪽) 경서라 함은 유학 고전을 가리킬 것이다. 이 청년들은 동아시아 고전학에도 관심을 가진, 신·구 학문을 겸비한 청년들이었다.

이들은 국내 비밀활동 계획을 입안 단계부터 함께 논의했다. 비용 조달, 권총 구매와 반입, 밀입국 방법, 선발대 파견과 같은 준비 업무에 관해서 협의했다. 나아가 결정된 사안의 집행을 나눠서 맡았다. 송영호의 경우는 선발대 역할을 맡았다. 그는 가장 먼저 조선에 입국하여 비밀운동을 준비하기 위한 자금을 조달해 왔다. 이봉로는 권총과 실탄을 구입하기 위해서 상해에 출장을 다녀왔고, 일행의 밀입국 이후에는 북경에 체류하면서 연락 업무를 주관하기로 했다. 김화식은 권총과 반일 출판물 등과 같이 위험한 물자의 국내 반입을 책임졌다. 요컨대 이 유학생 청년들은 김창숙의 비밀 기획을 현실화할 수 있는 동력을 제공했다. 이들이 없었다면 국내 모금 활동은 실행에 옮겨지지 못했을 것이다. 그뿐만이 아니다. 이 청년들은 국내 비밀운동 기간 내내 줄곧 김창숙과 거취를 같이했다. 지하운동을 위한 비밀 지도부 역할을 함께 나누었던 것이다.

3. 독립자금 모금 운동

1925년 8월 25일, 김창숙은 마침내 경성에 도착했다. 그는 시내 낙원동 소재 「평양옥」이라는 여관에 임시로 숙소를 정한 뒤, 가장 먼저 핵심 인물의 결속에 나섰다. 김창숙의 회고에 따르면, "송영호와 김화식에게 편지를 보내어 빨리 오게 하였다"고 한다. 각자 따로따로 밀입국했던 북경 동지들을 재집결시켰던 것이다.

김창숙이 염두에 둔 모금 대상자는 부자들이었다. '친지, 지인으로 재산을 많이 가진 사람들'에게서 거액 기부금을 제공받는 것이 최초의 복안이었다. 유교 학맥으로 연결되어 있는 대지주들의 협력을 받는 방안이었다. 1~3만 원씩 걸을 수 있기를 기대했다. 오늘날 구매력으로 환산하면 10~30억 원씩이었다.

김창숙은 미리 부호 명단을 확보하고 있었던 것 같다. 그 명단을 전부 확인할 수는 없지만, 재판기록과 회고록 등을 통해서 영남 일원의 리스트를 일부나마 복원할 수 있다. 아래 일람표가 그것이다.

〈표: 거액 모금 대상자 명단 (일부)〉

	부, 군	면, 리	거액 모금 대상자
1	봉화군	내성면 해저리	김뢰식(金賚植)
2		춘양면 의양리	권상경(權相經)
3		춘양면 의양리	강필(姜泌)
4	영주군	영주면	정후섭(丁厚燮)
5	안동군		권철연(權喆淵)
6	영양군	석보면 원리리	이현병(李鉉秉)
7	대구부		장길상(張吉相)
8	달성군	달서면 원대동	최해윤(崔海潤)
9	청도군	운문면 공암동	윤병권(尹炳權)
10	성주군	월항면 대산동	이기찬(李基燦)
11		월항면 대산동	이기병(李基炳)
12	진주군	수곡면	하재화(河載華)
13		수곡면	하영진(河泳珍)
14			이길호(李吉浩)
15	밀양군	단장면 단장리	허석(許鉐)

16	양산군	삼수면	정순모(鄭舜謨)
17	울산군	웅촌면 석천리	이재락(李在洛)
18	동래군	철마면 범여리	오태환(吳泰煥)

이들은 거액의 기부금을 감당할 수 있는, 큰 재력을 가진 이들이었다. 농촌 지대에 근거를 둔 대지주들이었다. 또 유교적 소양이 두터워 유학자들 사이에서도 신망이 있는 이들이었다. 보기를 들면 하재화는 진주 수곡면에 세거한 대지주이고, 김창숙의 19년 선배로 곽종석의 문하에서 동문수학한 사이였다. 더욱이 1919년 파리장서에 서명한 137인의 유학자 가운데 한 사람으로서, 대의에 헌신하는 용기도 갖춘 독립운동의 동지이기도 했다.

거액 기부금 대상자 가운데 몇몇은 김창숙의 혈연과 혼맥이 닿는 가까운 지인이었다. 보기를 들면 봉화군의 대지주 김뢰식은 김창숙의 일가였다. 의성 김씨 문중의 족숙(族叔)이었다. 진주군의 이길호도 그랬다. 그는 김창숙의 넷째 여동생의 남편이었으니 곧 매제였다. 울산군의 이재락은 김창숙과 사돈지간이었다. 그의 아들은 김창숙의 둘째 딸과 혼인을 맺은 사이였다.

면우문집간행소는 김창숙의 비밀운동에 두 가지 편의를 가져다주었다. 문집 간행은 많은 사람들이 연관을 맺어 참여하는 사업이었다. 원고를 모으고, 편집하고, 간행하는 과정에서 전국에 흩어져 있는 면우 학맥의 뜻을 모아야 했다. 면우 학맥의 제자 인명록인 「면문승교록(俛門承敎錄)」에 의하면, "면우 선생의 문하에서 가르침과 유업(儒業)을 전수받고 성심껏 열복(悅服)한 사람"은 모두 776명이었다.[1]

이들 사이에 사람과 편지, 물품이 빈번히 오가고 있었다. 이러한 환경은 비밀운동을 위한 이동·방문·회견·연락 업무에 합법적 편의를 제공했다. 군자금 모금의 비밀활동을 문집 간행을 위한 공개적 활동으로 위장할 수 있었다.

또 하나는 자금이었다. 문집 간행은 돈이 많이 드는 사업이었다. 면우 학맥의 유학자들이 간행 자금을 마련하기 위해서 기부금 염출을 논의할 터였으므로 그들을 설득하기에 좋았다. 면우 곽종석이 목숨 바쳐 추구했던 대의를 다시 한번 실행해 보자고 호소한다면, 자연스럽게 호응할 가능성이 어느 때보다 높은 기회였다.

어떻게 모금할 것인가? 거액 모금 대상자에게 자신의 간곡한 뜻을 전하는 것이 필요했다. 김창숙은 대리인을 통해서 비밀 서한을 전하는 방법을 사용하기로 했다. 해외에 파견한 '유림 대표'의 뜻을 전하는 대리인을 잘 선발하는 것이 중요했다. 쌍방의 의중을 착오 없이 전달할 수 있는 신뢰할 만한 사람이어야 했다.

김창숙은 6년 전 파리장서 운동 당시의 동지들을 규합했다. 곽종석의 조카이자 동문 2년 후배인 곽윤(郭奫), 곽종석이 사망했을 때 24세의 젊은 나이로 스승 상례의 중책을 완수한 김황(金榥)이 맨 먼저 호응해 왔다. 경남 진주 방면의 문인들을 규합하는 데 적임자인 5년 연상의 하장환(河章煥), 일찍이 북경에 망명하여 김창숙과 교류해 온 30세 청년 정수기(鄭守基), 사촌 동생 김창백(金昌百), 파리장서 운동 때부터 동지적 연계를 갖고 있던 손후익(孫厚翼), 이동흠(李棟欽) 등을 차례로 불러 모았다.

회견을 위한 장소로는 남산공원, 동대문 밖 영도사(永導寺) 등을 이

1) 「俛門承敎錄」『俛宇集』 4, 아세아문화사 영인본, 1983, 804~839쪽.

용했다. 이때 '신건동맹단(新建同盟團)'이라는 비밀결사를 결성했다는 경찰 조사 결과가 있다.[2] 이 비밀결사는 내몽골 농장개척자금을 모으기 위한 모금단체였다. 그 구성원들은 설득과 권유의 방법으로 모금하는 '모집단'과, 권총을 사용하여 폭력적으로 모금하는 '모험단'으로 이루어져 있었다. 모험단 멤버는 권총과 실탄을 소지하는 이들이었다. 끝내 자금 모집에 호응하지 않는 대지주들에게 최후의 수단으로 강압을 가하는 임무를 맡았다. 북경 유학생 그룹인 송영호, 김화식, 정수기 등이 그 역할을 담당했다.

김창숙은 대리인들을 각지에 파견했다. 대리인들은 무슨 일을 하는가? 각지의 거액 모금 대상자들을 만나서 김창숙의 친필 편지를 전하고, 회답을 받아오는 일이었다. 김황의 사례를 보자. 그는 7인의 대지주를 맡았다. 그들에게 편지를 전함과 동시에 앞뒤 정황을 구두로 은밀하게 전달했다. 유림대표 김창숙이 비밀리에 국내에 잠입해 있는데, 현재 경성에 체재 중이다, 독립운동자금을 모으고 있다, 정해진 기한까지 상경해서 김창숙과 비밀리에 회견해 달라, 상경하기 어렵다면 각자 1~3만 원의 자금을 제공해 줄 것을 바란다는 내용이었다.[3]

듣는 사람으로서는 뜻밖의 놀랍고도 충격적인 요청이었을 것이다. 그러나 당시 세태에 비춰보면 공공의 목적을 위해서 자금을 모으는 일은 자주 있는 일이었다. 1만 원 이상의 거금을 기부하는 일도 드물긴 하지만 전혀 없지는 않았다. 보기를 들면 1923년 초 경남 진주의 일신고등보통학교 설립 캠페인은 총액 50만 원을 모금하는 데 성공했고, 그중에서 1만 원 이상 거액 기부자는 13명에 달했다.

2)   남부희, 「제2차 유림단의거 연구(1)」 『경희사학』 18, 1993, 143쪽.

3)   「김창숙사건예심결정서 (2)」 『동아일보』 1928.8.10.

과업이 성사될 때까지는 적지 않은 시일이 필요했다. 안정된 은신처를 확보하는 것이 무엇보다도 중요한 일이었다. 김창숙은 1925년 9월경 여관을 나와서 셋집을 얻었다. 적선동 한적한 곳이었다. 경복궁 남서쪽 모퉁이를 감싸고 있는 곳이었다. 그는 지하운동에 요구되는 엄격한 절제력을 시종일관 유지했다. 은신처에 출입하는 사람을 극소수 필요한 동지로만 한정했다. 오직 곽윤, 김황, 송영호, 김화식 네 사람만이 때때로 연락할 수 있게 했을 뿐이었다. 그 외에는 아무도 은신처를 아는 이가 없었다.

가족과의 연락도 일체 시도하지 않았다. 사촌동생 김창백과 접선했을 때다. 그는 때마침 김창숙의 넷째 여동생이 경성에 체류 중이니 한 번 만나볼 것을 권유했다. 김창숙은 정색하면서 거절했다. "내가 이번에 온 것은 친척에게 인사를 닦기 위하여 온 것이 아니니, 비록 내 본가라 하더라도 절대 연락하지 않을 것이다. 만약 누이동생을 보더라도 나에 관해서는 말하지 말라"(「회상기」, 750쪽)고 당부했다. 소문이 돌고 돌아서 결국 일이 실패할까 염려한 때문이었다.

안전한 은신처를 마련하는 일은 여간 힘들지 않았다. 적선동 숙소에서는 예기치 않게 경찰의 기습적인 검문을 당했다. 신체만이 아니라 거처까지 수색당했고, 얼마 안 되는 소지품과 살림살이도 낱낱이 털렸다. 급기야 파출소로 연행되기까지 했다. 큰 위기였다. 하지만 침착하게 대응했던 것 같다. 미리 준비했던 가명과 서류를 내세워 일관되게 대응한 덕에 하룻밤 만에 풀려날 수 있었다. 김창숙은 다음날 새벽 신문을 읽어보고서야 비로소 자초지종을 알 수 있었다. 전날 밤에 종로 상점을 습격한 강도가 적선동으로 도망하여 자취를 감췄기 때문이었다고 한다.

즉시 거처를 옮겼다. 이번에는 다동이었다. 동서 방향으로 흐르는 청계천 초입 남측에 있는 주택 밀집 구역이었다. 그곳에서 북경 유학생 그룹의 한 사람인 김화식과 함께 거처했다.

10월에 접어들어 단풍철이 왔다. "단풍이 꽃필 때보다도 붉은" 계절이라서, 여느 해처럼 금강산에 유람객이 넘쳤다. 김창숙은 청년들에게 연락 업무를 맡기고, 사람들이 운집한 금강산으로 몸을 숨기기로 했다. 강원도 고성 온정리의 한 여관에서 십여 일 머물렀다. 어느 날 시간을 내서 유명한 구룡폭포를 둘러보려고 나들이를 했다. 유람객들이 많았는데, 아뿔싸, 얼굴을 아는 지인과 마주쳤다. 마땅히 해외에 망명 중이어야 할 사람이 아닌가? 김창숙은 못 본 체하고 속히 자리를 떴지만, 신분이 노출됐을까 우려가 가시지 않았다. 만물상이니 삼일포니 해금강이니 하는 유명한 경승지가 지척에 있지만, 바깥출입을 삼가고 방에만 틀어박혀 지냈다. 이따금 전보를 통해서 경성 청년들과 연락만 했다. 그랬더니 그것도 경찰의 눈에 띄었나 보다. 여관 주인이 넌지시 귀띔을 해주었다. 경찰이 손님을 의심하여 염탐을 서두르고 있다고. 김창숙은 그 이튿날 귀경길에 올라야 했다.

4. 파리장서 네트워크의 활용

10월 하순 즈음이었다. 김창숙은 각지 연락 상황을 점검했다. 출장을 마치고 되돌아온 파견원들의 반응은 부정적이었다. "생각하던 바와 너무도 다르다"라는 것이 대체적인 소감이었다. 분위기가 어두웠다. 김창숙은 독려에 나섰다. "쓸데없이 탄식만 한다고 어찌 일이 되겠는가?"라고 타이르면서, 모금 운동의 범위를 전국으로 확대하는 방안을 제시했다. 이미 대리인을 파견한 경상남북도에 더하여, 새로이 충청남북도, 전라남북도, 경기도, 강원도 방면으로 사람을 보냈다. 오직 평안남북도와 함경남북도만큼은 대리인을 파견하지 못했다. 아무런 연계망도 갖지 못했기 때문이다.

이때 김창숙이 활용한 네트워크는 6년 전 파리장서 운동 때 형성된 것이었다. 파리장서에는 137명의 유학자들이 서명했는데, 그들은 학맥, 혈연, 지연 등을 매개로 하여 상호 연계를 맺었다.[4] 상위 순위에 오른 서명자들은 학맥과 지연을 대표하는 유학자였다. 수석 서명자인 곽종석은 경남 서부지역과 경북 서남부 일대에서 지역적 기반이 있는데다가, 한주(寒洲) 이진상(李震相)의 학맥을 잇는 저명한 학자였다. 제2위 서명자 김복한(金福漢)은 노론 호론(湖論) 계열의 정체성을 계승하는 유학자로서 충남 일원에 지역 기반을 갖고 있었다. 제3위 서명자 고석진(高石鎭)은 면암(勉菴) 최익현(崔益鉉)의 학맥을 계승하여 전남북 일대에 지역 기반을 가진 유학자였다. 이처럼 '파리장서 네트워크'라고 이름 붙여도 좋을 전국 유학자들의 상호 연계망이 존재해 있었고, 그것이 1925년 독립자금 모금운동 당시에 다시 한번 작동되었던 것이다.

파리장서 연계망이 어떤 방식으로 전국적 범위에서 활용됐는지, 그 정황을 구체적으로 알려주는 자료는 아직 발견되지 않았다. 하지만 모금 운동의 방법은 기본적으로 같았을 것이다. 전국 대지주 명단을 미리 조사했을 터이고, 파리장서 인맥을 통하여 알게 된 모금 대리인을 각지에 파견했을 것이다.

그러나 새로운 노력을 기울였는데도 모금 실적은 쉽사리 오르지

---

4) 임경석, 「파리장서 서명자 연구」, 『대동문화연구』 제38집, 성균관대학교 대동문화연구원, 2001, 441~443쪽.

않았다. 긴 시간을 들여서 기다렸는데도 그랬다. 입국 후 4개월이 지나도록 성과는 부진했다. 민심이 1919년 3.1운동 때와 달랐다. 일신의 위해를 무릅쓰고 공공선을 증진하고자 헌신하던 혁명적 열정의 시기는 이미 지나갔다. 김창숙이 각지에 파견한 유학생·측근 등 대리인들은 이구동성으로 민심을 전했다. "백성의 기운이 이미 죽어 냉담하게 불응하는 자도 있고, 겁이 나서 불응하는 자도 있으며, 비록 응하는 자가 있다 하더라도 몇 사람의 일시 노잣돈 정도에 지나지 않으니 매우 한심합니다"(「회상기」, 753쪽)라고 말했다.

심지어 믿었던 사람들에게서 배신감마저 느꼈다. 보기를 들면 거액 모금에 선뜻 협력하리라 기대했던 경남 진주의 큰 부자가 그러했다. 그는 모금 요청을 거절했을 뿐만 아니라, 대리인 하장환을 통하여 용납할 수 없는 제안을 건네왔다. 경무국에 알선하여 신변의 안전을 보장할 터이니 그저 결심만 하라는 '귀순' 제안이었다. 그 부자는 다른 통로를 거쳐서도 뜻을 전해왔다. 면우문집간행소 실무를 주관하는 곽윤을 통해서도 그랬다. 김창숙은 분노했다. 면우 곽종석의 문인이면서 스승의 심법에 어긋난 견해를 주장하다니, 도대체 면우의 글을 간행하는 뜻이 어디에 있는가. 당장 내일이라도 간행소를 방문하여 여러 문인에게 이 일을 제소하고 간행 사업을 그만두도록 하겠다고 통박했다. 심지어 "그 친일 부호의 머리를 독립문에 걸지 않으면, 한국이 결코 독립하지 못할 것이다"라고 분노를 표현했다.

5. 최후의 일책

각별한 수단을 택해야 했다. 김창숙은 직접 전면에 나서기로 결심했다. 지난 넉 달 동안 견지해 오던, 경성에 거점을 두고서 지방 각지에 대리인을 파견하던 방식에서 벗어나기로 했다. 1925년 12월 25일 김창숙은 대구로 거점을 옮겼다. 그의 표현을 빌리자면 "최후의 일책을 결행해 보겠다"는 작정이었다.

'최후의 일책'이란 무엇을 뜻하는가? 김창숙이 직접 모금에 나서는 방안이었다. 대리인 파견 방식과 함께 자신이 직접 대상자를 설득하는 방식을 병행하기로 했다. 그 효과를 이미 경험하기도 했다. 경남 울산군의 부호 이재락을 충남 유성온천에서 직접 회견하고서 두터운 후원을 받지 않았던가. 그해 11월 12일경의 일이었다. 물론 그 사람이 최근 인연을 맺은 사돈인 까닭도 있었다. 김창숙이 북경에 망명 중이던 그해 상반기에 자신의 둘째딸 덕기가 이재락의 장남 이동립과 결혼식을 올린 바 있었다. 사돈을 융숭하게 대접하려는 이재락의 의중이 작용한 까닭도 있겠지만, 김창숙의 직접 대면이 그러한 효과를 가져왔다고도 볼 수 있었다.

대구 남산동 깊숙한 곳에 거점을 마련했다. 나이 많은 할머니가 혼자 사는 집이었다. 경상남북도 각 지역의 비밀 모금 운동을 진두에서 지휘하기에 적합한 곳이었다. 각지에 파견할 모금 대리인을 새로이 확충했다. 기존 멤버 송영호, 김화식, 정수기, 김창백에 더하여 예닐곱 사람이 가세했다. 의성 김씨 혈족의 아저씨 항렬에 해당하는 김헌식(金憲植), 셋째 여동생의 남편인 이영로(李泳魯)가 호응해 왔고, 이수기(李壽麒) · 홍묵(洪默)과 이동흠 · 이종흠(李棕欽) 형제가 전후하여 찾아왔다. 10여 명의 협력자를 독립자금 모금 운동의 동지로 획득할 수 있었다. 김창숙은 이 사람들을 경상남북도 각 군별로 세밀히 나누어 파견했다. 각지의 크고 작은 부자들 앞으로 편지를 써서 대리인들에게 휴대케 했다.

권총을 사용하는 방안도 강화하기로 했다. 여태까지는 주로 권유와 설득의 방법을 사용했었다. 유학자로서의 동질감과 파리장서 운동의 동지적 연대감에 기대는 방법이었다. 대의명분을 내세워서 진심을 전한다면 기꺼이 호응해 오리라고 기대했었다. 하지만 이제 방법을 바꿔야 했다. 강압과 폭력을 더 적극적으로 사용할 필요가 있었다.

권총 협박을 받은 지주로는 경북 영양군 석보면의 이현병, 경남 진주군 수곡면의 하재화 등이 있었다. 일본 측 관헌 자료에 따르면, 부호 이현병의 집을 방문한 이종흠이 권총을 사용했다. 두 사람의 관계가 외숙질 간인데도 그러했다. 이종흠은 그것을 꺼내 보이며 "만약 자금을 내지 않았다가는 상해에서 나온 사람들도 이와 같은 권총을 모두 가지고 있어 후환이 있으리라"고 협박했다고 한다.[5] 심지어 협박에만 머물지 않고 살해를 실행에 옮기려는 계획도 세웠다고 일본 경찰은 적었다. 모금 대상자 명단에 오른 대지주들이 두려움을 느껴야만 비로소 돈을 내놓으리라는 판단 때문이었다. 다수 부호들이 모금에 전혀 응하지 않거나 마지못해 교통비 수준의 소액 현금만 내놓는 현상을 타개하려는 방법이었다. 이때 암살 대상자로 지정된 사람은 경북 대구의 장길상, 경북 봉화군 권상경, 경남 진주의 하재화 등이었다고 한다.[6]

지하운동의 성패를 좌우하는 조건 가운데 하나는 안전한 은신처를 확보하는 것이었다. 남산동도 안전하지는 않았다. 하마터면 체포될 뻔한 위기를 겪었다. 어느 날 불시에 가옥을 방문한 일본 경찰에게서 한 시간도 넘게 심문을 받았던 것이다. 그때 닫힌 방안에서는 권총을 꺼내든 김화식이 숨을 죽이고 벽에 붙어 있었다고 한다. 바로 그날로

---

5) 「유림단사건진상 4」, 『동아일보』 1927.2.14.
6) 慶尙北道 警察部, 『高等警察要史』, 1934, 284쪽.

거처를 옮겼다. 이번에는 대구에 연접한 칠곡군 관음동의 한적한 농가였다. 그러나 그도 오래가지 못했다. 열흘쯤 지나자 이웃 마을에 소문이 나기 시작했다.

경상남도로 옮기기로 했다. 낙동강 이서 서부지방은 자신의 출신지 성주가 가깝기 때문에 비밀 운동을 하기에는 부적합했다. 낙동강 동쪽의 울산을 목표로 했다. 울산군 웅촌면 석천리에 거주하는 사돈 이재락의 집을 염두에 뒀다. 측근 이수기와 함께 양산군 물금에서 출발하는 버스를 탔다. 그러나 울산군 언양으로 향하는 도중에 교통사고를 당했다. 목적지에 못 미쳐 언양천 냇가에 이르렀을 때 버스가 5~6미터 아래로 굴러떨어졌다. 부상자가 많이 생겼다. 김창숙도 허리 부상을 입어 몸을 움직이지 못했다. 사건 현장으로 사람들이 몰려왔다. 현장 조사차 출동한 십수 명 경찰들도 있었는데, 김창숙은 자신의 정체를 알아챌 만한 얼굴 아는 자가 있는지 노심초사했다. 자기 몸 아픈 것도 잊고서 그랬다.

지하운동을 하는 처지에 부상까지 당했으니 곤란이 중첩된 꼴이었다. 거동에 지장이 없을 때까지 안전한 곳에서 건강 회복을 도모해야 했다. 가까운 곳에 손후익의 집이 있었다. 그는 일찍이 파리장서 운동 당시의 동지였고, 김창숙의 입국 초기 경성 시절부터 비밀리에 내왕하면서 모금 방법을 논의하던 협력자였다. 울산 입암리에 위치한 그의 집에 머무르면서 요양하기로 했다.

"워낙 중상이기 때문에 누워서 일어나지 못한 지가 수순(數旬)이었다. 그 부자(父子)가 극력 구호하여 밤낮없이 붙들어 앉히고 눕히며 손수 변선(便旋)까지 받아내기를 여러 달이 되었지만 권태나 고통의 기색이 없어, 비록 가족이나 처자라 하더라도 혹 미치지 못

할 바가 있었다."(「회상기」, 755쪽)

그 집에서 '부자'의 극진한 구호를 받았다고 한다. 부자란 손후익과 그의 부친 손진수(孫晉洙, 1869~1935)를 가리킨다. 두 사람은 자리에 누워 있는 김창숙의 회복을 위해서 정성을 들였다. 허리 통증으로 스스로 일어나지 못하는 김창숙을 위해서 밤낮없이 붙들어 앉히고 눕히며, 심지어 대소변까지 받아냈다고 한다. 김창숙은 깊은 감사의 정을 느꼈다. 설혹 가족이라 하더라도 그에 미치지 못할 정도였다고 회상했다. 이때 형성된 두터운 신뢰감은 뒷날 양가의 혼사가 맺어진 근거가 됐던 것 같다. 그로부터 7년 뒤인 1933년 손후익의 둘째딸 손응교(17세)가 김창숙의 둘째아들 김찬기(20세)와 결혼식을 올렸다.

김창숙은 수십 일 동안 누워서 일어나지 못했다고 한다. 경찰 기록을 보면 손후익의 집에 찾아간 시점은 1926년 2월 2일경이고, 그때부터 시작하여 3월 6일까지 머물렀다고 적혀 있다.[7] 한 달 남짓한 기간 동안 요양했던 것 같다. 김창숙은 요양 중에도 자금 모금을 위한 활동을 멈추지 않았다. 주로 울산과 양산, 동래 등과 같은 경남 동부 지구의 자산가들에게 대리인을 파견했다. 대리인 역할을 한 사람들은 요양차 은신 중인 집주인 손후익, 같은 마을의 유학자 이우락(李宇洛), 울산 석천리에 거주하는 사돈 이재락 등이었다.

비밀활동이 너무 길었을까? 일본 경찰의 수사망이 작동하고 있음이 사방에서 감지되기 시작했다. 사태가 매우 악화됐으니 하루라도 속히 해외로 다시 망명하는 것이 필요하다는 의견이 측근들로부터 접

---

7) 「김창숙사건예심결정서(4)」『동아일보』 1928.8.14.

수됐다. 김창숙은 진퇴를 결정하기 위해서 가장 가까운 동지들을 한 곳에 집결시켰다. 바로 범어사 금강암이었다.

범어사 가는 길에 김창숙은 예외적으로 가족을 한 번 상면하기로 했다. 이재락의 며느리가 된 둘째딸 덕기를 만났다. 시집간 지 이제 1년밖에 안 된 21세 앳된 딸이었다. 부녀 상봉은 한밤중에 이뤄졌다. 낮에는 손님들의 이목이 번다했고, 저녁에는 집안에서 일하는 하인들의 눈을 피해야 했기 때문이다. 이재락은 대지주이자 관변 유력자였다. 경상남도 도평의원으로 재임했고, 면협의원, 학교조합평의원, 학무위원, 군농회 부회장 등의 공직을 역임했다. 그 때문에 그의 집에는 방문객과 하인들이 많았다. 닭이 몇 홰를 친 다음에야 비로소 부녀는 한 자리에 앉았다. 14세 소녀 시절에 헤어졌다가 7년 만에 다시 만나는 자리였다. 행여 노출될 새라 북받치는 감정을 억누르고, 소리죽여서 소곤소곤 이야기를 나눠야 했다.

6. 재망명

범어사 금강암은 김창숙의 국내 은신처 가운데 마지막 장소였다. 그곳에 머문 지 10여 일 지난 1926년 3월 17일경이었다. 김창숙은 가까운 청년과 측근을 불러 모았다. 국내 잠입 이래 줄곧 거취를 같이 한 송영호·김화식·정수기를 비롯하여, 사촌동생 김창백, 울산 잠복 시절의 후원자인 손후익, 이재락, 이숙강 등 7인이었다. 독립자금 모금 운동 마지막 국면의 동지들이었다. 은밀한 회의가 열렸다. 이날 모임은 국내 비밀활동을 매듭짓는 회합이었다. 그는 동료들에게 속마음을 털어놓았다.

"나의 이번 걸음이 모험이라 하지 않을 수 없지만, 국민들이 아마도 거의 호응해 주리라고 나는 참으로 바랐습니다. 전후 8개월 동안에 육군(六軍)이 북을 쳐도 일어나지 않고, 지금 왜경이 사방으로 흩어져 수사한다고 전하니 일이 이미 실패했습니다. 나는 참으로 다시 압록강을 넘어갈 면목이 없지만, 한번 실패했다 하여 일어나지 못함은 또한 혁명가의 일이 아닙니다. 나는 앞으로도 행장을 정리하여 해외로 나가서 해외에 있는 동지들과 함께 재기할 방법을 도모할 것입니다."(「회상기」, 757쪽.)

처음 입국할 때만 해도 국민들이 호응해 주리라고 기대했다고 한다. 1919년 파리장서 운동 당시에 겪었던 혁명적 열정이 사람들의 마음속에 내연(內燃)하고 있으리라고 보았다. 그러나 실제는 달랐다. 지난 8개월 동안 정의의 군대가 아무리 북을 쳐도 민심이 일어나지 않았다. 옛 동료들의 호응은 미약했고, 망명객 김창숙의 잠행을 두려워했다. 그뿐인가. 일본 경찰이 사방으로 흩어져 수사망을 좁히고 있는 실정이었다. 막다른 길에 몰린 셈이었다. 김창숙은 입국 목적이 실패했음을 인정했다. 그는 지하운동을 종결짓고 다시 망명하겠다고 심경을 밝혔다. 밖에서 다시 국내 민심을 고무할 새로운 운동을 준비하겠노라고 말했다.

모금된 자금 총액이 얼마였는지 정확히 알 수는 없다. 기대했던 바와 같은 1만 원 이상의 고액 기부자는 한 사람도 없었다. 1천 원 이상 기부자 가운데 이름이 확인된 사람은 김뇌식 3천 원, 강필 2천 원, 이재락 1천 원 등이고, 그 외에는 몇백 원 수준이었다. 다 합해도 1만 원에 미치지 못했을 것으로 판단된다.

범어사 회합에서 최종 확인된, 반출 가능한 모금 잔액은 3,550원이었다. 목표액 20만 원의 1.8%에 지나지 않았다. 실패했다고 자인하는 것이 자연스러워 보인다. 하지만 오늘날 구매력으로 환산하면 3억~3억 5천만 원쯤 되는 돈이었다. 휴대한 채로 국경을 넘기에는 큰돈이었다. 김창숙은 일족이자 무역상인 김창탁에게 동행을 요청했다. 기차 편으로 압록강 너머 봉천까지 그 자금을 반출해 줄 것을 부탁하기 위해서였다.

그리하여 두 사람은 3월 22일 부산 삼랑진역에서 북행 열차에 탑승했다. 두 사람은 경성을 경유한 뒤 25일경에 무사히 압록강을 넘는 데에 성공했다. 뒷날 김창탁에 대한 재판 과정에서 자금 반출 경위에 관한 법정 심문이 있었다. 판사의 질문에 대해 김창탁은 도합 3,550원의 지폐를 지녔으며, "100원 지폐 20여 장과 십원 지폐로 1천 원"을 안 조끼 주머니에 넣어서 국경을 넘었다고 답했다.[8]

김창숙의 국내 비밀활동은 이례적일 만큼 장기간이었다. 경성에 도착한 1925년 8월 25일에 시작된 비합법 지하운동은 이듬해 3월 25일 출국할 때까지 만으로 7개월 동안이나 이어졌다. 잠복과 비밀 연락에 능숙한 지하운동자도 아니고, 신분을 보장해 줄 아무런 합법적 보호 장치가 없는데도 그랬다. 놀라운 현상이었다.

장기간의 비밀활동을 가능하게 해준 원동력이 있었다. 무엇보다도 먼저 다층적인 협력자들이 있었던 덕분이었다. 20대 중반의 북경 유학생 청년 그룹을 첫 번째로 손꼽을 수 있다. 송영호, 김화식, 이봉로가 그 사람들이다. 이들은 국내 비밀활동 전 기간에 걸쳐서 김창숙과 크고 작은 일을 상의했고, 거취를 함께 했다.

---

8) 「大金携帯越境」 조선일보 1927.3.19.

224

다음으로 학맥과 문중, 혼맥을 통하여 신뢰감을 형성한 측근 그룹이 있었다. 곽윤, 김황, 정수기, 이동흠과 이종흠 형제, 김창백, 이재락, 손후익 등이 그들이다. 연령층은 다양했다. 두 살 차이의 동년배(곽윤)이거나 9년(손후익), 혹은 17년 차이(김황, 정수기)의 연하자들이었다. 이들은 김창숙을 대리하여 각지를 순방하면서 자금 모금 활동을 대행했다. 거둬들인 자금을 보관하는 역할도 맡았다.(정수기) 김창숙이 뜻하지 않은 교통사고로 인해 허리를 다쳐서 요양을 필요로 할 때에는 기꺼이 자기 집을 내주기도 했다.(손후익) 모금 운동이 벽에 부딪혔을 때 권총을 사용하여 강압적 방법을 실행에 옮기는 것도 서슴치 않았다.(이종흠, 김화식, 정수기) 이들은 면우 곽종석의 문인이라는 점에서 공통성을 갖고 있거나, 혹은 김창숙과 혈연적 네트워크를 공유했다.

김창숙은 경상남북도에 걸쳐서 혈연과 지연으로 얽힌 두터운 인맥을 갖고 있었다. 그는 의성 김씨, 동강(東岡) 김우옹(金宇顒, 1540~1603)의 13대 종손이었다. 그로 인해서 문중과 친척들 사이에 큰 영향력을 갖고 있었다. 또 그의 가문은 경북 성주군 대가면 사도실 마을에서 450년 동안 대대로 세거해 온 까닭에 지역 사회에서도 우뚝한 존재였다. 경북 봉화군도 그의 지역 기반 가운데 하나였다. 아버지 김호림이 경북 봉화군 해저마을에서 성장하다가 23세 성년이 된 뒤에야 성주의 동강 김우옹 가문의 종손 자격으로 입양되어 왔기 때문이었다. 성주 사도실과 봉화 해저마을의 의성 김씨 문중은 200년 이상의 시간이 흐르는 동안 변함없이 긴밀한 유대관계를 유지했다.[9]

협력자 그룹의 전국적 분포를 가능하게 했던 조건 가운데 하나는

---

9)   최미정, 「봉화 해저마을 의성김씨 문중의 유림단 의거 참여」, 『한국독립운동사연구』 49, 2014, 96쪽.

[사진 2] 1927. 6
상해에서 체포된 김창숙

파리장서 네트워크의 존재였다. 그 덕분에 모금 운동의 범위를 영남 지방을 넘어서 전국으로 확장할 수 있었다. 관서, 관북 지방을 제외한 전국 각지에 모금 대리인을 파견했다.

요컨대 다중 동심원 같은 협력자층의 존재가 김창숙의 장기 비밀활동을 가능케 하는 조건이 됐다. 동지적 유대를 맺은 유학생 청년 그룹, 두텁게 신뢰를 쌓은 측근 그룹, 파리장서 네트워크와 전통사회의 두터운 인맥 등이 겹겹이 그를 보호했다.

장기간의 지하운동을 가능하게 한 가장 큰 동력은 김창숙 자신에게서 나왔다. 비합법 신분을 갖고서도 거주와 이동, 동지간 연락 등을 거뜬하게 수행해 낸 그의 분별력과 적응 능력이 주목된다. 게다가 지하운동자에게 요구되는 절제력이 남달랐다. 국내 거주 7개월 동안 자신의 가족을 만나본 것은 딱 한 차례에 그쳤을 뿐이다. 오직 공적인 업무 수행에만 노력을 집중했음을 본다. 그의 지위와 경력도 도움이 됐을 것이다. 파리장서 운동의 대표자로서 해외에 파견됐고, 국제사회에서 조선 유림을 대표하는 지위에 있으며, 그로 인해 일본 경찰의 집요한 추적을 받고 있는 그의 상태가 사람들에게 외경심과 두려움을 주었다. 비록 목표액에는 못 미쳤지만 적지 않은 독립자금을 모금할 수 있는 저력이 그에게 내재해 있었던 것이다.

김창숙의 비밀운동은 관련자들과 독립운동의 미래에 큰 영향을 주었다. 그가 모금한 독립운동 자금은 의열투쟁을 강화하는 데에 사용

[사진 3] 법정에 출정하는 유림단 피고인들

됐다. 대표적인 보기가 1926년 12월 28일 동양척식주식회사와 식산은행에 폭탄을 투척한 나석주(羅錫疇) 의사다. 그의 의열투쟁은 김창숙이 모금한 독립운동 자금에 힘입어서 조직된 것이었다.

독립자금 모금운동에 협력한 사람들은 고난과 희생을 치러야 했다. 김창숙이 다시 망명한 직후 경찰의 일제 검거가 개시됐다. 그가 국경을 넘은 지 불과 1주일 만에 유림단 사건의 단서가 노출되고 말았다. 이른바 '제2차 유림단 사건'이라고 불리는 독립운동 탄압사건이 터졌다. 이로 인해 40여 명의 유학자들이 경찰에게 체포되어 구금, 취조, 고문을 받아야 했다. 그중 12명은 조선총독부 법정에서 재판을 받았다. 김창숙 자신도 그 고난의 행렬에서 예외가 아니었다. 재망명 14개월 만에 상해 영사관경찰에게 체포되고 말았다.

김창숙이 이끈 유림단 독립운동은 조선 유학의 근대적 재정립에 영향력을 미칠 가능성을 갖는다. 식민지 지배하에서 조선 유학은 위기에 처해 있었다. 근현대 민족사적 과제에 대해 별다른 유효한 대응을 하지 못한 채 퇴보하거나, 또는 황도 유학 등 식민지 통치체제에 협력하는 굴절 과정을 겪고 있었다. 존재의 위기였다. 전근대 지배적 이념과 학문을 대표하던 유학이 근대 이후에도 과연 존재할 수 있는 가, 있다면 과연 어떻게 존재할 것인가? 김창숙의 비밀운동은 이 문제를 풀어갈 새로운 가능성을 개척했다. 식민지로부터의 해방이라는 근현대 민족사적 과제에 대해 유학과 유학자들이 기여할 수 있는 가능성이었다. 그런 점에서 김창숙의 독립자금 모금운동은 역사적 의의를 갖는다고 생각한다.

[주요 참고 문헌]

임경석, 『독립운동 열전』, 푸른역사, 2022.
남부희, 「제2차 유림단의거 연구(1)」 『경희사학』 18, 1993.
임경석, 「파리장서 서명자 연구」, 『대동문화연구』 38, 성균관대 대동문화연구원, 2001.
최미정, 「봉화 해저마을 의성김씨 문중의 유림단 의거 참여」, 『한국독립운동사연구』 49, 2014.

우관(又觀) 이정규(李丁奎),
김창숙과 함께 성균관대를 키우다

-오제연(성균관대학교 사학과 교수)

1. 아나키스트 독립운동가이자 교육자, 우관 이정규 *

우관 이정규(1897~1984)는 오늘날 성균관대 구성원이나 일반 대중들에게 잘 알려진 인물이 아니다. 하지만 그의 생애를 조금만 깊이 들여다본다면 그가 성균관대 교사(校史)는 물론 한국 근현대사를 이해하는 데 중요한 인물이라는 사실을 알 수 있다. 한국 아나키즘 역사에서 그의 족적은 뚜렷하며, 일제강점기에는 독립운동가로서, 또 해방 이후에는 교육자로서 많은 역할을 수행했다.

1897년 경기도 부천군에서 출생한 이정규는 관립인천상업학교를 거쳐 일본 게이오대학 예과와 학부 경제학과에서 수학했다. 그리고 1919년 3.1운동에 가담한 뒤 중국으로 망명하여 재중국조선무정부주의자연맹 등 아나키즘에 입각한 독립운동에 참여했다. 그러다 1928년 중국 상하이에서 일본 경찰에 체포되어 치안유지법 위반으로 징역 3년형을 선고받았다. 형을 마치고 출옥한 이정규는 1934년 '제일루(第一樓) 사건'에 연루되어 1938년까지 다시 옥고를 치렀다. 한마디로 일제강점기 그의 삶은 아나키스트 독립운동가로서 투쟁과 고난의 연속이었다.

1945년 해방 직후 이정규는 아나키스트 동지들과 함께 한국혁명위원회를 조직하여 중국에서 환국한 대한민국 임시정부를 지지하는 운동을 전개했다. 이렇듯 해방 이후에도 그는 아나키스트로서의 정체성을 잃지 않고 평생 관련 활동을 지속했다. 하지만 해방 후 이정규의 행적을 보면 교육자로서의 면모가 더욱 돋보인다. 1946년 국학대

* 　이 글은 오제연, 「1955년 성균관대 분규의 원인과 그 의미 - 이정규 부총장 해임 문제를 중심으로 - 」『인문과학』 86, 2022를 토대로 작성되었음.

학 출강을 시작으로 이듬해 1947년 성균관대와 인연을 맺은 이정규는, 1955년까지 부학장과 부총장으로 심산 김창숙을 보좌하며 학교를 이끌었다. 1955년 부총장에서 물러난 이정규는 이후 청주대학 학장을 맡은 뒤 1963년부터 1966년까지 성균관대 총장을 역임했다.

이정규(7대 총장 재임시절, 성균관대 기록보존실 소장)

이 글은 이정규의 생애 가운데 1947~1955년, 즉 그가 성균관대 부학장, 부총장으로 심산 김창숙을 보좌하며 중건된 성균관대의 초창기 기반을 닦았던 시기에 초점을 맞추고자 한다. 성균관대 초기 역사에서 이정규의 역할과 그 중요성은, "유문(儒門)의 독립투사 김창숙 옹의 부름을 받아 성대 운영을 맡아서 금일의 성대의 기초를 튼튼히 닦아놓은 인물"[1] 또는 "실로 오늘의 성대는 우관이 아니었다면 그 존재조차 희미했을 것"[2] 같은 당대 성균관대 동료 교수들의 평가에서 잘 알 수 있다. 1955년 이정규의 부총장 해임 사건, 즉 심산과 우관의 결별 역시 초창기 성균관대가 정체성을 확립해 나가는 과정에서 발생한 진통이었다. 그런 의미에서 이 글은 성균관대 중건 초기 학교의 두 기둥이었던 심산 김창숙과 우관 이정규의 관계를 통해 성균관대의 역사, 특히 그중에서도 이념과 정체성 문제를 이해하고자 하는 시도라 할 수 있다.

2. 독립운동으로 맺은 김창숙과 이정규의 인연

심산 김창숙과 우관 이정규는 일제강점기 중국에서 독립운동할 때부터 인연을 맺었다. 1919년 3.1운동 직후 상하이에서 대한민국 임시정부가 조직되었을 때, 김창숙은 미국에 위임통치를 청원한 대통령 이승만(李承晩)의 외교독립론에 반발하여 임시정부와 결별했다. 그리고 역시 임시정부에 비판적이었던 신채호(申采浩), 이회영(李會英) 등과 함께 베이징을 중심으로 독립운동을 활발하게 전개했다. 이 과정에서 김창숙은 신채호, 이회영은 물론 여러 아나키스트 독립운동가들과 협력했는데, 이정규도 그중 한 사람이었다.

일제강점기 독립운동에서 김창숙과 이정규의 협력 관계를 잘 보여주는 사례가 1924년 '마오얼호동(帽兒胡同) 사건'이다. 이는 김창숙

1) 손우성, 「思友: 잊을 수 없는 그때 그 친구 10」, 『경향신문』 1979년 9월 24일, 5면.
2) 박종화, 「우관 이정규 박사 回婚기념 문존 序」, 『우관문존』, 삼화인쇄출판부, 1974, 10쪽.

이 자신을 회유 포섭하려 했던 일제 밀정 김달하(金達河)를 처단하고자, 그 자금 마련을 위해 이정규 등 아나키스트 독립운동가들과 함께 마오얼호동에 사는 친일파의 집을 습격한 사건이었다. 김달하는 이상재(李商在), 이승훈(李昇薰), 안창호(安昌浩) 등과 친분을 쌓으며 자연스럽게 김창숙과도 가까워졌다. 처음에 김창숙은 풍부한 지식과 인망을 가진 김달하에 호감을 가졌다. 하지만 어느 날 김달하는 김창숙에게 독립운동을 비판하면서 고국으로 돌아가 편히 지낼 것을 권유했다. 그리고 자신이 이미 조선총독부와 접촉하여 김창숙의 처우 보장 및 경학원 부제학 자리를 약속받았다고 전했다. 김창숙은 크게 노하며 김달하를 꾸짖었다. 주변 독립운동가들에게 김달하가 일제의 밀정임을 널리 알렸고, 결국 김달하는 다물단(多勿團)에 의해 처단되었다.

이렇듯 김창숙과 이정규는 중국 베이징에서 함께 힘을 모아 독립운동을 전개했다. 그런데 마오얼호동 사건 외에 김창숙과 이정규가 구체적으로 협력한 사례는 알려진 것이 없다. 김창숙은 자신의 일제강점기 독립운동에 대해 자세한 기록을 남겼지만, 한 번도 이정규의 이름을 언급하지 않았다. 이정규 역시 자신의 독립운동에 대한 기록에서 김창숙의 이름을 언급하지 않았다. 그렇지만 1955년 1월에 열린 성균관대 이사회 당시 김창숙은 "본인이 부총장 이정규 씨와 해외에서 7~8년 동안 동거하다가 상별한 뒤 20년 만에 해방 후" 성균관대에서 다시 만났다고 발언한 바 있다(「성균관대 제5회 이사회 회의록」, 1955년 1월 8일). 이러한 정황을 미루어 봤을 때 김창숙과 이정규가 베이징에서 함께 협력하며 독립운동을 한 것은 분명하지만, 그 관계가 아주 긴밀했거나 이후까지 지속되지는 않았던 것으로 보인다. 그 이유는 분명히 알기 어려우나 아마도 두 사람의 나이 차나 생각의 차이 때문이 아닐까 싶다. 유림 김창숙과 아나키스트 이정규는 많은 부분에서 뜻을 같이했음에도 서로 이견이 있을 수밖에 없었고, 이는 훗날 두 사람이 성균관대의 기초를 함께 세워나가다가 결국 결별하게 되는 근본 원인이 되었다.

3. 김창숙의 성균관대 중건과 이정규의 참여

우리나라가 국권을 상실하고 일본에 의해 식민지배를 당하게 되면서 성균관도 큰 부침을 겪었다. 일본은 1911년 성균관을 석전 향사 중심의 경학원으로 개편하고 교육 기능을 완전히 없애버렸다. 그러다가 1930년 경학원 내 명륜학원이 설립됨으로써 교육이 다시 이루어졌다. 명륜학원은 1939년 명륜전문학원을 거쳐 1942년 명륜전문학교로 이어졌지만, 명륜전문학교는 전시체제의 극성기인 1944년 폐교되었다. 명륜전문학교 자리에는 '조선명륜연성소'가 만들어졌고, 이 상태에서 1945년 해방을 맞았다.

명륜전문학교 출신 학생과 강사들은 해방 직후 조선명륜연성소를 접수하고 '대동회(大同會)'라는 이름으로 결집했다. 이들은 김현준(金賢準), 변영만(卞榮晚)을 연이어 교장으로 영입하고 학생들을 모집하면서 학교의 재건 및 운영을 시도했다. 하지만 이러한 시도는 곧 난관에 봉착했다. 가장 근본적인 문제는 재원이었다. 명륜학원 때부터 성균관의 교육은 각 지역의 향교 재산을 바탕으로 운영되었고, 특히 명륜전문학교에 와서는 향교 재산을 바탕으로 한 재단법인으로 운영되었다. 명륜전문학교의 구조상 각 지역 향교의 재정적 지원이 없이 학교를 운영하는 것은 불가능했다. 재정을 확보하기 위해서는 각 지역 유림의 인정을 받을 수 있는 대표성이 절대적으로 필요했다. 하지만 대동회는 학교 건물만 접수했을 뿐 전체 유림의 지지를 얻어 낼 만한 대표성이 거의 없었다. 그 결과 대동회가 재건 및 운영을 시도한 학교는 재원 확보에 어려움을 겪었고, 교육 당국의 정식 인가도 받지 못했다.

이에 대동회는 유림 전체의 지지를 얻기 위해 평생을 독립운동에 헌신한 심산 김창숙에게 도움을 구했다. 이때부터 학교 설립의 주도권은 김창숙에게로 넘어갔다. 1946년 3월 13일 전국유림대표자대회에서 유도회총본부가 김창숙을 중심으로 결성되었다. 1946년 6월 28일에는 역시 김창숙을 중심으로 성균관대학기성회 발기총회가 열렸다. 김창숙이 유도회총본부를 통해 유림의 중심에 서서 성균관대 중건의 주도권을 잡으면서 대동회의 영향력은 점차 약화되었다. 그리고 1946년 9월 25일 마침내 성균관대가 중건되었다. 김창숙 주도로 중건된 성균관대는 식민지기 명륜전문학교와 같은 공간을 공유했고, 그 공간 안에 있던 시설과 학생을 계승하였다. 반면 교수진 구성에서 명륜학원 – 명륜전문학원 – 명륜전문학교 출신을 최대한 배제하고, 향교 재산에 대한 권리 확보를 통해 자율성을 획득하고자 했다.

그러나 중건하자마자 성균관대는 소위 '국대안 파동' 와중에 큰 혼란에 빠졌다. '국대안'이란 '국립서울대학교 설립안'을 말한다. 1946년 7월 13일 미군정의 문교부는 식민지기 경성제국대학의 후신인 경성대학과 9개 관립 전문학교를 통합하여 국립서울대학교를 설립하겠다는 계획을 발표했다. 하지만 국대안은 학원의 자유와 자치를 침해할 수 있었기 때문에 사회적으로 큰 반발을 가져왔다. 그 결과 동맹 휴학이 서울대를 넘어 여러 대학과 중등학교로 확산되었다. 성균관대에서도 큰 충돌이 발생했다. 국대안을 둘러싼 입장의 대립과 아울러 학내 문제에 대한 견해 차이까지 더해져 유혈 사태까지 발생했다. 이 과정에서 교수들이 일괄 사직했다. 중건 직후인 1947년 2월과

3월에 걸쳐 성균관대는 정치적 격변과 학내 갈등 및 폭력, 그리고 교수진 사임 등의 큰 위기에 봉착했다.

학교 설립을 주도한 김창숙은 이를 수습하고 안정을 가져올 새로운 인물을 찾았고, 이정규가 선택되었다. 김창숙이 이정규를 성균관대로 영입할 때 중요한 매개 역할을 했던 이는 위당(爲堂) 정인보(鄭寅普)였다. 정인보와 이정규는 1932년 중국에서 순국한 우당(友堂) 이회영(李會榮)의 영결식장에서 처음 만났다. 정인보는 이정규를 매우 신뢰하였다. 해방 직후 국학대학 학장으로 취임한 정인보는 이정규를 경제학 교수로 발탁했다. 이로써 이정규는 교육자의 길을 걷게 되었다. 얼마 뒤 성균관대가 국대안 파동으로 큰 어려움을 겪게 되자 김창숙은 이 문제를 '복심의 동지'였던 정인보와 협의했고, 결국 이정규는 1947년 3월 성균관대로 자리를 옮겼다. 일제강점기 독립운동 과정에서 그 기반이 만들어진 세 사람의 신뢰 관계는 해방 후 임시정부 중심의 정치운동에 함께 뜻을 모으면서 더욱 공고해졌고, 중건된 성균관대를 수습하는 과정에서 정인보를 매개로 한 김창숙과 이정규의 결합으로 이어진 것이었다.

4. 성균관대 초기 이정규의 활동

1947년 3월 성균관대 교수가 된 이정규는 곧 학장 김창숙을 보좌하는 학감 자리에 올랐다. 학감 명칭은 이후 부학장으로 바뀌었고, 1953년 성균관대가 종합대학으로 승격하면서 부총장이 되었다. 이정규는 줄곧 이 자리를 유지했다. 하지만 이정규는 형식적인 학내 2인자가 아니었다. 성균관대 중건을 주도한 김창숙은 학장을 거쳐 총장이 되었지만, 일제강점기 독립운동 과정에서 얻은 신체적 부자유 때문에 학내 문제에 깊이 관여하기 어려웠다. 그래서 학내 대소사는 사실상 이정규가 책임지고 처리하는 상황이었다. 그런 의미에서 이정규는 김창숙을 대신하여 성균관대 초기 역사를 주도했던 인물이라 할 수 있다.

성균관대에 부임하자마자 이정규는 국대안 파동 와중에 흔들리고 있던 학교를 안정시키기 위해 노력했다. 중건 당시의 교수진이 일괄 사직하면서 1947년 성균관대 교수진은 완전히 물갈이되었다. 이를 이끈 핵심 인물이 이정규였다. 한문학에 변영만, 국문학에 이하윤(異河潤), 경제학에 변희용(卞熙鎔), 영문학에 변영로(卞榮魯), 불문학에 손우성(孫宇聲), 한국사에 임경일(林耕一), 철학에 서천순(徐千淳) 등도 이정규와 더불어 교수진의 중심을 이뤘다. 물갈이된 교수진과 달리 강사진은 중건 당시와 큰 변동 없이 박의현(朴義鉉), 김진섭(金晉燮), 조윤제(趙潤濟), 황유일, 안호상(安浩相), 박종화(朴鍾和) 등이 주축이었는데, 그중 김진섭, 박종화, 조윤제는 이후 교수진에 합류했다.

학생들의 동맹 휴학, 학내 폭력 사태, 교수진 일괄 사직 등 큰 혼란을 겪은 성균관대는 1947년 4월 3일 비로소 학교 문을 다시 열 수 있었다. 개학일인 4월 3일 김창숙 학장은 훈사를 통해 기존 교수들의 사표 철회를 위해 노력했으나 결국 이를 수리하고 교수진을 재편할 수밖에 없었던 저간의 사정을 설명했다. 그리고 학생들에게 "고유한 숭고무비(崇高無比)한 유교 정신으로써 윤리도덕을 유일한 신조로 철두철미 노력 실천하여 나아간다면" "사상의 적(敵)도 정치의 적(敵)도 자연 물러갈 것"이라고 역설했다. 또한 학생들이 명심하고 실행해야 할 요점으로 "문묘(文廟) 삭망(朔望) 분향시(焚香時) 반드시 참배하여 존성(尊聖)의 성의를 표할 것" "교수 제(諸) 선생의 훈회(訓誨)를 성복(誠

服)하여 사생(師生)의 분의(分義)를 엄수할 것” “학우간에 보인책선(輔仁責善)의 도(道)를 강(講)하되 반드시 호양(互讓)의 정신으로 단결, 화평을 확보할 것” “학생의 본분을 엄수하여 정치적 선동에 휩쓸려들지 말 것” “등교 시간을 엄수하여 학계의 모범이 될 것” 등을 제시했다.(『성균관대학교 육백년사 天』, 성균관대학교 출판부, 1998, 336쪽)

성균관대를 시작부터 어렵게 만든 사건의 여진이 아직 완전히 사라진 것은 아니었지만, 학교가 정상화되자 학감 이정규는 교무과장 변희용과 힘을 모아 교수와 강사들에게 학과목을 배정하고 수업이 정상적으로 진행될 수 있도록 조치했다. 당시 성균관대 교수였던 이하윤은 1949년에 작성한 글에서 이러한 실천적 노력이 “이 학감의 임기응변의 포용성과 교수강사진의 상호이해로 (인한) 가족적인 분위기” 덕분에 가능했다고 설명했다. 더불어 교수회가 활성화되고 재단과의 연락도 긴밀해지면서 “각자의 의견이 학교 발전의 일조가 된다는 명랑한 건설욕까지” 생겨났다고 설명했다. 그리고 이정규를 이러한 “성대 재건의 산파역”으로 평가했다.[3] 당시 교수진의 한 사람이었던 손우성 또한 “교수들은 우관의 인덕에 모여들었으며 우관이 골라서 모아 놓았던 것이다. 한 번 모여들면 떨어져 나갈 수 없는 매력이 우관에게 있었다”고 훗날 회고했다.[4]

학교가 점차 안정을 되찾아 나가자 이정규는 부족한 시설의 확충을 위해 교사 증축에 앞장섰다. 증축된 교사에 6개의 교실이 새로 들어서자 1948학년도(9월 시작)부터 성균관대는 그동안 시설 부족으로 제약받았던 학과의 전문화에 본격적으로 나서, 문학과의 전공을 국문

---

3) 이하윤, 「도하 각 대학 순례기(2) - 성균관대학 편」, 『신천지』 1949년 10월, 200~201쪽.
4) 손우성, 「우관과 젊은이」, 『우관문존』, 삼화인쇄출판부, 1974, 428쪽.

학, 영문학, 불문학, 사학, 동양철학의 다섯으로 세분하고, 정치학과의 전공 역시 정치학, 경제학, 법학으로 세분하였다. 이로써 성균관대는 법문계통의 대학으로서 규모와 진용을 갖출 수 있었다.

그런데 기존의 성균관대 교사(校史)에서는 초창기 학과/전공 체제에 관한 서술이 다소 혼란스럽게 되어 있기에 정리할 필요가 있다. 1978년에 간행된『성균관대학교사, 1398~1978』과 1998년에 간행된『성균관대학교 육백년사, 1398~1998』에는 1946년부터 성균관대가 전문부 2학과(哲政科/經史科), 예과(豫科), 2학부(문학부: 동양철학과, 문학과, 사학과. 정경학부: 법률학과, 정치학과, 경제학과) 체제로 출범했다는 설명이 나온다. 그러나 이는 사실과 다르다. 여러 자료를 종합해 보았을 때, 처음에는 2학과(철정과, 경사과)와 예과로만 출발했다가 1947년 이정규 등이 참여한 교수진 전면 교체 뒤 철정과와 경사과가 문학과와 정치학과로 재편된 것으로 보인다.

문학과와 정치학과로 재편된 이후 성균관대의 학과/전공 체제는 세부 전공에서 다시 변화를 보였다. 정확한 분화 시점은 알기 어려우나 적어도 1948년 5월 이전에 문학과의 전공이 유교, 국문학, 사학, 외국문학으로, 정치학과의 전공이 정경, 법으로 구분되었다. 그리고 앞서 언급했듯 교사 증축을 계기로 1948년 9월 문학과와 정치학과의 전공이 더욱 세분화됐다. 1950년을 전후해서는 2개 학부(문학부, 정경학부)가 만들어졌다. 이때 문학부에는 동양철학과, 사학과, 문학과가, 정경학부에는 정치학과, 경제학과가 각각 속했으며, 그중 문학과는 다시 국문학, 영문학, 불문학 전공으로, 정치학과는 정치학, 법학 전공으로 나뉘었다. 이렇듯 성균관대는 1946년 중건 뒤 1953년 종합대학 승격 전까지 학과/전공 체제가 거의 매년 크고 작은 재편을 거듭하면서 더욱 세분화, 체계화, 격상되었고, 이는 자연스럽게 교수진 강화로 이어졌다.

이정규는 학생들도 세심하게 챙겼다. 그는 성균관대 초창기 600~700명 학생 전원의 이름을 기억하고 대충의 인물을 파악했다고 한다. 손우성의 회고에 따르면 이는 우선 "학교 경영상의 필요", 즉 중건 직후 성균관대의 위기를 불러온 "당시 학생들 사이의 좌우 분열 투쟁의 수습책을 세우기 위하여 학생들의 동태를 세밀히 파악해야 할 필요"에 따른 것이었다. 실제로 이정규는 일제강점기 독립운동 때부터 공산주의에 비판적이었고, 해방 후 좌우의 정치적 대립 과정에서 일관되게 임시정부 지지라는 우익적 입장을 견지했다. 이는 김창숙의 정치적 입장과도 상통하는 것이었다. 따라서 이정규가 성균관대에 부임했을 때 가장 신경 쓴 것이 교수진은 물론 학생 가운데 좌익계의 침투를 막는 일이었다.

이정규가 학생들을 챙긴 이유가 이것이 전부는 아니었다. 손우성에 따르면 이정규는 "무엇보다도 젊음을 사랑했으며 모든 기대를 젊음에 두었"다고 한다. 학생들의 "미세의 동태까지 구명(究明)하여 들어간 열의는 무엇보다도 젊은 하나하나에 대한 애정" 때문이라고도 했다.[5] 1954년 『주간성대』의 기사를 보면, 이정규는 "준법정신이 강하고 원칙주의자이기 때문에" "학생들 간에 고집불통"으로 통했지만, "인자한 일면이 있는 반면" "침착 냉정하고 어딘지 위압을 느끼는 그 무엇"이 있었다고 한다. 또한 학생들 역시 이정규가 "성대의 건설자"라는 점을 충분히 인정하고 있었다.[6]

이정규는 계속해서 교수진을 보강해 나가는 한편, 교사의 확장을

---

5) 손우성, 앞의 글(1974), 429~430쪽.

6) 「학생이 본 교수 – 이정규 부총장 : "성대의 건설자"」, 『주간성대』 1954년 9월 27일, 2면.

위해 웅대한 석조본관 건축을 추진하였다. 총면적 5만 8천 평에 석조 3층 양옥의 구조로 본관 1천4백 평(교무실 14개, 교실 22개), 도서관 6백 5십 평(연구실 10개, 열람실 3개), 강당 6백 평(정원 6천 명 수용)의 대공사였다. 애초 계획은 1949년 11월에 착공하여 다음 해인 1950년 6월 경에 완전히 낙성할 계획이었으나, 공사가 지연되면서 1950년 3월 18일 기초 공사를 마치고 정초식을 거행하였다. 하지만 얼마 지나지 않아 한국전쟁이 발발하면서 오랫동안 석조본관 공사는 중단되었고, 1953년 휴전과 환도 뒤에야 공사가 재개될 수 있었다.

한국전쟁 동안 성균관대는 다른 대학과 마찬가지로 임시수도 부산으로 피난을 떠났고, 교수와 학생들은 뿔뿔이 흩어졌다. 어려운 부산 피난 시절 이정규는 흩어진 교수와 학생들을 규합하여 폐허 속에서도 성균관대를 굳게 지켜나갔다. 우선 1951년 10월 부산시 부산고등학교에 천막교사를 설치하여 수업을 재개하였다. 1952년 2월에는 부산시 동대신동에 임시교사 3동을 신축하여 수업을 계속 이어나갔다. 1953년 2월에는 성균관대가 3개 대학 12개 학과 1개 대학원을 갖춘 종합대학교로 승격했다. 전쟁으로 어려운 시기였지만 오히려 교세가 확장하면서 교수진도 더욱 보강되었다. 1953년 여름 휴전이 임박하자 성균관대는 학처장회의를 갖고 학교의 서울 환도를 결정했다. 그리고 환도 책임위원으로 이정규 부총장을 선임했다. 이는 부산 피난 시절 성균관대의 지속 및 성장에 있어 이정규의 역할과 위상이 그만큼 컸다는 사실을 잘 보여준다. 서울 환도 뒤 성균관대의 정상화 과정에서도 학교의 실무를 책임진 부총장 이정규의 역할과 위상은 여전히 클 수밖에 없었다.

5. 이정규 부총장 해임

1953년 9월 서울로 돌아온 성균관대는 폐허가 된 교정과 교사를 정리하고 가교사를 세워 개강하였다. 이정규는 김창숙을 대신하여 학교를 이끌면서 1954년 문리과대학 내에 심리학과, 수학과, 물리학과를 신설하였고, 오랫동안 중단된 석조본관 건축공사를 재개하고 그 일부를 완성하는 등 교사 및 각종 시설을 계속 확충해 나갔다.

하지만 이정규는 1955년 1월 12일 갑작스럽게 부총장에서 해임되었다. 이정규를 해임한 성균관대 이사회는 후임 부총장으로 조윤제와 이인기(李寅基)를 임명했다. 10년 가까이 성균관대의 안정과 성장에 크게 기여했던 이정규의 갑작스러운 해임은 학내에 큰 파장을 일으켰다. 먼저 이정규 해임 직후 교수회의가 열려 25대 5로 이정규의 부총장 유임을 학교 당국에 요구했다. 하지만 이사회가 이를 수용하지 않자 2월 중순 30여 명의 교수와 강사들은 다시 한번 이정규의 부총장 유임과 더불어, 신임 부총장 조윤제, 이인기의 임명 철회를 요구하는 성명을 발표했다. 물론 이는 받아들여지지 않았다.

이정규 부총장 해임은 결국 학내 분규로 이어졌다. 1955년 2월 21일 오전 성균관대에서는 예년처럼 학년말 시험이 치러졌는데, 갑자기 학생 10여 명이 몰려와 시험에 응시한 학생들을 밖으로 몰아내고 폭력을 행사했다. 시험 거부를 주장하는 삐라도 살포했다. 경찰이 즉시 출동해 가해 학생 4명을 연행했으나, 교내가 소란해진 관계로 1교시 시험은 이루어지지 못했고 2교시부터 겨우 시험이 진행되었다. 사태가 커지자 2월 26일 김창숙 총장은 담화를 발표하여 "대승적 견지에서 관계 교수 제위를 전반적으로 포섭하는 원칙"과 "일시 과오를 범한 학생 수명에 대하여서도 일이 이상 더 악화되지 않을 것을 믿

고 교육자적 아량으로 관서(寬恕)할 방침"을 분명히 밝혔다.[7]

그러나 뜻밖의 문제가 겹치면서 학내 분규는 더욱 확대되었다. 1955년 3월 17일부터 성균관대 입학시험이 진행되었다. 이때 서울 형무소에서 인쇄한 영어시험지가 형무소 간수에 의해 사전 유출되어, 6명의 수험생이 컨닝 종이에 정답을 적어 시험을 치르다가 적발되는 사건이 발생했다. 이 사건으로 시험지를 유출한 간수가 구속되고 부정행위에 가담한 학생 6명 모두 합격자에서 제외되었다. 그런데 학교 간부들이 시험지 유출에 관여했다는 소문이 퍼지면서 이 사건은 이정규 부총장 해임으로 촉발된 학내 분규와 직접 연결되었다. 이정규의 부총장 해임을 반대하는 교수와 강사들은 애초부터 입학시험에 비협조적이었는데, 이 사건이 터지자 이들은 이사회는 물론 김창숙 총장을 비판하는 무기로 이를 활용했다. 일례로 1955년 7월 5일 '36교수단' 명의로 『동아일보』 광고에 실린 성명서에는, 김창숙 총장에 대해 "금춘(今春) 부총장 개임(改任) 후 귀하의 고집대로 인원 구성을 하여 입학시험을 실시하다가 시험문제의 누설로 학교의 위신을 여지없이 추락시켜도 이것은 귀하의 책임이 아니라고 생각합니까."라며 힐난하는 내용이 등장했다.[8]

이정규 해임 반대 측에서는 또한 이정규 후임으로 임명된 2명의 신임 부총장, 그중에서도 조윤제를 집중적으로 성토하였다. 이에 1955년 4월 22일 이사회는 학내 분규 수습을 위해 임명 3개월 만에 조윤제와 이인기를 부총장에서 자진사퇴 형식으로 해임했다. 그리고 당분간 후임 부총장은 임명하지 않기로 했다. 이정규의 부총장 해임

---

7) 「학교 문제 일단락, 26일 총장 담화 발표」, 『주간성대』 1955년 2월 28일, 1면.

8) 「(광고) 성명서」, 『동아일보』 1955년 7월 5일, 3면.

을 반대하는 교수와 강사들은, 조윤제가 물러난 후인 1955년 5월에도 이사장에게 항의서를 보냈다. 그 내용 가운데 조윤제 부총장이 "불필요한 신인 교수를 다수 채용함으로써 현직 교수의 교과목과 교수시간을 삭탈하고 그 교수의 직임을 강사의 직위에로 전락"시켰다는 대목이 나온다.[9] 이를 통해 이정규의 부총장 해임으로 촉발된 학내 분규의 근본 원인 중 하나를 확인할 수 있다. 이정규가 그동안 추진했던 교수진 강화 방식이 문제였던 것이다.

이정규는 교수진을 강화하면서 처음부터 학계 권위자를 위주로 하였다. 그로 인해 이미 다른 대학의 교수이면서 성균관대의 교수나 강사로 취임한 경우가 적지 않았다. 이것이 성균관대만의 문제는 아니었다. 1945년 해방 이후 상당 기간 대학교수의 보수는 물론 도서나 연구실 등 연구 인프라가 열악했기 때문에, 교수들은 여러 대학에 전임으로 겸직하는 경우가 많았다. 대학도 실력 있는 교수를 확보하기 위해 교수 겸직을 용인했을 뿐만 아니라 이를 적극적으로 활용했다.

하지만 '전임' 교수가 다른 대학과 '겸직'으로 근무한다는 것은 대학 발전의 약점이 될 수밖에 없었다. 그래서 일찍부터 정부는 교수의 '겸직'을 허용하지 말라고 각 대학에 요구했다. 대학 구성원 사이에서도 학내 역할과 정체성의 한계가 분명한 겸직 교수에 대해 불편한 시선이 존재했다. 성균관대 역시 마찬가지였다. 따라서 학계 권위자를 성균관대 교수로 끌어들이기 위해 '겸직'을 적극 활용한 이정규의 인사 방식은 비판받을 소지가 있었다. 이에 성균관대의 자주성, 정체성을 앞세운 측은 이정규 부총장 해임 뒤 신임 부총장 조윤제 등을 앞세

---

9)   김석원 편, 『성균관유도회 수난약사』, 성균관, 1962, 108쪽.

위 교수 겸직을 지양하려 했다. 반면 이정규 부총장 해임 반대 측에는 다른 대학 겸직자가 많았다. 양측이 충돌하면서 성균관대 학내 분규는 지속, 확대되었다.

그러나 이것만으로 이정규가 부총장에서 해임된 이유를 제대로 설명할 수는 없다. 인사 문제는 이정규가 부총장에서 해임된 핵심 이유였다기보다, 이후 성균관대 분규가 지속하고 확산하게 된 중요 이유였다. 그렇다면 이정규가 갑자기 부총장에서 해임된 진짜 이유는 무엇이었을까? 이와 관련하여 이정규의 부총장 해임이 김창숙을 총장에서 물러나게 하려는 이승만 정부의 정치적 공작이었다고 보는 견해가 있다. 당시 김창숙은 민주주의를 훼손하는 대통령 이승만에 대해 매섭게 비판하는 태도를 취하고 있었다. 그래서 이승만 정권은 조직적으로 김창숙을 성균관대와 유도회로부터 떼어내기 위한 첫 공작으로, 김창숙의 측근인 부총장 이정규를 해임하도록 했다는 것이다.[10]

하지만 이러한 견해는 이정규의 부총장 해임 직후 발생한 성균관대 분규 과정에서 해임 반대 측이 김창숙 총장을 비판하고 심지어 그의 퇴진까지 공개적으로 요구했던 사실과 배치된다. 아무래도 김창숙과 이정규가 각각 총장과 부총장직을 수행하는 과정에서 성균관대 운영을 둘러싸고 갈등과 대립이 있었다고 보는 것이 온당할 듯하다. 당시 성균관대 재단 이사회의 회의록을 보면, 두 사람은 성균관대에서 설립 이념인 유학 정신을 어떻게 구현할 것인지에 대한 방법론을 두

---

10) 조한성, 「1950년대 중후반기 유도회사건 연구」, 성균관대 사학과 석사학위논문, 2002; 서중석, 「김창숙의 반이승만투쟁과 정치문화」, 『이승만의 정치 이데올로기』, 역사비평사, 2005; 이황직, 『앞의 책, 『군자들의 행진 – 유교인의 건국운동과 민주화운동』, 아카넷, 2017.

고 이견이 있었다. 우선 1954년 12월 25일 김창숙이 불참한 상황에서 열린 이사회에서 부총장이자 이사였던 이정규는 유학대학 증설안을 제출했다. 이사회 역시 이에 "허다한 난관이 있을 것으로 생각하나 적극 추진하여 보기로 가결"하였다. 이때는 이승만 정권의 김창숙 퇴진 압력으로 어수선한 상황이었기에 유학대학 문제는 더 이상 논의되지 않았다.[11] 그러다가 1955년 1월 8일 김창숙이 직접 출석한 가운데 이사회가 열렸다. 이 자리에서 김창숙은 사직서를 제출하고 그 이유를 다음과 같이 설명했다.

> 본인이 부총장 이정규 씨와 해외에서 칠팔 년 동거하다가 상별한 후 이십 년 만에 해방 후 본 대학이 설립되었을 때 내가 이정규 씨를 초래하여 부학장을 임명한 것이다. 그러나 본 대학이 유림 단체의 창설된 기관인 만치, 항상 유학의 이념인 동양철학과를 잘 육성하여야 하겠다는 의견에 일치되지 못하였고, 부산 피난 중에서도 동양철학과 학점 문제로 인하여 수차나 언쟁과 충돌이 있었으나 구경 나의 의견을 반대하였었고, 금추(今秋) 대구에서 상봉 시에 유학대학의 학과 증설을 의론할 때, 즉석에서 절대 반대하였다가, 전번 이사회에서 총장 본인에게 상의 없이 유학대학 안을 돌연히 제출하는 모략 전횡 등등 기외(其外) 교수 채용에도 독재 전횡하여 심지어 좌익분자까지 나 모르게 도입하는 등 도저히 이렇게 이념이 맞지 아니함. 독재 전횡하는 부총장과는 일할 수 없으니 차라리 내가 퇴거하겠다는 것이 유일의 사표 제출한 이유이

---

11) 「성균관대 제4회 이사회 회의록」, 1954년 12월 25일.

라고 진술하다.[12]

당시 김창숙은 1953년 8월부터 대구에서 요양 중이었고 학교 업무는 이정규가 김창숙을 대신해 처리하고 있었다. 그러던 1954년 10월 이정규는 대구에서 김창숙을 만나 학교 업무를 보고하였다. 이때 두 사람은 유학대학의 학과 증설 문제를 논의하였는데, 그 구체적인 내용은 알 수 없으나 김창숙의 주장을 이정규가 "절대 반대"했던 것으로 보인다. 그리고 얼마 후 김창숙이 불참한 가운데 열린 이사회에서 이정규가 김창숙과 상의 없이 유학대학 증설안을 "돌연" 제출하자, 이에 반발한 김창숙이 사직서를 냈던 것이다.

김창숙과 이정규의 갈등 및 대립이 김창숙의 총장 사직서 제출로까지 이어지자 성균관대 재단 이사회는 두 사람을 모두 퇴석시키고 대책을 논의하였다. 여기서 "총장, 부총장 이인(二人) 간에 유도 이념으로 의견이 대립되어 있으니, 우리 전국 유림이 이 기관을 창설할 때에는 사도(斯道)의 발전과 이념을 강조하는 것이 목적인데, 이와 같은 이념으로부터 유교의 영도자와 의견이 맞지 아니"하므로 "총장의 사표를 봉환하고, 부총장에게 사표 제출을 권유"할 것을 결정했다. 그리고 가급적 원만하게 이 문제를 해결하기 위해 6인의 위원을 꾸려 김창숙, 이정규 두 사람과 접촉했다. 하지만 이정규는 이사회의 사표 제출 요구를 거부했다. 이에 이튿날 속개한 이사회는 이정규에게 "1. 유교의 이념이 박약한 점. 2. 총장의 명령에 복종하지 않은 점. 3. 총장과 이념이 부합되지 않는 점." 등 세 가지 이유를 들어 다시 한번 부총

---

12) 「성균관대 제5회 이사회 회의록」, 1955년 1월 8일.

장 사직을 권고하고, 만일 자진 사직하지 않으면 이사회 직권으로 해임하기로 결정했다.[13] 이 같은 과정을 거쳐 이정규는 부총장에서 해임되었다.

6. 성균관대의 유교 이념과 정체성

이정규의 부총장 해임은 김창숙 총장과의 갈등 및 대립에서 비롯한 것이었다. 그 갈등과 대립의 기저에는 유교 이념으로 중건된 성균관대가 현대적 대학으로 발전하는 과정에서 발생한 학교의 정체성 문제가 놓여 있었다. 현재 확인 가능한 자료로는 당시 김창숙과 이정규의 갈등에서 직접적인 원인이 되었던 동양철학과 학점 문제나 유학대학 증설안의 구체적인 내용이나 쟁점을 알기 어렵다. 일단 앞서 김창숙이 "유림 단체의 창설된 기관"인 성균관대에서 "유학의 이념인 동양철학과를 잘 육성"해야 한다고 강조한 점을 보았을 때, 또 재단 이사회가 "유교의 이념이 박약"하고 "총장과 이념이 부합되지 않는"다는 이유로 이정규를 해임한 점을 보았을 때, 성균관대의 유학 교육과 유교 이념, 즉 정체성의 유지·강화에 있어 두 사람 사이에 입장 차이는 분명히 존재했다. 이사회가 이정규를 해임하면서 "총장, 부총장 이인(二人) 간에 유도 이념으로 의견이 대립"되어 있다고 언급한 것도 이를 단적으로 드러내 준다. 단, 이정규 역시 유교적 소양을 갖춘 인물로 성균관대에서 "유학정신을 교시로 하는 대학모체인 유림사회의 충실

---

13) 「성균관대 제5회 이사회 회의록」, 1955년 1월 8일.

한 계도에 노력"했던 만큼,[14] 또 결국 이사회에 유학대학 증설안을 제출하여 추인을 받았던 만큼, 그와 김창숙의 입장 차이는 본질적인 것이라기보다 방법론적인 것이 아닌가 싶다.

유교 이념과 정체성 문제는 이정규의 부총장 해임 뒤 전개된 성균관대 분규 과정에서도 계속 표출되었다. 이정규의 후임으로 부총장에 임명된 조윤제는 취임 소감을 통해 "우리 학교가 10년이라는 세월을 두고 무사평온하게 또 일로(一路) 발전의 길을 밟아왔다고는 하더라도", "우리가 날로 '유학 정신'을 입으로 외우고 있지마는 이것을 우리 학풍에 얼마만치나 구현시키고 있는가"를 먼저 반성하자고 촉구했다.[15] 이사회 역시 조윤제 사퇴 뒤 후임 부총장을 선임하는 과정에서 "부총장은 유도 이념이 풍부한 사람을 선출"해야 함을 분명히 했다. 반면 이정규의 부총장 해임을 반대하는 측의 입장에서는, "유교 이념이 박약"하다는 이유로 이정규가 해임된 것은 결국 "고루한 유림계 인사들로부터 대학 운영에 관하여 불필요한 오해를 받은 일"에 불과했다.[16] 이는 또한 "지극히 비민주적인 유교관념으로 부당한 처사를 정당화"하는 일이었다.[17]

끝으로 성균관대 학내 분규가 지속되고 있던 1955년 4월 21일 『주간성대』는 다음과 같은 「사설」을 게재했다.

거년도(去年度) 천오백 명이었던 학생 수는 신년도에 일약 2천3백

---

14) 이방석, 「은사 우관선생의 편린을 엿본다」, 『우관문존』, 삼화인쇄출판부, 1974, 437쪽.

15) 「兩부총장제 설치, 조윤제·이인기 교수 취임」, 『주간성대』 1955년 2월 9일, 1면.

16) 이방석, 앞의 글, 437쪽.

17) 한태수, 「내가 보는 우관」, 『우관문존』, 삼화인쇄출판부, 1974, 448쪽.

명을 능가하게끔 되었다. 따라서 교수 강사의 증원, 교실 실험실 등의 증축, 기타 대학의 면모는 가속도로 변전하고 있다. 변화는 현저하고 그 과정은 강력하다. 그럼에도 불구하고 비약 성대를 감당할 만한 포부와 구상을 어디서 찾아볼 수 있을까? 성균관대학의 교육목적을 유교 정신 즉 경세제민 정신에서 찾는 것은 당연하고 또 옳으나 시대정신과 유학 정신을 여하(如何)히 합일하느냐에 대하여 누가 과연 얼마만치 창의적 또는 실천적인 역량을 발휘하고 있는가? 근본정신을 망각하고 형식존중주의는 우리 겨레에 미안한 공통된 폐단인 것을 지적하고 싶으며, 따라서 우리는 모든 사고나 행동이 좀 더 생활 본위, 실질 본위이며 구체적이라야 되겠다는 것이다.[18]

이 사설은 동서문화 교류와 민족문화의 재창조를 모색했던 이정규의 사상적 맥락과 통하는 면이 있으나, 그 의도를 명확하게 파악하기는 힘들다. 그보다 주목할 부분은 성균관대의 교육목적을 유교 이념, 특히 경세제민(經世濟民) 정신에서 찾되, 동시에 이 유교 정신을 현시대의 정신과 창의적으로 또 실천적으로 합일해야 한다는 지적이다. 유교에 바탕을 둔 근대 대학 성균관대는 처음부터 유교 이념 및 정체성 확립과 현재적 시대정신을 합일하여 발전하고자 했다. 하지만 이를 실현하는 과정에서 다양한 입장과 방법들이 제시될 수밖에 없었고, 이것이 종종 큰 갈등과 분규로 폭발했다. 1955년 1월 이정규의 부총장 해임과 이후 발생한 성균관대 분규는 그 최초의 사례였다. 그

---

18) 「(사설) 성대 건설의 당면 문제」, 『주간성대』 1955년 4월 21일, 1면.

리고 유교 이념 및 정체성 확립과 현재적 시대정신의 합일은, 성균관대 중건 후 70여 년이 흐른 지금도, 아니 앞으로도 계속 성균관대가 계속 안고 고민하고 씨름해야 할 과제라 할 수 있다.

[주요 참고 문헌]

성균관대학교 교사편찬위원회 편, 『성균관대학교 육백년사』, 성균관대학교 출판부, 1998.

성균관대학교 대동문화연구원 편, 『심산유고』, 국역심산유고간행위원회, 1979.

이문창, 『해방 공간의 아나키스트』, 이학사, 2008

이황직, 『군자들의 행진 – 유교인의 건국운동과 민주화운동』, 아카넷, 2017.

서중석, 「김창숙의 반이승만투쟁과 정치문화」, 『이승만의 정치 이데올로기』, 역사비평사, 2005

오제연, 「1946년 성균관대 중건의 연속과 단절」, 『대동문화연구』 116, 2021

조한성, 「1950년대 중후반기 유도회사건 연구」, 성균관대 사학과 석사학위 논문, 2002

산강(山康) 변영만(卞榮晚),
성균관이 배출한 예언자적 지성

-한영규(성균관대학교 국문학과 교수)

1. 명륜전문학교의 교장, 초창기 성균관대학의 교수

산강(山康) 변영만(卞榮晚, 1889~1954)이라는 문필가는 우리 문학사에서 매우 유니크한 존재이다. 우선 그의 삶의 역정 자체가 매우 특이하다고 할 수 있다. 단재(丹齋) 신채호(申采浩, 1880~1936)와 함께 수당(修堂) 이남규(李南珪, 1855~1907)의 문하에서 유교 경전과 한문 글쓰기를 배운 걸출한 제자라는 점, 그러면서 구한국 시기에 법률양성소를 마치고 20세에 판사가 되었으나 이듬해 사법권이 일제에 넘어가자 과감히 사직한 일, 독학으로 영문을 익혀 서구 문예물을 폭넓게 소화했다는 점, 평생 안정된 생활을 바라지 않은 채 갖은 지적 유력을 시도했다는 점, 그러면서 한문과 국문으로 문필활동을 활발히 펼쳐 당대에 그 명성이 높았다는 점 등은 그의 인간 자체에 매우 흥미를 유발케 한다. 그러나 변영만은 잊혀진 인물이다. 그의 동생 변영로에 견주었을 때 특히 그렇다. 변영만은 1910~30년대의 문단에서 주요한 문필가의 한 사람으로 인정되었으나, 해방 이후에는 별다른 주목을 받지 못하였다. 그러나 이렇게 변영만의 이력이 유별나고 또 잊혀진 인물이라는 점 때문에 변영만을 주목하는 것은 아니다. 무엇보다 그는 식민지 시기를 대표할 만한 문필가의 한 사람으로서, 다양하고 새로운 글쓰기를 시도한 인물이다. 그는 전근대적 한문 지식인이기도 하면서, 동시에 근대적 작가의 면모를 지녔고, 어떤 면에서는 근대문학의 주류적 지평 너머까지 모색한 측면도 존재한다. 변영만의 이력은 근대 문필가이기에 앞서, 성균관을 중심으로 한 한학(漢學) 전통의 계승자라는 점에서 더욱 주목된다. 그는 심산 김창숙과 함께 성균관대의 설립기를 대표하는 인물이기도 하다. 문필가 변영만의 성취를 살펴보기에 앞서 우선 그와 성균관대의 관계에 대해서 짚어보기로 한다.

1949년 6월 4일, 成均館 儒道敎導員 1회 졸업기념 사진. 김창숙, 김구, 변영만 등. 맨 앞줄 왼쪽에서 5번째 양복 입은 인물이 변영만. 김구는 이 사진을 찍은 20여 일 뒤 1949년 6월 26일 피살.(『5월의 문화인물 김창숙』, 문화부, 1998, 26면)

조선왕조의 최고 교육기관 성균관(成均館)은 식민지 시기에 이르러 경학원(經學院)으로 재편되었고, 그 성격이 완전히 변질되어 유교 인재 양성이라는 고유의 기능을 수행하지 못하였다. 그러다가 근대적 학교 제도가 정착되는 과정에서 경학원 역시 전문학교의 형태로 전환되게 되었다. 그리하여 1942년 3월 17일, 드디어 경학원이 폐지되고 '명륜전문학교'가 설립되었다. 초대 교장은 박상준(朴相駿, 재임 1942.5.30.~1944.9.30.)이었으며, 그후 해방이 되고 나서는 김현준(金賢俊, 재임 1945.11.~1946.2.28.)이 제2대 명륜전문학교 교장을 역임했다. 변영만은 해방 이듬해인 1946년 3월부터 명륜전문학교의 제3대 교장으로 추대되어 그해 9월 20일까지 반년 남짓 교장이라는 자리를 유지했다. 심산 김창숙은 명륜전문학교에서 성균관대학으로 전환되던 1946년 가을의 정황을 「벽옹 칠십삼년 회상기」라는 글에서 이렇게 지난 일을 떠올렸다.

> 한말에 이르러 유교가 크게 쇠퇴하자 나라에서도 역시 국학을 돌보지 않았다. 왜정 때 명륜전문학교를 설치하여 황도유림(皇道儒林)의 양성기관을 삼았는데, 각군 향교 재산의 일부를 쪼개어 재단법인을 설립해서 그 유지비로 충당했다. 왜정 말기에는 전문학교를 해산하고 학생은 병적에 편입시켰으며, 재단법인을 명륜연성소(明倫練成所)로 바꾸고 명목 없이 잡비를 뜯어내었다. 해방 후로 학생들 중에 이은홍(李殷弘)·김익환(金翊煥) 등 여러 사람이 자기네들 스스로 모여 명륜전문학원(明倫專門學院)을 설립하고, 변영만을 맞아다가 교장을 삼고 운영해 보았지만 유지할 재정이 나올 곳이 없어서, 몇 번이나 유도회 총본부에 와서 실정을 호소하였다. 그러나 유림 중에 책임 맡을 만큼 역량 있는 사람이 나오지 않고 있었다.

김창숙의 회고에 따르면 해방 직후의 명륜전문학교는 유교 이념을 대표할 만한 고등 교육기관이 아니었으며, 또 만성적 재정난에 시달리고 있었다는 것이다. 그리하여 김창숙을 비롯한 유림 세력은 1946년 6월 28일, 명륜전문학교 강당에서 '성균대학 발기총회(成均大學 發起總會)'를 개최하였다. 『성균관대학교 6백년사』(人)에 당시의 회의록이 수록되어 있는데, 그 내용은 다음과 같다.

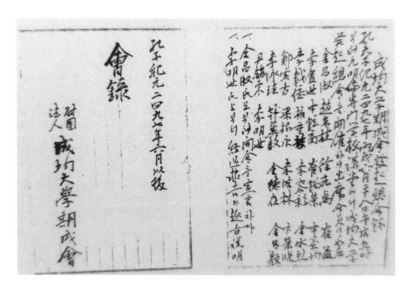
성균대학 기성회 발기총회록

공부자(孔夫子) 기원(紀元) 2497년 병술년(1946) 6월 28일 오후 5시
부터 명륜전문학교 강당에서 성균대학 발기총회를 개최하니 출
석회원이 여좌(如左).

김창숙(金昌淑), 조동식(趙東植), 서광설(徐光卨), 최익(崔益),
이경세(李慶世), 신현상(申鉉商), 최석영(崔錫榮), 신익균(申益均),
이재억(李載億), 권중협(權重協), 이용채(李容彩), 김승렬(金承烈),
정인서(鄭寅書), 양근영(梁根永), 이홍림(李洪林), 변영만(卞榮晩),
이영규(李泳珪), 한익교(韓翼敎), 김덕재(金德在), 김창은(金昌殷),
윤혁동(尹赫東), 이명세(李明世).

이 기록을 통해 당시 유림이 설립하고자 했던 근대적 대학의 최초
이름은 '성균대학(成均大學)'이었으며, 거기에 김창숙을 위시한 정인서,

변영만, 윤혁동 등의 인물이 참여했다는 것을 알 수 있다. 이 성균대학 기성회 발기인 22인의 명단에서 김창숙의 이름이 제일 첫머리에 오른 것으로 보아, 이때부터 김창숙이 당시의 유림을 대표하는 인물로 발기인 총회에서 인준되었음을 알 수 있다. 그리하여 1946년 9월 25일 자로 기존의 명륜전문학교가 사라지고, 성균관대학이 정식으로 개교하게 되었으며, 새로운 성균관대학의 학장을 심산 김창숙이 맡게 되었다. 이때까지의 성균관대학은 아직 종합대학의 규모를 갖추지는 못한 상태로 있다가, 한국전쟁 이후 1953년 3월에 이르러서야 비로소 종합대학인 성균관대학교로 승격되었다. 총장직은 계속 김창숙이 맡아, 1956년 2월까지 역임하고 퇴임하였다.

이 시기 변영만은 성균관대학의 교수로 임명되었다. 그는 1945년 9월부터 한국전쟁 직전인 1950년 5월까지 약 5년간 성균관대의 '한문학' 전공 교수를 역임하였다.(『成均館大學校史 1398~1978』「舊敎員 名單」) 즉 성균관대학교의 초창기에 교수직을 역임했던 것으로, 박종화(朴鍾和), 변희용(卞熙鎔), 손우성(孫宇聲), 신석호(申奭鎬) 등의 교수보다 선임자였던 것이다. 김창숙과 변영만이라는 두 인물은 모두 마지막 세대의 한문 지식인으로서 초기 성균관대학의 설립에 참여했다는 공통점이 있다. 다만 경상도 사족 출신의 김창숙은 당시 유림을 대표하는 인물이자 정치가로서 종합대학으로서의 성균관대학의 기틀을 마련하는 데 주력한 반면, 서울 출신의 변영만은 보다 자유로운 문필가의 입장에서 자신의 한학 지식을 매개로 하여 교육자로서 성균관대학과 깊은 인연을 맺었던 것이다.

2. 근대 문필가 변영만의 새로운 글쓰기

변영만은 1907년부터 1909년까지 10여 편의 애국계몽적 논설과 2권의 제국주의 비판서를 역술(譯述)하였다. 변영만은 특히 전 세계를 대상으로 세력 확장을 꾀하는 열강의 제국주의에 주목하여 이를 '20세기의 대참극(大慘劇)'이라 비판하고, 금력정치(金力政治), 군비정책(軍備政策), 제국주의(帝國主義)가 당대에 출현한 '3가지 괴물'이라고 설파하였다. 그리하여 우리가 국가를 이루려면 실력을 갖춰야 하고, 그러기 위해서는 공업과 상업을 발전시키며 아울러 교육을 진흥시키는 데 분투해야 한다고 역설하였다. 즉 민족국가와 근대적 문명의 건설을 촉구하는 계몽적 성격의 문필 활동을 펼쳤던 것이다.

1909년 일제의 사법권 침탈에 항의하여 판사직을 자발적으로 사임한 이후, 변영만의 20대는 유력(遊歷)의 시기였다. 중국에서 돌아와 긴 침묵 끝에 1923년 『동명』에 「위선(僞善)의 세대냐 위악(僞惡)의 세대이냐?」를 발표하기까지 이 15년의 세월은 변영만의 의식에 많은 변화를 가져왔다고 여겨진다. 무엇보다 변영만의 관심이 제도나 정법(政法) 등의 국가와 사회에 관한 관심에서 문예와 문명 등의 인문적(人文的) 의제로 옮겨갔던 것이다.

1) 서양 문예의 탐독과 동서 회통의 추구

근대 전환기의 문필가 변영만의 독특한 빛깔은 주로 독서를 통해 형성되었다. 그는 특히 마지막 한문 세대이면서도, 스스로 영문(英文) 서적을 읽어 서양 문예에 대한 굉박(宏博)한 식견을 쌓았다. 그리하여 동서의 종교와 문명이 지닌 여러 특성을 탐구한 결과 자득(自得)의 안목을 갖추게 되었다. 이러한 시야를 통해 당시 세태의 어두운 부면을 통렬히 비판하고 민족의 밝은 미래상을 모색하였다. 1920년대 잡지『동명』에 발표한 만문(漫文)과 1930년대 신문에 연재한 '색안경(色眼鏡)' '파심어(婆心語)' 등의 연재물이 대체로 이러한 비판과 모색의 결과에 해당한다. 서양 문예에 대한 변영만의 식견은 우리의 일반적 예상을 뛰어넘는 면이 있는 듯하다. 그는 20대부터 영문을 독학하였고, 30대에 들어서는 예이츠 등의 영시를 번역 소개한 바 있다. 변영만은 1923년 윌리엄 블레이크(William Blake 1757~1827)의 시집에서 잠언(箴言)을 발췌하여 번역 발표하였고, 니체(Friedrich Nietzsche)의 잠언집『짜라투스트라는 이렇게 말했다』같은 책에 경도되었으며, 파스칼(Blaise Pascal 1623~1662)의 수상록에 대해 언급을 남기기도 하였다. 그런데 그가 서구의 문인 가운데서도 특히 블레이크의 시를 애호한 점은 특기할 만한 사항이다. 변영만은 블레이크의 민중적 감수성, 산업문명의 비인간화에 대한 비판, 종교적 경건성, 예언자적 통찰력 등에서, 많은 계발을 받은 것으로 여겨진다.

사마천, 괴테, 블레이크 등은 금(今) 소위 고대인이나 근대인 이상의 근대인이오. 쇼·웰스·롤랑 등은 자칭 근대인이나 고대인 이상의 고대인이다. 차리현현(此理玄玄), 무인지지(無人知之).

서양 문예의 성대함은 동양에 뒤지지 않는다. 그런데 저들에게는 한 사람의 굴원(屈原)이 없고, 한 사람의 사마천(史馬遷)이 없을 따름이다. 그러나 영국의 셰익스피어(Shakespere), 독일의 괴테(Goethe) 같은 이는 또한 동방에 없는 바이다. … 대개 동양의 성인과 서양의 성인은 그 심성과 술지(術志)가 일찍이 일치하지 않은 것이 없었고, 동양의 문장과 서양의 문장은 그 성광(聲光)과 신미

(神味)가 서로에게 발명될 수 있지 않음이 없다. 그런데 식견이 없는 무리들은 무무(貿貿)하게 배척하여 말하길 "게 걸음 같은 모양의 글자[英語]는 선왕(先王)이 남긴 바가 아니라 읽을 수 없다."라고 한다. 그렇다면 창힐(蒼頡)의 문자는 유독 우리 선왕의 문자란 말인가! -「私記」15

이렇게 변영만은 실로 서양 고전에 해박했고, 특히 니체·블레이크·괴테 등에 경도되어 있었다. 따라서 하늘이 인재를 내는데 꼭 동방에만 한정 짓지 않았다는 것을 알게 되었다는 말은 경험에 입각한 솔직한 발언이었다. 변영만은 마지막 세대의 한문 지식인이면서도 서양 문예에 깊은 식견이 있어 이를 통해 다시 한문 문장을 짓기도 하였다. 그 결과 그는 "동서양의 문학을 섭취하여 한문학의 새 경지를 개척하였다."라는 평가를 받기도 한다. 그런데 그의 한문 문장이 자구(字句)의 차원을 넘어 컨텍스트에서 서양 문예를 어떻게 습합시켜 새로운 경지를 산출했는지를 규명하기란 매우 쉽지 않은 일이다. 다만 한문 문장에서 서양 문예를 논하고 다룸으로써 그 취재의 범위가 종래보다 확장된 면이 있는 것은 분명하고, 또 그의 한문 문장이나 국문 글쓰기가 기존의 전통적 글쓰기와 구별되는 새로운 빛깔의 작품들을 창조해 내었다고 할 수 있다. 이는 동시대의 조긍섭(曺兢燮)·하겸진(河謙鎭)·정인보(鄭寅普) 등과는 확실히 구별되는 지점이다. 서양 문명이 동아시아에 본격적으로 밀려들던 이 시기에 수세적 입장이 아닌 보다 적극적인 자세로 서양의 학술 문예를 탐독하고 이를 자신의 글쓰기에 융합시켰다는 점은 한국 근대 지성사에서 매우 희귀하고 주목할 만한 사례이다.

2) 식민지근대 비판과 새로운 문명 대안의 모색

변영만은 20대 초반의 계몽적 지식인에서 점차 식민지 근대문명을 비판적으로 성찰하는 방향으로 나아갔다. 산강은 30대에 접어들어 근대문명에 대한 회의와 성찰, 그리고 새로운 문명 대안의 모색을 자신의 문필 활동의 중심 의제로 삼기 시작하였다. 그런데 그의 근대문명에 대한 회의와 비판은 몇 차례의 굴곡을 거치면서 진행되었다. 한문 글쓰기를 통해 1923~25년 무렵에 처음으로 문제제기를 하였다.(「書感示友」) 다음으로, 1931~32년에 이르러서는 주로 국문 만문(漫文)을 신문·잡지에 발표하게 되면서 그가 구상하는 문명의 대안이 보다 구체적인 상을 갖고서 드러나게 된다.(「도깨비 타령」, 「求職難 문제의 해결」) 이 시기 근대문명을 비판하는 수위가 한층 높아졌다. 세 번째는 1936년을 전후하여 한문 문장과 국문 글쓰기로 동시에 나타난다.(「관생록」「청빈의 복음」) 이런 과정에서 문명 대안의 모색은 점차 구체화되면서 일국적인 차원으로 수렴되는 경향을 보였다.

인도에 비타협을 주장한 이가 있는데, 그에 대한 칭송이 온 세계에 알려져 있으니 그 사람은 간디 씨이다. 그가 말하는 비타협이라는 것은 영국인에게 타협하지 말자는 뜻이다. … 전 세계에 유럽화가 크게 유행하면서 오직 물질만을 숭상하니, 우리 아시아 사람들은 이미 그 재앙에 싫증을 느끼고 그 해독에 병이 들었다. 저 유럽인들이 가는 곳에는 산을 깎고 언덕을 뚫어 석탄과 철, 금은 보화를 발굴하고 수색하여, 지형을 크게 훼손하여 거의 완전한 땅이 없을 정도이다. 또 널리 공장을 짓고 웅거하여 화력의 큰 기계를 설치해 두고 밤낮으로 남녀를 몰아 제조에 종사하도록 하여,

이에 매연이 사방에 덮이고, 벼락같은 소리가 하늘까지 닿으니 이
것이 과연 모두 무엇을 하자는 것인가?

이 「물협설(勿協說)」이라는 한문 산문은 간디의 비타협주의를 소개
하고 옹호한 글이다. 산강은 우선 간디의 주장에 전폭적인 동의를 표
하였다. 그는 자기의 의견을 개입시키지 않으면서, 간디의 주장을 하
나하나 빠짐없이 소개하였다. 이는 산강의 다른 문장에 비해 매우 예
외적인 방식을 취한 것으로써, 그만큼 간디의 주장에 큰 의미를 부여
한 것이라고 해석된다. 그리고 끝에 논찬을 붙여 "간디의 뜻은 진실로
빛나고 위대하다. 그 풍의(風儀)를 듣고 떨쳐 일어날 사람들이 있을 것
이다."라는 확신을 덧붙였다. 영국을 위시한 유럽 문명의 폭력성을 비
판하는 간디의 외침은 곧바로 일본도 영국과 다를 바 없다는 연상을
가능케 하였다. 즉 식민지 문명을 거부하는 하나의 저항 방법을 간디
를 통해 인식하게 되었다. 그러나 정치적 운동보다 문화적 감화를 우
선시하는 산강에게 간디의 투쟁이 원용되기는 어려웠다. 그 자신 간
디의 방식이 조선에서 통용될 수 있다는 데에는 회의를 표하였다. 다
만, 산강이 이후 보다 구체적이고 일국적인 차원의 문명 대안을 모색
할 때, 간디의 이러한 통찰이 매우 중요한 시사점을 제공했다고 판단
된다.

가만히 생각해보면 세계는 장사꾼의 세계이다. 도의와 훈업, 기절
(氣節)과 강개(慷慨), 빼어난 흥취[逸興]와 독자적 기예(技藝)를 가진
자들은 모두 장사꾼의 부류이다. 성현·호걸과 영웅·지략가, 지
인(志人)과 열사(烈士), 명성이 높은 문객(文客)과 술사(術士)들도 모
두 장사꾼의 무리일 따름이다. … 진실로 여기에 이르려 한다면

세 가지 문이 있는데, 정법(政法)은 여기에 포함되지 않는다. 작업(作業)과 문예와 음악이 그것이다. 작업의 문으로 들어가면 간사하고 망령됨이 없어진다. 문예의 문으로 들어가면 속되고 부족함이 멀어진다. 음악의 문으로 들어가면 집요함이 끊어질 것이다. 집요함이 끊어지면 황홀하게 되니 그런 뒤라야 성스럽고 엄하게 된다. 속되고 부족함이 멀어지면 깊고 이해심이 생기니 그런 뒤라야 밝고 움직이게 된다. 간사하고 망령됨이 없으면 감격하니 그런 뒤라야 사랑하고 측은하게 여기게 된다. 사랑하고 측은하게 여기며 밝고 약동하며 성스럽고 엄한 세상이라면, 어찌 훔치고 굶주려 고달프고 병들어 근심하는 것을 걱정함이 있겠는가!

이 「감회를 적어 친구들에게 보인다(書感示友)」라는 글은 그가 중국 유력에서 돌아와 5년여를 침묵하다가 1923년 1월 『동명』지에 한문으로 발표한 글이다. 여기에서 변영만은 자신의 향후 비전을 장중한 어조로 서술해 놓았다. 이 글에서 그는 1923년의 시점에서 현실의 세계가 장사꾼의 세상이라고 단언하였다. 세상에서 훌륭하다고 평가받는 성현과 호걸 역시 본원의 눈으로 보면 이익을 바라는 장사꾼이라는 것이다. 모두 세간에서 세속적 가치를 추구하며 장사꾼의 논리를 가지고 살고 있기 때문이다. 이런 세상을 타파하고 도달해야 할 세상은 굶주림과 근심이 없는 평화로운 안식의 세상이다. 산강은 이상적 세계를 스스로 '영경(靈境)'이라고 표현하였다. 다분히 몽환적 어조로 말하고 있지만, 이를 몽상 그 자체라고 치부할 수는 없을 듯하다. 이 영경에 도달하기 위한 관문으로는 작업(노동)과 문예와 음악이 있다고 했다. 즉 노동의 신성함과 문예의 고상함 그리고 음악의 예술성이 장사꾼 세상의 천박함으로부터 벗어나는 길이라고 하였다. 사람의 마음을 선하게 만드는 이 길에 정법 즉 제도나 규율이 할 수 있는 역할은 없게 된다. 산강이 이와 같은 포부를 제시하는 의도는 무엇일까? 우선, 문장가로서 자신에 대한 다짐일 것이다. 즉 세속화되지 않으면서 많은 사람의 마음을 정화시키는 일에 진력하겠다는 각오로 해석된다. 그는 선배인 조긍섭에게 보낸 편지에서, 유가의 도를 담은 문장보다는 음악과 경색(景色)처럼 풍속을 선하게 하는 바의 자신만의 문장을 쓰겠다고 밝힌 바 있다. 요컨대 오직 문장으로 심미적 정화와 희열을 추구하겠다는 결의인 것이다. 다음으로, 장사꾼의 논리를 받아들일 수 없다는 것은 현재의 문명이나 체제와의 영합을 전면적으로 부정하는 길로 이어진다. 산강 자신은 스스로 이러한 비타협의 절의를 지키고자 하였다. 그렇게 할 수 있었던 힘은 자본의 논리가 전일화된 비참한 식민지 현실에 당면하여, 고통과 죽음이 드리운 사람들을 대안의 지평에 이르게 해야 한다는 절박한 사명감이 작용했다고 여겨진다. 그는 식민지 문명을 부정하면서 근원적 차원에서 문명 대안을 모색하려 했던 것이다. 변영만은 자신의 식견을 바탕으로 하여 당시 세태의 어두운 면모를 서슴없이 비판하였다.

> 목하(目下) 소위 우세가(憂世家)들이 인심(人心)의 일부일(日復日) 각일각(刻一刻)으로 험악화(險惡化)하여감을 개탄하는 모양이다. 나는 개탄치 아니하노라. 대저 험악이란 것은 결단코 오인(吾人)이 상상하는 바와 같이 못 견딜 일이 아니다. 도리어 험악하여야만 좋은 수도 있는 것이다. 그러하나 사회주의자들의 부호결탁이라든지 민족운동자류의 봉록생활이라든지 변호사배의 송비횡령이라든지 교육책임자 등의 학생영합이라든지—이러한 종류는 험악이 아니고서 곧 추악(醜惡)이다. 추악은 즉 무절조(無節操)를 의미함이다.

나는 험악을 예찬하고 무절조만을 통매(痛罵)하노라.(「學窓餘屑」4)

변영만은 기존의 낡은 상식과 저속한 관습을 뒤엎고 부정하려 하였다. 변영만은 여러 번 우리 민족이 갱생하자면 세속적 삶에 대한 영합과 타협을 철저히 거부해야 한다고 주장하였다. 왜냐하면 산강이 보기에, 영합과 타협은 곧 추악한 것이고 추악함은 절조(節操)를 지키려는 노력을 저버린 것이기 때문이다. 절조를 잃은 삶에는 진정한 생활의 환희가 깃들기 어렵다는 것이다. 변영만의 이러한 분격(奮激)은 "우리 조선에는 아직 발언권을 가진 사람이 한 사람도 없다"고 하는 등의 극단적 발언으로 치닫기도 하였다. 그러나 이는 민족의 앞날을 우려하는 변영만의 진정성을 담고 있는 것으로, 그만큼 가슴이 뜨겁고 절실하다는 반증으로 이해된다.

실제로 변영만의 문장은 일제강점기에 산출된 여타의 글에 비하여 기백이 넘치는 양강적(陽剛的) 성향을 띠고 있다. 그리하여 읽는 이로 하여금 모종의 각성을 불러일으킨다. 산강 글이 가진 중요한 매력은 이 '부정'과 '통매'의 정신에서 뿜어져 나온다고 할 수 있다. 이 거침없는 부정의 정신은 산강이 얼마나 고원(高遠)하고 순정(純正)한 경지를 근원적으로 열망하고 있는지를 보여준다. 그렇다면 모색을 거듭하여 산강이 종국에 제시한 민족의 밝은 미래상은 과연 어떤 모습인가?

청빈의 패퇴는 '윤리의 몰락' 바로 그것이고, 윤리의 몰락은 인종의 사멸 바로 그것이다. …… 마르크스는 연초 애끽가로 유명하였다. 비스마르크의 돈이고 뉘 돈이고 손에 잡히는 대로 여송연 상자나 구입한다 치더라도 그 유물사식(唯物史識)이 홀연간 두폐(杜閉)될 이유가 없을 것 같고, 아인슈타인이 미국의 달러로 학사(學事)

연찬(硏鑽)에 투용(投用)한다 치더라도 그 상대적 혜안이 별안간 맹고(盲錮)될 재변이 없을 듯하나, 맑씨고 아씨고 결국 제군보다는 좀더 현명한 진인이다. …… 사람에게는 제일로 이 척주(脊柱)와 이 혼담(魂膽)과 이 순교적 정신이 있어야 하는 것이고 기외(其外)는 죄다 제이의(第二義) 이이(而已).

변영만은 1936년에 위의 「청빈의 복음」을 완성하였다. 이 글은 해방 후에 「청빈구국론(淸貧救國論)」이라 제목을 고쳐 재차 발표하기도 하였다. 산강의 서술에 의하면, 청빈이란 마음의 평형을 유지할 정도의 무죄의 소강 상태로, 적빈과는 다르다. 소강은 근간(勤艱)과 절약을 의미하고 비소강(非小康)은 착취와 퇴적을 의미한다. 그러므로 청빈한 삶은 열렬하고 절실하게[熱切] 생활하려는 자세로부터 구현되는데, 지금의 사회는 청빈 퇴치에 골몰하므로 이는 열절하게 살려는 삶을 박멸하자는 것과 같다. 산강이 말하는 이 청빈은 열렬하고 자발적인 추구라는 점에서 『채근담』류의 안분지족과 다르다.

위의 글에 보이는 산강의 태도는 매우 급진적이고 단호하다. 편협한 낭만성의 추구로 해석되기도 한다. 그런데 이는 산강이 절조·기개·영(靈)·마음 등의 내면적 가치를 다른 무엇보다 우선시하였기 때문이다. 산강은 사람에게는 무엇보다 물신(금전)에 지배되지 않으려는 자세가 있어야 한다고 하였다. 산강은 이를 '척주(脊柱)' '혼담(魂膽)' '순교적 정신'이라 칭하면서, 이 같은 절조 이외의 것은 모두 부차적이라고 하였다. 이는 현실에 대한 일말의 영합을 인정치 않으려는 물신에 대한 절의론이라고 할 수 있다. 이기적 욕망 대신 '마음으로 웃는' 경지를 추구하자는 것이다.

우리가 변영만의 이러한 입론에 선뜻 동의하기는 쉽지 않다. 다만,

이러한 구상은 산강이 동서양의 학예를 종횡으로 섭렵한 이후 민족 구성원 앞에 제출한 최종적 귀결이라는 점이다. 괴테·블레이크와 사마천·박지원 등의 문예는 현세적 이익에 영합하지 않으면서 인간 고유의 품위를 옹호하려 했던 고결한 정신의 산물이라고 할 수 있는바, 변영만은 이러한 열절적(熱切的) 절조를 무엇보다 중시하였던 것이다. 어떤 측면에서 해석하자면 유가적 정의(正義) 혹은 유가적 명분의 20세기적 변주라고도 할 수 있다.

3) 자유로운 상상력, 새로운 아포리즘의 창작

변영만의 문장 중에서 자유로운 상념을 모아놓은 것으로, 함축적인 언어로 직조되어 있는 아포리즘(aphorism) 성향의 문학이 특히 주목된다. 아포리즘이란 본래 '정의(定義)'를 뜻하는 그리스어에서 유래한 것으로, 간결한 말속에 깊은 진리를 표현한 격언 잠언류의 글을 말한다. 요컨대 '비평적 어록'이라 할 수 있다. 한자문화권에서는 특히 명말청초 시기에 『채근담』, 『유몽영(夢續影)』 같은 책이 성행하였다. 이러한 종류의 글은 그 표현에 있어 체계적, 이론적이기보다는 직관적, 정서적인 방식이 다수이다. 따라서 운치와 각성을 동시에 전달하는 인생 비평적 특성을 지녔다. 변영만은 근대 전환기의 격동기를 맞아, 자신의 비전을 짧은 구절에 함축적으로 담아내는 것을 선호하였다. 그의 아포리즘은 크게 세 가지 특성을 지녔는데, 우선 그 문장의 정조가 애매하지 않고 굳세고 명징하다는 점이다.

먼저 위로 통하고 나중에 아래의 것을 배우며, 먼저 세상을 초월하고 나중에 세상에 들어가야 한다. 이것은 공부를 함에 바뀌지 않는 순서이다. 만일 먼저 아래의 것을 배우고 먼저 세상에 들어가면 육신의 생명을 오래 누리지 못할 것이요, 먼저 위의 것에 통하고 먼저 세상을 초월하면 뒤에 힘이 들지 않을 것이다.

위의 예문은 유가의 전통적인 명제인 '하학이상달(下學而上達, 쉬운 것부터 배우고 뒤에 높고 먼 것을 배움)'의 문제를 다룬 것이다. 그런데 산강은 그것을 거꾸로 하라고 분명하게 말하며 이것은 '바꿀 수 없는 순서'라고 하였다. 산강의 말대로 '상달(上達)'을 먼저 하는 것이 생명을 오래 누리고, 힘이 덜 들 것인지는 판단하기 어렵다. 옳고 그름을 따지기 어려운 문제이다. 그러나 어찌 되었든 산강의 이 말은 하나의 패러디처럼, 읽으면 운미(韻味)가 전달된다. 그것은 '하학이상달'이라는 고전적 명제를 뒤집어 놓았기 때문일 것이다. 전복의 쾌감을 느끼게 되는 것이다.

다음으로, 변영만의 아포리즘은 기탄없이 자신의 의사를 토로하는 신랄한 문장으로, 통쾌무비한 감정의 환기가 이루어진다는 점이다. 변영만에게는 기존의 상식과 질서를 뒤엎는 파괴적 건설자로서의 면모가 있다. 그는 이전 시기의 우리 문학을 평가하면서 "한문학은 모두 소위 당송팔대가의 재판 복제일 뿐이다"라고 단정하였다. 그의 이러한 비평은 사실에서 어긋나는 점이 있을 수 있다. 그렇다고 비평적 안목의 심도와 그 의도가 손상되는 것은 아니다. 오히려 그 받아들이기 불편한 솔직한 토로가 어떤 나름의 정서를 환기한다고 판단된다.

현하 조선의 문단 상황에 취(就)하야 '침체하다' '지리멸렬하다' '반성시대에 입(入)하얏다' '여명기에 있다' 라는 등 종종 기설(奇說)을 때때로 나는 들은 일이 있다. 그렇지만 나는 조선의 문단을 간단히 '난엑시스턴스'(不存在)라고 부르고 싶다. (…) 문예란 하늘

하늘한 야유랑(冶游郞)의 한소견(閑消遣)이 아니라 즉 척주(脊柱)가 튼튼한 강철장부(鋼鐵丈夫)의 필사적 노력임을 각지(覺知)하얏는가? 제(諸) 인자(仁者)는 아마 모두 각지(覺知)하였노라 하겠지만 성서에 왈(曰) "수불결선과(樹不結善果), 즉작지위화(則斫之委火)"(나무가 좋은 열매를 맺지 못하면, 꺾어 불에 던진다)라고 하였으니, 제(諸) 인자(仁者)의 각지(覺知)야말노 맹렬한 화염 중에 위부(委付)할 수밖에는 도리가 없을 것이다.

일류(一流)의 문인(文人)이 되자면 일체를 소유한 동시에 일체를 방기하여야 된다. 환언하자면 부유한 무가자(無家者, Wealthy vagabond)가 아니고서는 될 수 없다 함이다.

근대의 문인들 대다수가 문학을 매개로 자신의 '가(家)'를 이루려는 세속성이 있다고 보는 산강은, 문인은 본질적으로 '무가자(無家者)'의 위치에 서야 한다고 주창하였다. 위의 글은 변영만 스스로가 서 있는 바 '무가자(無家者)'의 입장과 안목에서 당시의 소위 문단을 비평한 예이다. 그는 첫 문장부터 과감한 언어를 구사한다. 1931년의 시점에서 조선의 문단은 '존재하지 않는다'고 선언하였다. 문예의 본질을 벗어나 있기에 침체 운운할 필요가 없다는 것이다. 그러면서 문예란 마땅히 이러해야 하니, 그것을 깨달았느냐고 묻는다. 일면 지리한 나열이지만, 그의 필력이 느껴진다. 맨 끝의 문장은 반전이자 결론으로, 최후의 일격이다. 성경의 문구를 한문으로 옮겨 인용한 수법도 흥미롭지만, 무엇보다 그 마지막 발언인 "여러 어진 이들의 깨달음이야말로 맹렬한 화염 속에 던져버릴 밖에는 도리가 없다"는 한마디는 통쾌무비하다.
마지막으로, 자신의 식견과 정감을 정교하게 직조하고, 언어를 능란하게 구사하여, 누구도 흉내낼 수 없는 자신만의 문장을 창조했다는 점이다. 산강은 근대 문인의 언어유희와 한자 오용을 '조선의 수치'라고 단정하였다. 그런 주장을 할 만큼 그는 문장 서술, 수사상의 디테일에 매우 예민하였다.

> 이백의 시는 천적(天的)이요 두보의 그것은 지적(地的)이라. 나는 지향(地香) 속에서 놀고자 하노라. 소동파의 문장(文章)은 청량음료요 증남풍의 그것은 고주(古酒)이다. 나는 도연(陶然) 일취(一醉)코자 하노라. 투르게네프의 소설은 수애(愁哀) 있는 가인(佳人)이요, 아나톨 프랑스의 그것은 해학적(諧謔的) 고사(高士)이다. 나는 양자를 병애(並愛)코자 하노라.

위의 예문은 대우(對偶)가 아주 정교하게 짜여진 문장이다. '도연 일취'에서 끝났더라면 평범한 문장에 머물렀을 것이다. 두보(杜甫)와 증공(曾鞏)에 이어 투르게네프와 아나톨 프랑스가 다시 얹혀졌기에 돌연 비약하는 맛이 생겨난다고 여겨진다. 중국고전과 서구문학에 두루 능통하다고 하여 이러한 문장이 만들어지는 것은 아닐 것이다. 정(情)·이(理)·취(趣)가 모두 구비되어 있어야 이런 능란한 직조가 가능할 터이다. 요컨대 산강의 아포리즘에는 그가 아니면 만들어내기 어려운 고유한 빛깔이 배어 있다.

식민지 시기 내내 민족적 절의를 지켰던 변영만은 해방을 맞아 새로운 의욕을 갖게 되었다. 그러나 좌우 진영으로 갈라진 해방 정국에서 변영만의 이상론은 설 자리가 마땅치 않았다. 그는 대한일보 등 당시의 언론에 자신의 식견을 피력해 보기도 했지만, 그 반향은 미미했다. 이어 한국전쟁이 터지고, 부산으로 피난 갔다 서울로 돌아온 변영만은 1954년에 파란만장한 노마드적 삶을 마감하게 되었다. 이 소식을 들은 육당(六堂) 최남선(崔南善)(1890~1957)은 동아일보에 「산강 변영만을 애도하며(哀卞山康榮晚)」란 제목의 시조를 발표하였다.

세기(世紀)의 삼괴물(三怪物)을 만인(萬人) 앞에 끌어내어
엎치고 뒤치어서 간장(肝臟) 속속 들어내니
일소년(一少年) 완두필단(腕頭筆端)에 귀신(鬼神)있다 하니라
　　[군(君)이 약관(弱冠)에 『이십세기지삼괴물론(二十世紀之三怪物論)』을 간행
　　하여 처음 문명(文名)을 날렸다.]

명세(名世)의 「시새전(施賽傳)」도 나는 장(壯)타 아니호라
화국(華國)의 큰 솜씨를 부려본 적 없을망정
구구(區區)한 일편(一片) 희문자(戲文字) 수(數)에 칠 줄 있으랴
　　[군이 일찍 '새침덕이 골[谷]로 빠지고 시시덕이 재[峴]를 넘는다'는 속담을
　　의인소설화하여 세(世)를 풍(諷)하니 인(人)이 그 기(奇)를 일컬었다.]

위당(爲堂)이 없어져도 산강(山康) 남아 있다하여
천하(天下)의 글 받을 이 헤매는 일 없을러니
이제야 일대홍광(一代虹光)을 어디 찾아 보리오
　　[위당은 정군(鄭君) 인보(寅普), 산강은 고인(故人). 양인(兩人)을 현대의 대
　　표적 한문작가로 쳤다.]

실제, 최남선은 변영만의 일생을 총평할 수 있는 몇 안 되는 적임자라 할 수 있다. 그는 1920~1930년대에 변영만과 더불어 『동명』과 시대일보를 주관하였으며, 또 오랫동안 변영만의 절친한 지우(知友)이

자 후원자이기도 했다. 그러나 최남선이 일제에 협조하자 관계를 끊었고, 해방 후 반민족행위(反民族行爲) 특별조사위원회(特別照査委員會)가 꾸려졌을 때에는 변영만이 재판관을 맡고 최남선은 피고인석에 서야 했던 운명적 관계이기도 했다. 위의 시조에서 제1수에서 말한 변영만의 책은 『20세기의 대참극 제국주의』와 『세계삼괴물(世界三怪物)』 두 저서를 말하는 것으로, 모두 1908년 간행되었다. 모두 서양인이 당시의 제국주의를 비판한 저술을 편역한 것인데, 당시 출판계에서 상당한 인기를 얻었다. 그러나 곧바로 일제 식민당국에 의해 금서로 지정되었다. 변영만은 그때 나이 20세로서 목포재판소 판사이면서 근대계몽기의 문필가로서 이 책을 통해 일약 문명(文名)을 얻었다. 제2수에서 언급한 희작체의 한문소설 「시새전」은 1932년 작으로 잡지 『동광(東光)』에 발표되었고, 이어 「이상한 동무」라는 국문으로 재창작하여 출간된 작품이다. 이는 '새침덕이 골[谷]로 빠지고 시시덕이 재[峴]를 넘는다'는 우리 속담을 모티프로 하여, 편협한 두 인간 유형을 풍자한 것이다. 변영만과 교유한 후배 학자 이가원(李家源)은 이 작품을 하나의 희작체 소설로 높이 평가하였다. 마지막 제3수의 시조에서 최남선이 평가한 바와 같이, 산강 변영만과 위당 정인보는 당시를 대표하는 두 명의 한문작가로 알려졌다. 변영만과 정인보는 한문 문장가로서 동시대의 쌍벽이면서 경쟁자이기도 했다. 또한 조선왕조 유민의 후예라는 점에서도 공통되었다. 단 두 인물의 당색과 가문배경, 기질, 문장 성향은 매우 달랐다. 변영만이 세상을 떠나고, 정인보는 한국전쟁 과정에서 납북되어 생사를 알 수 없게 되었던 1954년의 시점에서, 최남선은 한문으로 된 문장을 위촉할 수 없는 현실을 안타까워하면서, 변영만의 죽음을 애도했던 것이다.

3. 근대 너머를 모색한 예언자적 지성

변영만의 가장 막역한 선배였던 신채호는 중국에서 홍명희(洪命熹)에게 편지를 보내, 자신의 원고를 신문에 실을 방안을 부탁하였다. 그러면서 "그 중간의 거간인은 형이나 매당(邁堂)을 믿을밖에 없으나, 매당은 원래 주선력이 전결(全缺)이라 함도 가(可)하니 부득불 형을 전적으로 의지할 수밖에 없습니다."라고 하였다. 여기 주선력이 전혀 없는 '매당(邁堂)'은 곧 변영만을 가리킨다. 즉 매당은 변영만의 자호(自號) 가운데 하나이다. 또한 변영만은 자신이 "굴원(屈原)의 자질에다 돈키호테의 광기를 지닌 기형적 인물이며, 새끼줄도 준비하지 않은 채 호랑이를 결박하려는 몽상한(夢想漢)이고, 책을 읽기 시작하면 인사(人事)를 살필 줄 모르는 우활객(迂闊客)"이라며 자조 섞인 어조로 고백한 바 있기도 하다. 그러한 인간 기질은 문장에 그대로 드러나, 변영만의 글은 일면 기이하기도 하고 몽상적이기도 하고 우활하기도 하다. 혹자는 이런 점을 들어 현실적이지 못한 언설이라고 도외시할 수도 있다. 그러나 좁은 국량과 얕은 기교에서 나오는 오늘날의 숱한 글에 식상한 우리들로서는 변영만의 탁 트이고 뜨거운 문장에서 새로운 계발과 암시를 받게 된다. 그것은 식민지라는 현실의 추악함에 맞서 양심적 지식인으로서의 절조를 지키려 했던 변영만의 일견 '우활'해 보이는 면모가 지금에도 여전히 빛을 발하는 가치임을 인정하기 때문일 것이다.

변영만은 스무 살의 나이에 판사직을 스스로 사임한 이래, 자발적인 자기소외의 길을 선택하였다. 그는 법관·언론인·교육자이기도 했고, 한문문장가·시조작가·문명비평가이기도 했지만, 어느 일가(一家)에 머물기를 스스로 바라지 않았다. 그 스스로 말한 바 '생신영동(生新

靈動)'의 지평을 찾아 쉼 없이 나아갔다. 그의 지향은 '부유한 무가자 (無家者)'였고 자신의 사유가 집[家]이나 제도 속이 아니라 만인이 다니는 '노상(路上)'에 서 있기를 희망하였다. 그러나 한편, 산강은 신념과 절조의 인간이었다. 그는 '만인의 마음을 가진 한 사람'이라는 사명을 자임하고, 우승열패의 시대를 넘어서는 새로운 이상을 제시하려 하였다. 그 결과 식민지 현실을 가장 근원적으로 부정할 수 있었다.

이렇게 변영만의 글은 일차적으로는 일제 강점의 참담한 시기에 민족을 위한 문명적 대안을 모색하는 과정에서 산출된 것이다. 그리하여 변영만은 근대적 문명의 폐해와 상업적 논리의 전일화에 대한 한 대응으로 자발적 혁신 생활과 평화 지향의 '심학(心學)'을 주창하였다. 이러한 근본주의적 통찰은 일국을 위해 발의된 것이지만, 인간 보편이 추구할 진리의 지평으로 나아간 면이 있다고 하겠다. 요컨대 변영만은 일제강점기에 우리 민족이 낳은 진실한 양심이면서, 근대문명의 형성기에 근대 너머의 대안에 대해 모색했던 한 예언자적 지성이기도 하였다.

변영만의 후배로 성균관대 국문학과 교수를 역임한 이우성(李佑成)은 2006년 『변영만전집』 간행사에서 산강의 삶과 문학에 대해 이렇게 평가했다. "산강의 본령은 한문학에 있었다. 그의 뛰어난 감수성과 천재적 창작력은 한편 한편의 글을 세상에 내놓을 때마다 경향의 노성 지식층을 경도케 하였다. 그는 말 그대로 안공천고(眼空千古)였다. … 그는 중년에 들어 대구에 내려가서 변호사 간판을 걸어두고 생활한 적이 있었다. 그러나 변호사로서 별로 인기가 있었던 것 같지는 않다. 반면 영남의 한문소양을 지닌 인사들이 그의 문을 두드리는 이가 많았다. 특히 대구와 가까운 달성 산중에 정산서당(鼎山書堂)을 차려놓고 한문 문사들을 양성하고 있던 심재 조긍섭 옹과 자주 왕래하면서 문주(文酒)의 낙을 누렸다. … 6·25 전쟁 중에 부산으로 피란해 왔을 때에도 지방의 한 재력가가 그의 거처를 마련해 드리고 이가원·이우성 등이 주축이 되어 그와 함께 시문을 수창하면서 산해 간에 추축(追逐)하였다. 그는 외롭지 않았던 셈이었다."

[부록] 변영만 연보

1889년(1세)	(음)6월 23일 한성부 차동(車洞)에서 변정상(卞鼎相)의 4녀 3남 중 장남으로 태어남. 변정상은 성재(性齋) 허전(許傳 1797~1886)의 문인으로, 『냉천급문록(冷泉及門錄)』에 이름이 올라있음. 변영만은 자가 곡명(穀明), 호는 산강(山康), 진불(塵佛), 매당(邁堂), 자민생(自旻生), 계황(薊簀), 삼청(三淸) 등을 사용했으며, 한때 이름을 변광호(卞光昊)로 바꾸기도 하였다. 두 아우 변영태(榮泰, 1892~1969), 변영로(榮魯, 1898~1961)와 함께 '부평삼변(富平三卞)'으로 일컬어질 만큼 형제가 각 분야에서 두각을 나타냈다. 어린 시절 부평군 하오정면(下梧亭面) 고강동(古里洞) 313번지(현재의 부천시 고강동) 향제와 서울 가회동(嘉會洞) 거주지를 오가며 지냈고, 부친과 교유가 있던 이중하(李重夏), 유길준(兪吉濬), 김윤식(金允植), 김택영(金澤榮) 등에게 왕래하였고, 특히 수당(修堂) 이남규(李南珪)에게는 신채호(申采浩)와 함께 동문수학하였다고 한다.
1902년(14세)	조부 석치(石癡) 변해준(卞海準) 서거.
1904년(16세)	관립 법관양성소 입학. 입학가능연령 20세에 미달하여, 나이를 10세 높여 응시함.
1906년(18세)	1월 6일 관립 법관양성소 4회 졸업시험 통과. 2월 보성전문학교 법률야학과 입학.

	3월 22일 관립 법관양성소 졸업, 법관양성소 박사에 임명됨.
	12월 5일 법관전고소 시험 합격.
1908년(20세)	1월 29일 보성전문학교 법과 2회 야학 졸업.
	7월 4일 경성지방재판소 서기, 12월 18일 목포구재판소 판사로 임명됨. 이때 목포에서 김우진의 부친 김성규와 교유.
	『세계삼괴물(世界三怪物)』과 『이십세기지대참극 제국주의(二十世紀之大慘劇 帝國主義)』를 연속해서 광학서포(廣學書舖)에서 출간. 곧바로 일제에 의해 금서로 지정.
	섣달 그믐밤 신채호와 수세(守歲)를 함. 이 해 산강의 주소지는 '한성(漢城) 북부(北部) 제동(齋洞) 맹현(孟峴) 14통 1호'이다.
1909년(21세)	사법권이 일제 통감부에 이양되자 항의의 뜻으로 12월(음력 10월) 판사를 사임하고 서울로 돌아옴. 부친이 "과연 내 아들이다" 하며 격려해주었음.
1910년(22세)	1월 서울에서 변호사 개업.
	2월 안중근(安重根) 변호를 위한 한성변호사회 대표로 선정, 당국의 불허로 좌절.
	4월 보성전문학교 강사 위촉(1912년 4월까지).
1911년(23세)	변호사 사무실을 신의주로 옮김. 중국 강소성 남통주(南通)에서 망명 중인 김택영(金澤榮)과 이 해에 만났다는 회고(「滄江子傳」)로 보아 중국을 여행한 것으로 보임.
1912년(24세)	중국 망명. 7월 상해에서 창립된 "동제사(同濟社)" 중견간부로 지명됨.
1913년(25세)	장태염(章太炎: 장병린)과 교유.
1916년(28세)	중국에 있는 동안 『황종일보(黃鐘日報)』 서무로 취직. 이후 기자생활을 하였고 『북경일일신보(北京日日新報)』에도 관여하였음.

1917년(29세)	7월 12일 유럽으로 가기 위해 싱가포르까지 갔다가 거기에서 홍명희(洪命憙), 정원택(鄭元澤) 등과 만남. 1차세계대전으로 길이 막혀 유럽행을 포기하고 이들과 함께 지내다가, 11월 3일 상해로 감. 홍명희와 함께 한동안 상해에 머물렀음.
1918년(30세)	7월경 귀국.
1920년(32세)	10월 "북경국제변호사대회"에 허헌(許憲) · 정구창(鄭求昌) · 박승빈(朴勝彬) 등 30여 인과 조선변호사대표 자격으로 참석.
1921년(33세)	북경에서 신채호와 만남.
1922년(34세)	『신천지』『신생활』필화사건 공판에 최진(崔鎭) · 박승빈(朴勝彬) · 허헌(許憲) · 김찬영(金瓚泳) 등과 함께 변호인단에 참여.
	4월 심재(深齋) 조긍섭(曺兢燮)에게 편지를 보내 종유를 청함.
1923년(35세)	성사동인(星社同人: 金瓚泳 · 秦學文 · 金東成 · 洪命憙 · 鄭寅普 등)과 개성에 놀러감.
	이 해 집중적으로『동명』에 수필류의 글을 발표함.
1924년(36세)	최남선이 창간한『시대일보』논설반 담당.
	조심재의 제자인 성순영(成純永) · 하성재(河性在) · 조규철(曺圭喆) 등과 서울에서 처음 만남.
1927년(39세)	유림단사건 공판에 변호인단으로 참여.
	정인보(鄭寅普)가 선대부인의 묘지명을 부탁해옴.
1928년(40세)	중앙불교전문학교 강사.
	안붕언(安朋彦) 찾아옴. 이후 안붕언이 김종하(金鍾河)를 소개함.
	『여명문예선집』(여명사)에 「문학오강(文學五講)」 발표.
1929년(41세)	석전(石顚) 박한영(朴漢永)의 환갑에 글을 씀.
1930년(42세)	가을에 성순영 등과 중국 소주(蘇州) · 항주(杭州) 여행.

1931년(43세)	『동아일보』에 '색안경'(3. 24.~5. 19.), 『조선일보』에 '파심어'(5. 23.~6. 24.) 연재. 시조도 이 해에 집중적으로 발표함.
1932년(44세)	『동광』에 한문소설 「시새전」과 그것을 번역한 국문소설 「이상한 동무」 연재.
1933년(45세)	10월 9일 부친이 위독하다는 연락을 받고, 밤에 고향 부평까지 걸어감.
1936년(48세)	부친 이정(彝庭) 변정상(卞鼎相) 서거. 3월 18일 단재(丹齋) 신채호(申采浩)의 사십구재를 맞아 자기 집에서 제전(祭奠)을 차림. 『신동아』에 「관생록」 발표. 이후 대구에서 변호사 개업을 했다가 몇 해 뒤에 서울로 돌아옴.
1943년(55세)	영남으로 은거할 방책을 찾아 이듬해까지 안동 일대를 유력함.
1945년(57세)	8월 해방을 겪고 10월 명륜전문학교 교수로 취임.
1946년(58세)	3월 1일~9월 30일 명륜전문학교 교장. 이후 성균관대학 기성회 회원. 성균관대학교 설립 이후 1950년까지 이 대학 교수로서 한문학을 강의하며, 동국대학교와 서울대학교에 출강하기도 하였음. 3월 "전조선문필가협회" 결성에 관여함.
1947년(59세)	한국불교거사림(韓國佛敎居士林) 발기인으로 참여. 이 해 『민중일보』에 '뇌음중계록'(10월 29일~이듬해 1월까지)을 연재함.
1948년(60세)	12월 21일 민족정신앙양전국문화인총궐기대회 고문.
1949년(61세)	환갑을 지내고 진주와 동래온천 일대를 유력함.
1950년(62세)	5월 24일 반민족행위특별재판위원장(대법원임시특별부)으로 최남선을 심리. 6·25전쟁 발발 후 부산으로 피난.
1952년(64세)	대법원 법전편찬위원회 위원.

1953년(65세)　　호국역경원(護國譯經院) 발족에 참여.

1954년(66세)　　부산에서 서울로 환도 후 정릉천 재건주택에서 살다가 12월 18일 별세. 12월 24일 고향에서 영결식. 묘소는 부천시 고강동 뒷산 언덕. 뒤에 삼형제가 나란히 묻힘.

1955년(死後 1년)　5월 24일 조계사에서 추도회 열림.

1957년(死後 3년)　경남 창원에서 후배 김종하의 책임 아래 『산강재문초』 1책이 석인판으로 간행됨.

2006년(死後 49년)　변영만과 교유했던 후배 이우성 교수의 주도로 그의 한문문집을 완역하고, 신문잡지에 실렸던 국문 시문을 수습하여 『변영만전집』(3책)으로 편집 후, 성균관대 대동문화연구원에서 간행함.

[주요 참고 문헌]

변영만, 실시학사 고전문학연구회 역, 『변영만전집』(상·중·하), 성균관대 대동문화연구원, 2006.

이우성, 「변영만전집 간행사」, 『변영만전집』(상), 성균관대 대동문화연구원, 2006.

한영규, 「변영만전집 계황산문집 해제」, 『변영만전집』(하), 성균관대 대동문화연구원, 2006.

한영규, 「변영만의 근대문명 비판」, 『대동문화연구』 55, 성균관대 대동문화연구원, 2006.9.

박노자, 김용태 외 역, 「변영만 : 식민지 시기 한국의 대안적 근대성을 모색하다[Byeon Yeongman: Colonial Korea's Alternative Modernity?]」, 『한문학보』 46, 우리한문학회, 2022.6.

도남(陶南) 조윤제(趙潤濟)와 성균관대학교

-김용태(성균관대학교 한문학과 교수)

1. 들어가며

도남 조윤제(1904~1976)는 근대 학문이 시작된 초창기에 일본 식민 제국주의와 싸우면서 국문학의 체계를 세운 공로가 있는 우리나라의 대표적 국문학자이다. 국문학 특히 고전 문학에 대해 별다른 이해가 없는 일반인이라 하더라도 "은근과 끈기"라는 말은 귀에 익숙할 터인데 이는 도남이 우리 민족 문학의 고유한 미적 특질 가운데 하나로 제시했던 표현이다. 그의 학문이 우리 인식의 저변에 지금까지도 적지 않은 영향력을 끼치고 있음을 보여주는 하나의 작은 사례라 할 수 있겠다.

그런데 국문학도라 하더라도 도남이 사회 현실 문제에 깊숙이 참여한 지사적(志士的) 학자였음을 아는 사람은 많지 않다. 그는 해방정국에서 남북의 분단을 막기 위해 김구(金九)와 조소앙(趙素昻)을 따라 평양으로 가서 남북협상에 참여하였으며(1948년), 이후 4·19 혁명과 이어지는 현실 정치에도 깊숙이 관여하였다. 하지만 안타깝게도 이러한 도남 학문의 실천적 측면은 후학들에게 온당하게 평가받지 못한 채 잊혀가고 있다. 또한 도남은 1950년 10월부터 1961년 8월까지 성균관대 국문과 교수 및 초대 대학원장 등을 역임하였는데 이러한 사실을 알고 있는 성균관대학교 구성원도 이제는 거의 없는 형편이다. 도남이 우리의 역사와 학문 발전에 끼친 공적을 생각할 때, 이러한 무관심은 반성의 대상이 아닐 수 없다.

도남은 일본 제국주의에 맞서기 위해 민족주의에 입각한 국문학을 고민하였고, 남북의 분단을 막기 위해 남북협상에 따라나섰으며, 독재를 종식하고 민주주의를 발전시키기 위해 정치 현실에 뛰어들었다. 그런데 생각해 보면 그가 치열하게 대결하였던 현실 문제는 여전히 오늘날 우리들의 문제이기도 하다. 식민지를 벗어나기는 했지만 여전히 국가 주권의 행사에 심각한 제한을 받고 있고, 한반도에서의 대결과 전쟁 가능성을 종식하지 못했으며, 형식적 민주제도는 정착했지만 심각한 양극화는 민주주의를 위협하고 있다. 도남이 대결하고자 하였던 문제가 결국 우리의 문제인 것이다. 그러므로 우리가 오늘날의 문제를 해결하고자 한다면, 응당 도남과 같은 역사의 선배들이 치열하게 싸우다가 멈출 수밖에 없었던 그 지점으로 돌아가 새로운 통찰과 지혜를 얻어야 마땅하지 않은가 한다.

그리고 성균관대학교의 진정한 발전을 위해서도 도남의 발자취를 돌아보지 않을 수 없다. 도남은 초창기 성균관대학교 학풍 형성에 큰 영향을 끼쳤다. 오늘날 성균관대학교 구성원이 자각하고 있든 그렇지 않든 현재도 영향을 미치고 있다. 성균관대학교가 자신의 고유한 학풍에 대한 자의식을 갖고서 진정한 대학 발전을 도모하고자 한다면, 마땅히 도남이 남긴 학문적 유산을 성찰하여야 한다. 본고의 논의가 이에 대한 작은 계기가 되기를 기대한다.

2. 성균관대 재직 시절의 도남

해방 이후 도남은 '경성대학' 법문학부 교수로 임명되고 곧이어 법문학부 학부장에 취임하여 식민지 제국대학이었던 경성대학을 해방 조국의 '국립서울대학교'로 개편하는 데에 진력하였다. 그러다가 1949년 4월 성균관대학교 교수를 '겸임'하게 되는데, 당시 대학교수들의 겸직은 아주 흔한 일이었으므로 도남의 경우도 그러한 차원에서 이해할 수 있다.

그런데 이후 도남은 연이어 고초를 겪게 된다. 1949년 겨울에는 경무대 소속 경찰서에 붙잡혀 가는 일이 있었다. 곧 풀려나기는 하였으나 1948년 도남이 김구와 조소앙을 따라 남북협상에 가담하였던 것이 빌미가 되었던 사건이었다. 그리고 1950년 6·25 전쟁이 일어났을 때 도남은 서울에 남아 있다가 두 차례나 인민군에게 구금되어 문초를 당하는 위험도 겪었다. 그러다가 서울이 수복되자 서울대학교는 서울에 남아 있던 교수들을 대상으로 '부역심사위원회'를 만들었는데, 도남은 이 위원회를 주도하는 교수들과 갈등을 빚다가 1950년 10월 서울대학교 교수직을 사임하고 성균관대학교 교수를 전임하게 되었다.

아래 사진은 1953년 도남이 성균관대 설립자인 심산 김창숙 선생과 함께 부산에서 찍은 것이다. 중공군의 개입으로 전선이 남하하자 성균관대학도 부산으로 옮겨 운영을 이어갔으니, 이 사진은 그 시절의 모습을 담고 있다. 사진 속에서의 모습과 같이 심산과 도남은 관계가 원만하였던 것으로 보인다. 남북의 분단을 막기 위해 마지막 순간까지 모든 노력을 기울였던 점, 이승만 대통령의 독재에 단호히 맞서 싸웠던 점에서 두 사람의 노선은 일치했다. 도남이 성균

[사진 1] 앞줄 오른쪽이 조윤제,
왼쪽은 심산 김창숙

관대학교 초대 대학원장을 맡는 등 학교 운영의 전면에 나서게 되었던 데에는 이러한 두 사람의 신뢰가 자리하고 있었을 것으로 생각된다. 본 장에서는 성균관대학교 시절 도남의 활동을 '학술', '교육', '정치'로 나누어 살펴본다.

1) 학술 활동

성균관대 교수로 재직 중에 도남은 박사 학위를 취득하였다. 도남은 본래 박사 학위에 별다른 뜻이 없었다고 한다. 이는 그가 평소 학문 활동을 독립운동의 일환으로 생각하였기 때문인데, 여기에는 그의 지도교수였던 소창진평(小倉進平, 오구라 신페이)이 졸업 후 10년 내에는 학위 논문을 쓰지 말라고 하였던 가르침도 작용하였다. 또 해방 직후에는 미군정으로 인해 우리나라의 주권이 완전하지 않다는 이유로 학위 신청을 주저하였다. 그러다가 한국전쟁 직전에 절친한 벗이었던 손진태(孫晋泰)가 대한민국의 이름으로 학위령(學位令)이 곧 발표될 것이라고 설득하자 도남은 이에 자신의 저서『국문학사』와『조선 시가의 연구』를 서울대학교에 박사학위청구논문으로 제출하였다. 이후 전쟁으로 인해 절차가 늦어져 1952년에야 박사 학위가 수여되었다. 이때 도남은 박사 학위를 받게 된 소회를 담아「나의 국문학(國文學)과 학위(學位)」(『신생공론(新生公論)』제2권 제3호)라는 글을 발표했다. 그 첫머리를 인용한다.

나는 이번에 문학박사의 학위를 얻게 되었다. 그러면 나를 학자라 하여야 하겠으나, 나는 처음부터 학자가 되어 문학박사의 학위를 얻으려고 생각하지는 않았다. 그보다는 도리어 정치가가 되려고 하여 학생 시대에는 민족주의에의 고민도 하여 보았고, 또 사회주

288

의에도 흥미를 느끼어 일시는 외국으로 탈주해볼 생각까지도 가져 보았다. 불타는 젊은 청년의 마음에 몇 번이고 혼자 울어도 보았고, 울분을 참지 못할 때에는 친구를 찾아 술도 마셔보았다. 그러나 나의 고민은 역시 풀어지지 않았다. 그렇다 하여 그냥 무위(無爲)코 있을 수도 없었다.

도남은 '학자'가 되는 것이 궁극의 목표가 아니었다고 말하고 있다. 그에게 궁극의 목표는 민족의 독립과 발전을 도모하는 것이었으며, 그것을 위해 정치가와 혁명가가 되어보려 했으나 여의치 않아 방황했다고 술회하고 있다. 실제로 도남은 깊은 방황을 하였다. 학부 졸업 후 경성제국대학의 '촉탁(囑託)'과 '조수(助手)'로 근무하며 학문적 수련을 닦다가 경성사범학교 '교유(敎諭)'에 임명되었으나 얼마 지나지 않아 안정된 직장을 스스로 그만두었다. 어려운 상황에서 연구에 전념하며 새로운 방향을 모색하던 도남은 '민족사관'에서 자신이 나아갈 방향을 발견하고 "학문은 오로지 우리들이 현재 부닥쳐 몸부림치는 현실 문제를 여하히 해결하여 우리의 생활을 건설하고 또 장래를 건설하느냐 하는 데에 그 목적이 있다"라는 신념으로 학문 활동을 이어갈 수 있었고, 그러한 학문 연구의 결과가 『국문학사』라는 저술로 집약되었던 것이다.

박사 학위를 받은 도남은 국문학 개설서의 편찬에도 착수하여 1955년 『국문학개설』을 펴내었다. 『국문학사』가 국문학의 통사(通史)를 다루었다면, 『국문학개설』은 국문학의 통설이라고 할 수 있으니 도남은 국문학의 학문적 체계를 세우기 위해 이 두 저서의 출판을 준비한 것이다. 도남은 『국문학개설』에서 국문학 연구의 의의를 다음과 같이 설명하였다.

유구(悠久) 수천 년간 한민족은 한반도에서 항시 생활의 향상을 위하여 현실과 싸워 민족의 문화를 창조하고 역사를 빚어내는 성스러운 생활을 영위하여 나왔다. 국문학은 말하자면 이 성스러운 생활의 엄숙한 기록이라 할 것이니 여기에는 실로 민족의 고락과 희비가 교차되는 가운데 숨어 흐르는 민족의 이념이 잠기어 있는 것이다. 따라서 국문학은 민족이 소유한 큰 보물이요 동시에 이것은 민족정신함양의 한 도량이 되는 것이다.(제5부 부론, 500면)

도남에게 '이념'은 민족의 '성스러운 생활'의 향상을 이끌어 가는 힘이며, 국문학은 그 이념이 담겨 있는 역사였던 것이다. 그러므로 그에게 국문학 연구는 그 이념을 더욱 아름답게 피워 내어 생활의 향상을 도모하는 작업이 된다. 일견 학문을 너무 도구화하는 것은 아닌지, 민족을 과도하게 신앙화하는 것은 아닌지 하는 우려가 들기도 한다. 도남 '국문학'의 운동적 성격이 매우 강하다는 것은 부인할 수 없는 사실이다. 그러나 도남이 절박한 마음으로 고투하였던 시대와 역사의 문제를 생각하면 이는 이해되는 측면이 있다. 도남의 '민족적 시각'은 자기중심적 권력의지의 소산이 아니라, 제국주의의 폭력에 저항하는 보편적 가치와 연결되고 있음을 간과해서는 안 된다.

그리고 도남의 국문학이 실증적 엄밀성을 결여한 것도 아니었다. 도남 국문학의 엄밀성을 잘 보여주는 성과 가운데 하나가 『교주 춘향전』(박문서관, 1939)과 「춘향전 이본고」(「진단학보」 11, 1939; 12, 1940)인데 도남은 1957년 이 두 성과를 묶어 다시 『교주 춘향전』(을유문화사)이라는 단행본으로 간행하였다. 이 재판(再版) 서문에서 도남은 "나는 이 춘향전을 우수한 작품이라 하여 그 교주를 시(試)하고, 또 이본을 연구한 것은 아니었다. 그것이 좋은 작품이냐 아니냐 하는 것은 제삼자인 감상가(感賞家)에 맡길 일이고, 우리들 연구가(硏究家)에 있어서는 다만 있는 그대로를 연구하면 그만이다."라고 하였다. 주관적 선입견이나 개인적 판단을 배제한 '연구가'로서의 정체성이 뚜렷이 드러나고 있다.

본래 학문은 '엄밀한 방법'과 '보편적 시각'을 온전히 갖추고 있어야 한다. 수학처럼 엄밀한 방법론을 통해 참과 거짓을 판별하는 것이 학문의 중요한 역할이긴 하지만, 그것을 어떠한 방향으로 이끌어 갈 것이며 어디에 활용할 것인지를 판단하는 것도 학문의 고유한 소임인 것이다. 이러한 '방법'과 '시각' 가운데 어느 하나를 소홀히 하는 순간 학문은 학문으로서의 지위를 잃어버리게 된다. 도남은 '민족적 시각'에 대해 깊이 고민했지만, 그렇다고 '실증적 측면'을 가벼이 여기지도 않았다. 이러한 점에서 볼 때, 도남의 학문관이 편협하다고 비판할 여지는 전혀 없다. 오히려 '민족적 시각'에 담긴 인류 보편적 가치 지향을 계승하여 발전시키는 것이 후학들의 올바른 태도일 것이다.

도남의 학문관과 관련하여 반드시 언급해야 할 사안이 있다. '학문과 인격의 통합'이 바로 그것이다. 위에서 도남이 국문학을 '민족정신 함양의 도량'이라고 표현한 것을 보았는데, 도남은 교수를 '사원의 수도자'에 견주며 "학자는 학문의 진리에 부닥쳐 몸을 닦고, 그것이 연(年)을 거듭하는 동안에 학문이 몸에 배어 학문의 냄새가 몸 밖으로 풍기는 정도가 되지 않고는 학자라 할 수 없는 것"이라 말하기도 하였다(「대학교육의 현상」, 『태양신문』 1953. 2. 13). '학문의 냄새'라는 표현이 재미있으면서도 다소 모호한데, 도남은 또 이와 관련해 "책을 읽고 귀로 들은 남의 지식이 찬물에 기름 돌듯이 내 인격과 따로 떨어지지 않고, 그것이 내 인격에 배어들어 지식과 인격이 한데 어울리어 그 사이를 분간할 수 없어져"야 한다고 말하기도 하였다(「비판의 윤리」, 『신태양』, 1958. 11). 학문과 인격의 통합은 도남의 지론이었다고 볼 수 있겠다.

그런데 이는 자칫 고리타분하게 보일 수도 있지만, 학문과 지식이 시장의 상품으로 완전히 자리 잡고 만 오늘날 대학 사회에서는 이러한 말을 들은 기억도 아득하거니와 오히려 신선하게 여겨지는 측면이 있다. 상품화할 수는 없으나 인류에게 꼭 필요하고, 대학의 본질적 요소라고 할 수 있는 '학문과 인격의 통합'의 심중한 의미를 되새길 필요가 있다고 본다.

2) 교육 활동

성균관대학교 교수로서 도남은 '엄격함과 매서운 카리스마'로 정평이 나 있었다. 이는 국문과에서 함께 근무하였던 박종화(朴鍾和)의 '따스하고 풍성한 분위기'와 대조되어 더욱 학생들에게 각인이 되었던 것으로 보인다. "도남 선생의 고집스런 미간과 콧수염 그리고 형형한 용안(容顏)은 누구나 쳐다보기가 두려웠다"고 김시업 교수는 회고하고 있다. 대학원에 진학한 김시업 교수가 나름의 큰 뜻을 품고 도남을 찾아갔으나 "문제의식을 제대로 구사해서 여쭙기는 부치고, 큰 산을 마주한 듯한 중압감"을 느꼈으며, 도남으로부터 "섣불리 해석하려 들기보다는 실증에 힘써야 한다"는 답변을 들어야 했다. 민족의식에 대한 훈시를 기대하였던 김시업 교수로서는 이러한 도남의 가르침이 서운하게 느껴졌다고 한다(「풍죽(風竹)처럼 사신 도남 조윤제 선생」, 『스승』, 논형, 211~2면). 또 서울대학교 사범대학을 졸업하고서 특별히 도남에게 지도를 받고자 성균관대학교 대학원에 진학하였던 박붕배 교수에게 도남은 '무뚝뚝한 표정에 거칠고 매몰찬 어조'로 "니는 잘못 왔다. …… 다시 한번 잘 생각해 보도록 하여라"라고 말했다고 한다(「의연한 도남 선생님을 그리워하며」,『도남학보』29, 2008). 이와 같은 도남의 '냉정한 태도'가 젊은 제자들의 들뜬 기운을 짐짓 누르려는 의도에서 나온 것이었다고 생각되지는 않는다. 그야말로 수도자적인 자세로 학문과 인격의 통일을 지향하였던 도남의 엄정한 자세가 학생들에게는 '무서움'으로 여겨졌을 법하다.

그러나 사실 도남은 학생들과 격의 없이 어울리기를 좋아하였다고 한다. 평소에는 엄격하지만 강의 시간에 "학생들의 반응이 활발하면 매우 흔쾌해 하시며 '우리 명륜당 앞 은행나무 밑에서 청담이나 하세.' 하시고 제자들을 이끌고 나와 은행나무 밑이나 명륜동의 유명한 곰탕집, 명륜다방 등에서 술과 커피도 사주시며 학문 연구의 방법론이나 학자의 인격, 경험담, 벗들과의 일화 등을 호쾌하게 이야기해 주셨다."라는 회고가 눈길을 끈다(임영무, 「아직도 넘지 못한 거대한 산」, 『도남학보』 23, 2011, 168면). 또 학생들과 어울린 술자리에서 어느 학생이 학점이 박하다고 불평을 하자 "내가 시험을 보아도 B학점 이상 못 받을 터인데 자네들에게 어떻게 C학점 이상을 주나"(같은 글)라며 호탕하게 웃었다는 일화도 도남과 학생들의 관계가 어떠했는지 그 일면을 잘 보여준다. 이러한 점들은 도남의 '엄격함'이 학생들 앞에서 '권위'를 세우려는 의도에서 나온 것이 아님을 다시금 알려준다.

도남은 1953년에 쓴 「학생과 학문」(『신천지』 1953.11)에서 학생들에게 다음과 같은 당부를 하였다.

우리가 특히 여기에 주의하여야 될 것은 지식연마와 인격도야가 대학 교육의 두 목적이 된다는 것이 아니라, 둘이 동시에 하나가 되지 않으면 안 된다는 것이다. 즉 지식연마와 인격도야가 서로 각각 떨어져 이루어진다는 것이 아니라, 지식을 연마하여 나가는 동안에 인격이 도야되어야 하고, 인격을 도야하는 가운데에 지식이 연마되어야 한다는 것이다. 다시 구체적으로 말하여 보면 의과니 공과니 하는 기예 부문을 배우는 학생도 교양과목에서 뿐만 아니라 그 이론을 배우고 또 그 기예를 통해 기예가로서의 하나의 완전한 인격을 도야하여 나가야 하고 인문 계통의 학과에 배우는 학생도 그 배우는 과목이 대부분 그 자체 인격도야의 교양과목이 되겠지마는 거기서 인격도야에만 그칠 것이 아니라 또한 각자 전공하는 학과에 대한 깊은 지식을 연마하여 가지 않으면 안 된다는 것인데 이것을 한 말로 말하면 곧 학문을 한다는 말이 된다.

여기서 도남은 '인격도야'와 '지식연마'가 둘이 아니라 하나가 되어야 한다고 학생들에게 신신당부하고 있는데, 이는 위에서 살펴본 「비판의 윤리」에서 도남이 기성의 교수들에게 '지식'과 '인격'의 통일을 요구하였던 것과 같은 내용이다. 그렇다면 인격과 지식의 통일은 도남의 확고한 신념이었으며, 학생들도 '학문을 하는 자'로서 아랫사람이 아니라 도반(道伴)으로 바라보았다고 말할 수 있을 듯하다.

3) 정치 활동

도남은 젊은 시절 잠시 정치에 뜻을 두기도 했지만 성균관대 재직시절에는 이미 학자로서의 위상을 공고히 다진 뒤였으므로 특별히 현실 정치에 참여할 뜻은 없었을 것으로 생각된다. 도남이 1957년에 쓴 「정치가 군상」(『현대문학』 27)을 보면 당시 정치가들을 두고 "오늘은 갑당(甲黨), 내일은 을당(乙黨), 모레는 병당(丙黨), 글피는 정당(丁黨)으로 뺑뺑이를 돌고" 있으며 "세력에 으스대어 과분한 지위라도 하나 얻자는 것이 아니면 단순한 명예욕일 것이고, 또 그렇지 않으면 남의 눈을 가리우면서 모리(謀利)라도 하겠다는 심산(心算)일지도 모를 일"이라고 냉소하기도 하였다.

그런데 1960년 사일구혁명이 일어나게 되자 도남은 민주주의 혁명과 현실 정치의 전면에 나서게 되는데 그 직접적인 계기가 무엇이었는지 다음의 회고에서 살펴볼 수 있다.

> ……사일구의 의거는 독재에 대한 자연발생적인 민족의 대시위(大示威) 운동이었다. …… 독재자 이승만 씨의 하야에 따른 자유당의 총붕괴에는 물론 우리 대학생들의 젊은 사자(獅子)의 위력과 그들의 숭고한 희생이 절대적으로 작용하였지마는, 그러나 그때 학생들의 힘만으로써는 아직 자유당 정부를 완전 타도하기는 부족하였었다.……이승만 씨는 할 수 없이 이기붕으로 하여금 부통령을 사임케 하고……이승만 씨는 몸소 각 병원을 역방(歷訪)하여 부상한 학생들을 위문하였다. …… 젊어서 감격성이 많은 학생들은 이승만의 그 인자한 듯한 태도에 머리가 자연 수그러지지 않을 수 없었다. …… 27일은 전원 학교로 복귀하게끔 되었으니 이것도 그 당시의 학생으로서는 어떻게도 할 수 없었던 것이다. ……
>
> (「사일구의 증언」, 『공명선거』 창간호, 1960, 330~332면)

잘 알려져 있듯 사일구혁명은 이승만(李承晩) 독재정권이 불법 선거를 자행하자 이에 학생들이 중심이 되어 일거에 전국적으로 퍼져나간 민주주의 혁명이었다. 그런데 위 도남의 증언에 따르면 혁명이 일어나고 며칠이 지나자 이승만의 노회한 정치적 술수가 작용하여 학생들은 학교로 돌아가려 하고 이에 따라 혁명은 흐지부지될 위기에 처하게 되었다. 이에 도남은 동료 교수들을 규합하여 행동에 나섰다.

> …… 이때 교수들의 태도이었다. 그 자유당 정권의 쌓이고 쌓인 부패를 차마 볼 수 없고 민주 건설을 좀먹는 이승만 대통령의 독재를 참다 못하여 우리의 젊은 대학생들이 그렇게 일어났고, 또 그만치나 많은 희생자가 났는데도 불구하고 이승만 대통령은 아직도 반성함이 없이 그 간악한 수단으로 젊은 학생들을 농락하는 것이 너무나 미웠을 뿐이 아니라, 야당이라 하였지마는 같이 부패한 정치인들의 태도가 너무도 비루하고 앞을 내다보지 못하여 자칫하면 모처럼의 성사(聖事)가 일조에 허사가 될 가능성도 없지 않은 것이 뼈아프게 안타까웠다. 그래서 교수들은 이를 통탄하고 분개하여 24일 모처에 모여 심각하고 또 신랄하게 이 사태를 검토하였다. ……(같은 글, 같은 면)

도남은 사일구혁명이라는 '성사(聖事)'가 허사가 되어서는 절대 안 된다는 절박한 마음에서 데모대에 합류하였던 것이다. 당시 성균관대학교 사학과에 재직 중이던 임창순(任昌淳) 교수가 쓴 "학생의 피에 보답하라"는 현수막을 앞세워 행진하는 '교수단(敎授團)' 데모대 사진이 유명한데, 그 사진을 보면 현수막 바로 뒤를 따르는 엄숙한 표정의 도남이 확인된다.

교수단의 참여로 인해 시민들의 저항은 거세게 되살아났고, 결국 이승만은 권좌에서 물러날 수밖에 없었다. 이에 권력이 공백 상태에 놓이게 되었는데, 혁명의 일반적 사례를 따른다면 혁명의 주체세력이 권력을 담당해야 했으나 교수단은 "실력을 갖추고 있지 못하다"라는 자체 판단을 내리고 이승만 정권의 외무부 장관이었던 허정(許政)을

[사진 2] 1960년 4·19혁명 교수 데모단 사진. 플래카드 오른편의 콧수염 기른 인물이 조윤제

수반으로 하는·과도내각을 인정하고 '교단(敎壇)'으로 돌아왔다.

그러나 새로운 민주 정부의 성립 과정을 감시하기 위해 교수들은 '한국교수협회'를 조직하였고 도남은 5월 29일 의장에 선출되었다. 8월 12일 총선거가 치러지고 민주당의 장면(張勉)을 수반으로 하는 제2공화국이 수립되었으나 도남은 민주당 정권이 사일구혁명의 정신을 제대로 구현하지 못한다고 안타까워하였다. 이듬해인 1961년이 되자 통일 운동을 활성화하려는 사회단체들이 '민족자주통일협의회'(민자통)를 결성하자, 도남은 교수협회 의장 자격으로 참여하여 민자통 중앙협의회 회장에 추대되었고 통일 방안을 연구하는 데에 깊이 관여하기도 하였다.

그런데 곧이어 오일륙 쿠데타가 일어나자 도남은 5월 18일 쿠데타 세력에 의해 검거되었다. 반년간 구속된 상태로 있다가 12월에 '북괴의 활동을 찬양 고무'했다는 명목으로 기소되어 1962년 1월 징역 5년의 구형을 받았으나 곧바로 2월에 무죄 판결을 받아 풀려났다. 그러나 성균관대학교 교수직에서는 '자원(自願)의 형식'으로 이미 1961년 8월에 물러난 뒤였다.[1]

3. 성균관대학교의 한국학 전통과 도남

도남은 경성제국대학의 어용적(御用的) 일본 교수들 밑에서 배우고 학문을 시작하였기에 그 영향에서 자유로울 수 없었다. 그러나 스스로 치열한 고민과 실천을 통해 자신만의 학문을 정립해 나갔다. 그래서 그의 학문은 초기와 후기의 경향이 많이 다르다. 초기의 도남 학문이 '형식'과 '실증'을 중시했다면, 후기에는 '내용'과 '관점'을 중시했다고 대략 말할 수 있으며, 그러한 변화를 통해 도달한 도남 학문의 정점은 바로 앞에서 언급하였던 '민족사관'이었다. 그리고 이와 같은 도남의 민족사관은 성균관대학의 후배 연구자들에 의해 계승되었다.

---

1) 성균관대에서 물러난 도남은 1965년 대구의 청구대학으로 자리를 옮겼으나, 한일협정 비준반대 운동에 참여하였다는 이유로 곧바로 청구대학에서 추방되었다. 1967년 청구대학으로 복직되었는데 그 해에 청구대학과 영남대학이 통합됨으로써 영남대학교 교수로 정년 퇴임을 맞았다.

한국전쟁 당시 부산의 전시 연합대학에서 도남으로부터 직접 국문학 강의를 들었고, 나중에 성균관대 국문과에 재직하였던 이우성 교수는 도남의 학문관이 '국학 의식'에서 '민족사관'으로 전환하였다고 보았는데 먼저 '국학 의식'의 뿌리와 한계를 다음과 같이 설명하였다.

> …… 재빨리 서양 자본주의를 수입하여 제 나라를 근대화시킨 일본은……우리나라에 침략의 마수를 뻗치면서 '조선학'을 세워나갔다. …… 우리나라의 학자들은 일치한 결속으로 거기 대항하여 '진단학'을 수립시켰다. ……(그러나 – 인용자) 애국적 동기에서 출발했던 '국학'이 새로운 방법론적 무장으로 일제의 '조선학'을 타파하지 못하고 도리어 그 학문이 적의 학문과 동 차원의 세계에 저회(低回)하고 있었던 것이다. …… 해방과 함께 '조선학'은 물러갔지만 보다 큰 배경을 가지고 들어 온 '동방학'에 또다시 아무런 모순을 느낀 바 없이 합류할 수 있었……(「도남 국문학에 있어서의 '민족사관'의 전개」, 『陶南蘭惠錄』, 1966)

일본 제국주의는 식민지 경영을 위한 목적에서 '지역학'의 일환으로 '조선학'을 내세웠던 것인데, 그것에 대항하기 위해 국내 학자들이 전개했던 '국학(진단학)'은 나름의 적실한 방법론을 찾아내지 못해 결과적으로 '조선학'에 동화되고 말았으며, 해방 이후 학계에도 그 흐름이 이어지고 말았다는 진단이다. 이에 반해 도남은 다음과 같이 '국학'을 극복하는 길을 걸었다고 설명한다.

> …… 자기 극복, 자기 탈피를 통하여 민족 주체적 의식을 확립하고 적극적이며 전진적인 학문의 자세로 현실과 대결하는 길이었

다. …… 그 저항정신에 의하여 일제하에 비타협적 생활로 일관해 온 것은 물론 해방 후에도 항상 야당적 위치에 서서 끊임없는 대결 속에 고뇌와 반성과 인내를 되씹으면서 이론을 연마하고 학문을 성장시켜 나갔다. …… 민족사관은 곧 이러한 고뇌와 반성과 인내 속에 이룩된 것이었다.(위와 같은 글)

'국학'이 실패하였던 원인은 사실관계를 밝히는 실증(實證)에 안주하였기 때문이라고 할 수 있다. '국학'이 '조선학'을 극복하기 위해서는 결국 조선학의 '관점'을 비판해야만 했는데, 그렇게 하기 위해서는 일제의 폭압에 맞서는 용기와 결단이 필요했고, 그것은 쉽지 않은 길이었다. 하지만 도남은 일관되게 그 길을 걸었고 그러한 결과로 '민족사관'에 이를 수 있었다는 것이다.

그런데 도남은 1963년에 『국문학사』 개정판을 내면서 그 서문에 "나는 나의 이 입장이 국문학사를 쓰는 유일한 사관이라고는 생각하지 않겠다. 또 다른 사관이 있을 것이고 또 당연히 있어서 학문의 진보가 있는 것이다."라고 말한 바 있다. 자신의 학문이 또 하나의 도그마가 될 것을 염려하며, 후학들에게 비판적으로 극복해 줄 것을 당부한 것이다. 이우성 교수는 이에 후학으로서 일정한 책무를 느꼈던 듯 "우리는 박사가 진정으로 바라고 있는 '학문의 진보'를 위하여 박사가 말씀하신 '또 다른 사관'에의 추구를 위하여 먼저 박사의 '민족사관'을 올바르게 파악하고 그것을 가교로 삼아 광휘에 차 있는 피안─과학의 세계에 도달해야 할 것이다"(위와 같은 글)라고 호응하였던바 이우성 교수의 이러한 입장은 이후 성균관대학의 후학들에게 큰 영향을 끼쳤다.

하지만 이후 학계의 풍토가 도남의 바람대로만 전개되지는 않았다.

실증주의적 연구 경향이 학계의 대세를 이루게 되면서 도남의 민족사관에 대해 여러 비판이 제기되었다. 비판의 핵심은 민족사를 유기체와 같은 생명 현상으로 해석하고자 하는 도남의 '이념'은 '주관성'이 과도하게 투영된 것이라는 점이었다. 이러한 비판이 일면 타당성이 없는 것은 아니지만, 애초에 도남의 학문을 발전적으로 계승하자는 취지에서 나온 것은 아니었기에 생산적인 토론으로 이어지지는 못하고, 오히려 도남의 학문이 후학들로부터 외면당하게 하는 부정적 효과를 가져왔다. 이에 대해 성대 국문과에서 도남과 함께 근무하기도 하였던 최진원 교수는 "하여튼 도남의 '국문학의 이념'은 문학을 연구는 하되 문학을 이해하려고는 들지 않는 듯한 국문학 연구의 풍토에 두고두고 활력소가 될 것이다."(「도남의 국문학의 이념」, 『도남학보』 1, 1978) 라고 안타까움을 표하기도 하였다. '연구는 하되, 이해하려 하지는 않는 풍토'라는 말은 맹목적 실증작업의 공허함을 꼬집은 표현이라 할 수 있다. 그렇지만 1990년대 중반 이후부터는 학계 전반에 민족주의에 대한 비판이 거세게 일어나면서 도남의 학문은 젊은 연구자들의 관심으로부터 더욱 멀어지게 되었다.

하지만 그러한 와중에도 성균관대학교에서는 도남의 국문학 정신을 계승하는 흐름이 면면히 이어졌다. 자료에 대한 성실한 실증을 중시하였던 도남의 학풍을 이어 대동문화연구원을 중심으로 한국학 연구에 꼭 필요한 중요 한문 자료들을 발굴하여 출판함으로써 학계의 관련 연구 분야를 선도하였으며, 도남의 민족사관에 담긴 보편적 가치를 발전적으로 확대하여 '동아시아학' 연구 열풍을 만들어 내기도 하였다. 그리고 연구의 사각지대에 놓여 있던 '한문학'을 제도권 학문으로 안착시킬 수 있었던 것도 도남의 학문 정신이 성균관대학교에 이어지고 있었기에 가능하였던 일이라 할 수 있다.

사실 '전통 한학'은 근대에 들어서면서 근대 학문의 장에서 퇴장하였다. 하지만 '국학' 연구에서 한문학 유산을 배제할 수 없다는 자명한 사실은 도남은 물론이고 정인보(鄭寅普), 김태준(金台俊)과 같은 선학들이 모두 인식하고 있던 바였다. 그런데 해방이 되고 미군정의 지배를 받게 되자 사회 전반적으로 서구 추종 경향이 강해지면서 우리의 문화 전반에서 한자와 한문을 일소해야 한다는 극단적 분위기가 팽배하게 되었다. 이에 도남은 해방 직후 펴낸 『국어교육의 당면한 문제』(1947)에서 이 문제를 이렇게 진단했다.

……우리말에 한어(漢語)가 많이 있다는 것은 우리 과거 역사 생활에 가장 자연적인 발달이요 일점(一點)도 거기는 모순이라는 것이 있들 않았다. 모순이 아니고 자연적 발달이라 한다면 막연히 일시적 감정과 기분 문제로 한탄할 일도 아니오, 또 한어 구축(驅逐)에 신경을 날카로이 굴 것도 없는 것이다. 한어는 이미 우리말이다. 과거 천수백 년을 두고 우리가 뒤풀이하여 써오는 동안에 벌써 우리들의 생활에 새겨들어 갔고, 우리들이 정신이 그 가운데 심어 들어가, 우리들의 고유의 말과 하등 다를 바가 없게 되었다. 이를테면 국가 민족이라, 학교라, 교육이라, 또 부모라 형제라 그랬자, 여기서 우리는 무슨 타율적 감정을 느낄 수 있는가. 하등 외래어라는 의식이 없이 그대로 우리말로 친근히 쓰고 있지 않는가. 만일 이것을 우리말이 아니라고 하는 사람이 있다고 한다면 그렇게 말하는 그 사람 자체가 조선사람인가 아닌가가 도리어 의심스럽다 할 것이다.……

한자와 한문이 중국에서 들어온 것은 사실이지만, 우리 민족이 오랜 세월에 걸쳐 주체적으로 활용하면서 우리 언어와 문화의 일부로 가꾸어 온 역사와 현실을 도외시하고, 무조건 이에 대해 타율적이니 사대적이니 비난하는 것은 그것이 오히려 색안경을 쓴 편견이라는 주장이다. 원래 도남은 '국학적' 입장에서 학문을 시작하였기에 그의 초기 학문에는 '아(我)와 비아(非我)의 투쟁'으로 역사를 보는 시각이 나타나 있으며, 한문학은 국문 문학의 발전을 가로막은 암적 존재로 표현되기도 하였다. 하지만 그의 민족사관이 원숙해졌을 때 펴낸 『국문학개설』(1955)에서는 한문학의 의의를 다음과 같이 설명하였다.

> …… 그러니까 향가의 성립으로서 그 형식을 삼는 국문학은 한문학의 영향에 의하여 형성된 점이 다분히 있다는 것을 우리는 솔직히 인정하여야 될 것이다. 이에 따라 또 국문학은 반운명적으로 한문학의 요소를 다분히 가지게 되는 것도 어쩔 수 없는 일이라 하겠는데, 국문학이 그 형성과 동시에 한문학의 영향을 그와 같이 많이 입었다는 것은 우리의 민족적인 고유의 정서를 그만큼 손상하고 그 발달을 제지도 하였을 것이다. 그러나 또 그 반면 국문학은 일찍이 세계문학에 진출하여 그와 호흡을 나누게 되었다는 것은 국문학의 발전을 위해 여간한 다행한 일이 아닐 것이다. 대저 문화란 고립할 수 없는 일이고, 문학도 고립하여서는 발달할 수 없는 것이다. 항상 외래 문학에 접촉하여서만 건전한 발달을 이룰 수 있는 것인데, 이런 의미로 보아서는 국문학이 일찍이 한문학에 접촉하게 되었다는 것은 도리어 자랑할 일이라 하겠거니와 여기에 또 민족의 정서도 자연 그 고루하고 원시적인 점을 깎아 버리고 점점 정화되어 나갔을 것도 물론일 것이다. 그러면 앞으로 한문학이 실제적으로 국문학에 어떠한 영향을 미쳤으며 국문학은

또 어떻게 발달하였는가가 주목일 것이다.(431면)

한문학의 도입으로 인해 국문학에 담긴 '고유의 정서'가 손상을 입는 측면도 있지만, 한문학을 통해 국문학이 세계문학의 보편성을 호흡할 수 있게 되는 장점이 훨씬 크다고 보아야 한다고 도남은 설명하고 있다. 또한 향후의 연구 방향도 국문학과 한문학이 어떻게 상호 상승 작용을 하였는지를 살펴보는 쪽으로 가야 한다는 조언도 하고 있는데, 이는 70여 년이 흐른 지금 음미해 보아도 대단한 탁견이 아닐 수 없다. 현재 국문학(한문학)계의 전반적 인식이 도남의 수준을 따라잡지 못하고 있다는 생각도 하게 될 정도이니, 당시로서는 정말로 시대를 앞선 식견이었을 것이다. 그래서인지 이후 국문학계의 전반적 풍토가 쉽게 변하지는 않았다. 결국 1970년대에 들어서서 성균관대학교에 처음으로 한문교육과가 만들어지고 이어 한문학과가 설치됨으로써 한문학 연구는 비로소 본궤도에 오를 수 있었다. 앞으로는 도남의 학문 정신을 더욱 발전적으로 계승하여, 한문학과 국문학을 통합적으로 연구하고 나아가 중국, 일본, 베트남의 동아시아 한문학을 국제적으로 비교 연구함으로써 한국 고전 문학 연구를 한 단계 높여 세계의 문화 자산으로 자리매김해야 할 것이다.

4. 나가며

근래에 민족주의가 큰 비판을 받았던 까닭은 민족주의가 민족 간의 배타적 갈등을 조장하고, 민족 내부의 약자를 억압하는 기제로 악용되는 측면이 있었다는 점에서 주로 찾을 수 있을 것이다. 그리고 여기에 더하여 인간의 (도구적) 이성과 과학기술을 맹신하였던 근대주의에 대한 반성도 작용하였을 것이다. 이러한 비판과 반성은 마땅히 있어야 한다고 생각한다. 그러나 문제는 이러한 비판과 반성이 도남의 '민족사관'에도 해당하는 것인가 묻지 않을 수 없다는 점이다.

물론 도남의 민족사관에는 무리한 점도 많이 있고, 아쉬운 점도 많다. 그러나 위에서 확인한 바와 같이 도남이 초기에는 민족의 고유성과 순수성을 강조하다가 학문이 원숙해짐에 따라 민족 간의 교섭과 보편성을 강조하는 쪽으로 생각이 확대되었다. 또 도남 스스로 "한 가지 여기 부언하여 두지 않으면 안 될 것은 민족교육이라 하니까 혹자는 곧 독일의 나치스 교육이나 일본의 국수주의 교육과 같이 오해할 이가 있을지 모르나, 나는 그러한 편협된 의미에서 쓴 말이 아니다. 원체 민족이란 말 자체가 결코 타민족에 대하여 대항적 의식으로서 쓴 말이 아니고, 많은 민족 중의 한 민족이라는 의미에 쓴 말이다."(『국어교육의 당면한 문제』, 13면)라고 한 바 있다. 도남 스스로 배타적 민족주의는 경계하고 있었던 것이다. 그리고 우리가 지금 당장 세계시민으로 하나 되는 새로운 지구촌을 실현하지 못하는 상황에서 미국, 중국, 일본, 러시아 등 주변 국가들 사이에서 우리 민족의 이해를 대표하는 '한국의 입장'이란 것이 없을 수는 없음을 생각해 보면 도남의 민족사관을 낡은 것으로만 치부하는 것은 적절한 태도가 아니라고 본다.

그리고 도남은 민족 내부에 계급 문제가 있음도 잘 알고 있었다. "오랜 국문학의 역사는 실로 계급적인 문학의 걸어 나온 자취에 지나지 않을 것이다."(『국문학개설』, 281면)라고 말하기도 하였다. 도남은 유물사관도 일정하게 수용하였던 것인데, 자신의 민족사관으로 계급 문제를 아우르고자 했던 것 같다. 후배들에게 자신의 사관을 넘어서 '또 다른 사관'으로 진보하라고 당부했던 것이 주로 이러한 문제를 염두에 둔 것은 아니었을까 생각되기도 한다. 도남의 학문적 공덕에 어떤 형태로든 의지할 수밖에 없는 후학으로서는 치열했던 도남의 학문적 역정을 기억하며 보다 높고 보편적 관점 즉 '사관'에 대한 모색을 이어나가야 할 것이다.

도남의 사회적 실천과 관련하여 한 가지 덧붙일 사안이 있다. 사일구혁명 때 도남은 혼자가 아니었다. 서울 시내 여러 대학의 현직 교수들이 함께하였기에 더욱 큰 힘을 낼 수 있었다. 그때 주도적으로 혁명을 이끌었던 교수들 가운데에는 이상은(李相殷), 권오돈(權五惇), 임창순, 이정규(李丁奎), 이가원(李家源), 이희승(李熙昇) 등의 명망 높은 학자들도 포함되어 있었는데 이들의 공통점을 꼽자면 바로 '한학 소양'이다. 이들의 전공은 각기 달랐지만 삶의 자세에는 유교적 지식인으로서의 기질이 배어 있었기에 불의를 보고 결연히 맞서 일어설 수 있었다. 사실 독립운동과 해방 이후 민주화 과정에 유교 지식인들의 집단적 참여가 알게 모르게 큰 공헌을 하였는데 그동안 이러한 역사적 사실이 거의 묻혀 있었다. 이에 대해 본격적으로 연구한 이황직 교수는 이들의 활동을 두고 '군자들의 행진'이라 표현하기도 하였다(이황직, 『군자들의 행진』, 아카넷).

성균관대학교는 유교 사상을 이념으로 삼고 있는 대학으로서 유교에 대해 연구하고 교육하며 유교를 오늘날의 정신적 자산으로 만들어나가야 하는 책무가 있다. 유교를 과거의 유물로만 방치하지 않고 오늘날의 사상으로 살리고자 한다면, 그것은 바로 '군자들의 행진'이 중단된 지점이 어디인지를 살펴보는 데에서부터 착수해야 할 것이다.

[주요 참고 문헌]

이우성, 「陶南 國文學에 있어서의 '民族史觀'의 展開」, 『도남학보』 11, 도남
　　학회, 1988.

김명호, 「도남(陶南)의 생애와 학문」, 『고전문학연구』 27, 한국고전문학회,
　　2005.

임형택, 「한국근대의 '국문학'과 문학사 : 1930년대 趙潤濟와 金台俊의 조
　　선문학연구」, 『민족문학사연구』 46, 민족문학사연구소, 2011.

방은(放隱) 성낙훈(成樂熏)의
한학(漢學)과 한국당쟁사 기술

-이영호(성균관대학교 동아시아학술원 교수)

1. 머리말

성낙훈은 1911년 1월 1일 경상남도 함안군 산인면 부봉리 삼발 마을에서 부친 성만영(成晩永)과 모친 재령(載寧) 이씨의 장남으로 출생하였다. 본관 창녕(昌寧)이고, 호적명은 경조(庚祚)이며, 자는 자목(子沐), 호는 방은(放隱)이다. 그는 돌이 지나기 전에 모친을 여의고 조모에 의해 양육되었는데, 3세에(1913)에 서당에 입학하고, 5세에 서당 백일장에서 장원하여 신동이란 호칭을 들었다. 15세(1925)에 대구 교남학교(현재 대륜중학교)에 입학하였으나, 이듬해 중퇴하고 만주, 일본 등으로 외유하였다. 18세(1928)에 경주 안씨 춘화(春和) 공의 차녀와 결혼하였으나, 이듬해 금강산에 입산하여 방한암(方漢岩) 스님의 문하에서 불경을 공부하였다. 20세(1930)에 신간회에 가입하여 민족운동을 하였는데, 이 무렵 위당(爲堂) 정인보(鄭寅普)를 만났다. 25세(1935)에 사찰의 강원에서 불경을 강론할 정도로 한문과 불교에 정통하게 되었다. 37세(1947)에 서울대 문리대 조교(중문학), 고려대, 성균관대, 이화여대(동양철학) 강사를 역임하고, 42세(1952) 이후에는 전북대 사학과, 경북대 철학과, 성균관대 동양철학과 교수를 역임하였다.

58세(1968)에 민족문화추진회(현 한국고전번역원) 전임편집위원, 동국역경원 번역 및 교열위원, 세종대왕기념사업회 조선왕조실록 국역 위원, 가정의례준칙심의위원 등을 겸직하였다. 59세(1969) 3월 1일 성균관대 교수직을 사임하고, 동방고전연구원을 설립하여 제자를 양성하였다. 64세(1974)에 은관문화훈장을 받았으며, 67세(1977) 1월 1일에 작고하셨다. 출생일과 작고일이 같으니, 태어나신 날에 돌아가신 것이다. 후손으로는 5남 1녀를 두었다.[1]

저작으로 한국의 당쟁사와 유학사에 관한 저술 및 노자, 맹자, 순자, 정약용, 서유구에 관한 논문이 있는데, 이 글들은 모두『(방은 성낙훈 선생 문총) 한국사상논고』(동화출판공사, 1979)에 실려 있다. 이외에도『연려실기술』,『퇴계집』,『율곡집』,『선가귀감』등 유학과 불교의 전적 수십여 종을 번역하였다. 2008년에 그의 유문(遺文)과 후학들의 논고를 모은『방은 성낙훈 선생 삼십주기 추모문집 – 한국학의 인문학』(경인문화사, 2008)이 발간되었다. 방은 선생의 대표작은 조선당쟁사를 정리한『한국당쟁사』[2]와 한국유학을 정리한『한국유교사』와『한국유교사상사』[3]인데, 모두『한국사상논고』에 실려 있다.

2. 방은 선생의 풍모

방은 성낙훈을 기억하는 이들에게 가장 인상적이었던 것은 그의 애주(愛酒)와 경이로운 한문 실력이었다. 먼저 민족문화추진회(현 한국고전번역원) 초창기 시절 면모를 기술한 이계황 회장(전통문화연구회)의 회고담이다.

① 광화문 네거리 현 고보문고 빌딩 뒤편 첫째 골목길의 이름도

---

1) 이상 방은 선생의 略史는 「放隱 成樂熏 先生 略傳」(『韓國學의 人文學』, 경인문화사, 2008)을 참조하여 정리하였다.

2) 이 글은 고려대 민족문화연구원 편,『한국문화사대계』2(정치경제사), 1966에 실려 있다. 이후『한국당쟁사』는 이영호, 성창훈에 의하여 교주본(성낙훈 저, 이영호, 성창훈 교주,『한국당쟁사』, 성균관대출판부, 2021)으로 정리되어 출판되었다.

3) 이 두 편의 글은 모두 고려대 민족문화연구원 편,『한국문화사대계』6(종교철학사), 1970에 실려 있다.

없는 목로주점에서 방은 성락훈 선생과 시인 월하(月下) 김달진(金達鎭) 선생이 소주잔을 건네며 하셨던, "도라무통[드럼통]이라도 치마만 두르면 됐지."는 진짜 술꾼(?)들의 농담이었다. 당시 두 분은 예순에 가깝고 나는 서른도 안 됐지만, 방은 선생은 술의 청탁(淸濁)을 가리지 않았다. 심지어 강의 쉬는 시간에도 한잔 하실 정도로 술을 매우 즐기시는 분이었다. 이는 민족문화추진회가 발족한 후 성락훈 선생님을 모실 때에도 가끔 있는 일이었는데 성품이 소탈을 넘어 해탈한 분 같았다.

② 방은 선생은 사업 초기부터 번역을 주도하셨는데 놀라운 일이 있었다. 당시 방은 선생이 주석을 구술(口述)하면 노영수 편수 담당이 적어놓고 확인했는데, 이십오사(二十五史)의 자료를 찾아 대조하면 모두 정확한 것이었다. 소시(少時)에 신동이라 불리었다는 이야기를 실감할 수 있었다. 이처럼 당시 한학대가들은 사서삼경과 시문을 줄줄 외우는 '워킹 딕셔너리(Walking Dictionary)'라 할 수 있는 분들이었다. 방은 선생의 회갑연이 서울대 교수회관에서 개최될 때, 두계(斗溪) 선생이 축사 중에 "회갑 잔치에 말이 좀 지나치지만 방은은 한문 귀신이다."라고 말씀하신 것을 보면 두계도 한문에는 방은을 선생으로 대접한 것 같았다.[4]

①의 회고를 보면, 방은이 얼마나 애주가였는지를 알 수 있다. 이성무(李成茂) 교수도 방은의 음주 풍경을 유사하게 회고하고 있다. "선생

---

4) 이계황, 「초기 고전국역의 낙수(落穗)」, 『고전칼럼』, 한국고전번역원, 2011.

님은 술을 매우 즐기셨다. 강의하기 전에는 반드시 술을 드셔 거나하게 취해야만 강의가 잘 된다고 한다. 술을 마시지 않고 오신 날은 강의하다 말고 나가서 소주를 들고 오시곤 했다. 건강에 나쁘니 술을 드시지 마시라고 하면 '나는 술 안 먹고 10년을 더 사느니 술 먹고 1년만 살련다'고 하셨다."[5] 이성무 교수의 회고를 보면, 방은에게 술은 목숨보다도 더 좋아하는 그 어떤 것이었다고 보여진다.

한편 ②의 회고는 방은의 한문 실력에 대한 당대의 인식이 어떠했는가를 보여주고 있다. 실로 20세기 초엽에도 한문에 있어 초월적 능력을 보여주는 학자들이 있었다. 대표적으로 북경대 초기 교수였던 유사배(劉師培, 1884~1919)의 경우, 십삼경을 주석까지 통째로 암송하였다고 한다. 위의 기록을 보면, 중국의 유사배보다 조금 후배 격인 방은의 경우는 유교의 경전은 물론 25사도 거의 암송하였다고 하니, 두계 이병도(李丙燾)의 '한문 귀신'이라는 칭찬이 허언은 아니었다고 할 것이다. 한편 노산(鷺山) 이은상(李殷相)은 방은이 돌아가신 날에 문상을 와서, "우리나라 한문학의 국보가 돌아가셨다."[6]고까지 하였다. 그러면 '한문학의 국보'였던 방은은 그 뛰어난 한문 실력을 어디에 쏟았는가? 그 첫 번째는 후진 양성이었는데, 임형택(林熒澤) 선생의 회고담에 아래와 같은 구절이 있다.

오늘날 민족문화추진회가 있기까지 그 성립과정에 실제로 주도적

---

5) 이성무, 「放隱 成樂熏 선생과의 인연」, 『韓國學의 人文學』, 경인문화사, 2008, 31~32면.

6) 유풍연, 「放隱 成樂熏 先生님과의 因緣」, 『韓國學의 人文學』, 경인문화사, 2008, 27~28면.

인 역할을 한 것은 방은 선생으로 알고 있다. "한문 종자를 끊어지지 않게 해야 한다."는 것은 선생님의 지론이었거니와, 고전 국역의 필요성을 늘 역설하였다. 그리고 요로의 누구누구에게 간청하여 민족문화추진회를 설립하도록 했다는 말씀을 종종 들었다. 민족문화추진회의 기록을 보면 초기의 위원, 이사 등 명단에 학계 및 정계의 유명 인사들이 망라되어 있다. 그런 가운데 한학자로는 유일하게 방은 선생의 이름이 보일 뿐이다. ……우전(雨田) 신호열(辛鎬烈) 선생과 우인(于人) 조규철(曺圭喆) 선생이 손을 잡고 함께 일을 하셨는데 이분들 또한 방은 선생이 견인한 줄로 알고 있다. 국역연수원이 설립되자 이 세 분이 나란히 교수로 취임하였다.[7]

근대로 접어들면서 문자는 한자에서 한글로 바뀌었다. 이와 더불어 한문은 점차 소수의 지식인만의 언어로 축소되었다. 그런데 문제는 우리의 지적 문화유산의 대부분이 한문으로 이루어져 있다는 점이다. 만약 한문을 이해할 수 있는 이가 없게 된다면, 우리는 어떤 의미에서 자신의 문화를 잃어버리는 민족이 될 수도 있을 것이다. 여기에 한문을 후학에게 가르쳐야 하는 당위성이 있다. 그런데 이는 쉬운 일이 아니다. 방은이 제자들에게 이야기하였듯이 10년의 세월을 오롯하게 공부해야만 한문을 읽을 기반이 마련되기 때문이다. 또 그렇게 해서 한문 독해력을 갖춘다 해도, 현실을 살아가는 것은 그리 녹록하진 않다. 그래서 한문 공부는 어떤 소명 의식이나 학문적 열정이 있어야만 가능하다. 방은은 이런 의식과 열정을 가지고 한문을 배우는 후

---

7)   임형택, 「나의 방은 선생 회상기」, 『韓國學의 人文學』, 경인문화사, 2008, 71면.

학을 일컬어 '한문 종자'라고 일컬은 것이다.

방은이 민족문화추진회 설립에 적극적이었던 것은 바로 이런 이유에서였다. 현 한국고전번역원의 모태가 되는 민족문화추진회는 바로 '한문 종자'의 양성과 더불어 한문 고전의 국역을 핵심으로 하는 기관이었기 때문이다. 한편 방은은 이렇게 공적인 활동뿐 아니라, 사적으로도 '한문 종자'를 양성하는 후진 교육에 몰두하였다. 동방고전연구원을 만들어 홀로 한문을 가르쳤다. 이때 방은의 문하에서 현재 한국한문학의 대가들이 쏟아져 나왔다. 한문학의 이동환(李東歡), 임형택, 류풍연(柳豊淵), 사학의 이성무, 정구복(鄭求福), 박용운(朴龍雲), 철학의 김용걸(金容傑) 등이 바로 방은에게 한문을 배운 학자들이다.

이처럼 한국학에 큰 영향을 미쳤던 방은의 삶은 크게, 20~30대의 불교 공부 매진, 40~50대의 교수 생활, 60대 이후의 교수 사직 후 활동 등으로 나누어 볼 수 있다. 그런데 방은의 삶에 대하여 정리된 기록이 없기에, 간략한 연보를 통해 그의 삶을 따라가다 보면 의문이 드는 지점이 있다. 그가 어떻게 해서 불교 공부를 하게 되었으며, 또 어떻게 교수가 될 수 있었던가 하는 점이다.

방은의 불교에 대한 몰두는 그의 손녀인 성숙온 화가의 회고에 잘 드러나 있다. 성숙온 화가는 필자에게 보낸 할아버지 방은에 대한 회고에서, "할아버지는 불심이 돈독하셨고 불교 경전에 관한 학문적 경지는 당대 최고의 학자이자 큰 스님이셨습니다. 살아생전에 아무 말씀도 없이 툭하면 집을 나가 전국 유명 사찰에 체류하면서 여러 고승들과 교류를 하는 행적을 수시로 하셨습니다. 당시 많은 스님들이 수시로 저희 집을 방문하였습니다. 젊은 시절 가족에게는 아무한테도 알리지도 않고 집을 나가 금강산 여러 사찰에서 수년간 불교 경전 공부를 하여 가족들이 애타게 행방을 수소문하여 찾는 경우도 있었다고 아버지한테 들었습니다."라고 전하고 있다.

앞에서 방은은 19세(1929년)에 금강산 유점사에 가서 방한암(方漢岩) 스님의 문하에서 불경을 공부하였다고 언급했다. 그런데 여기서 의문이 든다. 1929년 1월 5일, 조선불교선교양종(朝鮮佛敎禪敎兩宗)에서 일곱 분의 교정(敎正), 곧 김환응(金幻應), 서해담(徐海曇), 방한암, 김경운(金擎雲), 박한영(朴漢永), 이용허(李龍虛), 김동선(金東宣)이 선출된다. 그런데 방한암은 이 시기를 전후로 약 20여 년 이상을 오대산 상원사에 들어가 두문불출하였다. 그래서 방은이 금강산에서 방한암에게 불교를 배웠다는 것이 정말인지에 대해서는 불분명한 점이 있다.

그렇지만 방은이 지은 「화엄종주 영호당대종사 부도비명병서(華嚴宗主映湖堂大宗師浮屠碑銘幷序)」를 보면, 방은이 당시 선지식의 제자라고 자임한 내용이 보인다. '영호당대종사'는 앞서 거론한 조선불교선교양종에서 뽑힌 7명의 교정 중 한 분인 박한영이다. 박한영(1870~1948)은 방한암 스님과 더불어 조계종의 초석을 세우고 한국 전통불교의 근대화에 결정적 역할을 하였던 승려이다. 박한영 스님은 일제강점기와 해방 직후 두 번에 걸쳐 종정을 역임한 당대 최고의 불교 지도자였으며, 1926년 이래 20여 년간 불교전문강원에서 스님뿐 아니라 재가(在家) 불자에게도 불교 교육을 시행하여, 조선 불교 후학 양성에 혼신의 힘을 기울였던 분이다. 특히 스님은 이건방(李建芳), 이상재(李商在), 오세창(吳世昌), 최남선(崔南善), 정인보, 홍명희(洪命熹), 신석정(辛夕汀) 등 당대 최고의 지식인과도 교유하며 그들에게 큰 영향을 미쳤다.

영호 박한영 스님의 열반 후, 1965년에 방은은 영호 스님을 기리는 「화엄종주 영호당대종사 부도비명병서」를 지었으며 이 비명은 그해 12월 8일 고창 선운사 비석에 새겨졌다. 그 비석의 말미에서 방은은 "대사가 입적한 뒤 18년이 지나, 여러 문인들이 도솔산 선운사에 부도를 세우려 하면서 나에게 명(銘)을 짓기를 명하니, 나는 스승의 화엄종 문하생이었기에 사양하지 못하고 삼가 명을 쓰노라"(師寂後十八年, 諸門人樹浮屠於兜率山禪雲寺, 命樂熏爲銘. 樂熏, 吾師之華嚴門生也, 辭不獲, 謹爲之銘)라고 하였다. 그리고 마지막에 '성균관대학교 교수 급문생(及門生) 창녕(昌寧) 성낙훈 근찬(謹撰)'이라고 부기하였다. 여기서 방은은 영호를 가리켜 '나의 스승(吾師)'이라 하였고, 자신을 '문하생(門生)'이라고 분명하게 적어놓고 있다. 방은의 이 같은 불교 공부는 후일 그로 하여금 불경 번역에 들어서게 하여, 한때 동국역경원의 번역 및 교열위원을 역임하기도 하였다. 그리고 방은은 동국역경원의 전신인 호국역경원(護國譯經院)에서 불교의 근대화에 힘을 쏟기도 하였다.

호국역경원은 1945년 12월 17일 개원하였다. 이때 불교계가 아닌 속가에서는 당대 최고의 문인 혹은 한학자였던 오상순(吳相淳), 성낙훈, 변영만(卞榮晩) 등이 참가하였다. 이후 약 5년 정도 호국역경원은 불전 번역과 불교 대중화를 위해 많은 일을 수행하였다. 이 시기 방은은 호국역경원에서 불경 번역뿐 아니라 불교의 대중화를 위하여 부처의 전기도 집필하였다. 방은이 쓴 부처의 전기는 『불타전(佛陀傳)』이라는 이름으로 출간되었다.[8] 이 책에서 방은은 대중을 향해 다가가고자 많은 애를 썼다. 『불타전』에는 부처가 출가하기 전날 밤과 새벽의 풍경이 다음과 같이 묘사되어 있다.

십칠(十七), 잠자는 궁녀들
야수다라를 잠들게 한 뒤에 태자는 잠자는 궁녀들을 도라보았

---

8) 成樂熏, 『佛陀傳』, 護國譯經院, 단기4280년(1947년).

다. 옷이 구겨지고 살이 드러나고 침을 흘리고 이를 갈고 잠꼬대도 하는 그들의 몸뚱이는 모다 부정하고 더러운 것으로만 보였다. 피, 대소변, 장부(臟腑)를 가죽 주머니로 싸놓은 것이었다. 궁녀들은 송장으로 보이고 궁전은 무덤같이 보였다.

십팔(十八), 리별(離別)
태자는 더 참을수도 기다릴수도 없었다. 가만히 문을 열고 나와서 어자(御者) 차익(車匿)을 깨워 사랑하는 힌말(白馬, 名犍陟)에 안장을 차리라고 명령하였다. 차익은 놀래여 울면서
「깊은 밤에 놀러갈대도 아니오며 전쟁이 시작되는 것도 아니온데 말은 몰아 무엇하시렵니까」
태자는
「차익아 큰 전쟁이 시작된다. 늙음, 병, 죽음, 번뇌(煩惱)가 나를 습격하는 줄 모르느냐. 급히 싸워야 한다. 주저할 때가 아니다. 말을 몰아라.」
하였다.

부처가 출가하기 전날 밤, 부처가 이성(異性)의 육체에 환멸을 느끼는 장면과 종자에게 출가의 변을 토로하는 대목에서 그 묘사와 언설의 생생함을 느낄 수 있다. 소설체로 부처의 일생을 서술한 것이다. 여기에는 학술적 각주도 어떠한 참고문헌도 없다. 오늘의 관점에서 보자면 거의 소설에 가깝다. 그러나 이 책은 방은이 지은 여러 저서를 참고하였을 때, 단순히 소설이라고 할 수는 없다. 아마도 부처의 일생에 관한 많은 한문 문헌을 소화하여 이를 소설체로 엮었을 것이다. 이런 서술 방법은 후술하는 『한국당쟁사』에서도 확인된다.

이제 방은이 어떻게 교수 생활을 하게 되었는지 살펴보도록 한다. 방은은 재야에서 제자들을 가르쳤을 뿐 아니라, 앞서 살펴보았듯이 여러 대학에 교수로 재직하면서 제자들을 기르기도 하였다. 그런데 그의 교수 경력을 보면, 이상한 점이 눈에 띄는데 바로 시기를 달리해서 성균관대 교수를 두 번 역임한 것이다.[9] 처음에는 강사를 하다가 나중에 교수가 된 것이 아니라, 교수를 각기 두차례 역임하였다. 이에 대해 벽사(碧史) 이우성(李佑成)은 다음과 같이 회고하였다.

> 방은 선생은 성균관대학 교수직에 있다가 얼마 뒤 그만두었지. 나중에 잠깐 다시 복직을 했다가 또 안 나오고 그랬어. 학생들 시험을 가지고, 채점도 안 하고, 채점표도 잘 안 내고 그랬어요. 성적표를 낸 적도 없어. …… 자기도 학교에 안 나오고 해서, 학교에서 그만 해직을 시켰어요. 두 번째 또 들어와서도 그렇게 하니까, 두 번 다 그렇게 해직이 되었어.
> ……
> 나는 종종 심산 선생을 뵈러 가서는, "방은을 성균관대학으로 불러들여야 합니다. 지금 그만한 사람도 없습니다."라고 여러 번 권유를 했지. …… 그렇게까지 해서 들어왔는데, 또 강의가 불성실하고, 뭐 영 채점표도 안 내고 하니, …… 그만 퇴출이 되어 버렸어. 월급은 늘 타가면서 강의는 잘 안 나오고 하니, 누가 좋아하겠

---

9) 방은은 42세(1952)에 성균관대 동양철학과 조교수를 하다가, 1년 뒤인 43세(1953)에 전북대학교 사학과 전임강사가 되었다. 다시 45세(1955)에 경북대 철학과 조교수에 임용되었다. 그리고 54세(1964)에 다시 성균관대 동양철학과 교수가 되었다가, 59세(1969)에 그만 두었다.(방은기념사업회 편, 『(방은성낙훈선생문총) 한국사상논고』, 동화출판공사, 1979, 319~322면 참조)

나. 어째, 그래. 나중에 고전 번역하는 기관의 책임자가 되어가지고서, 거기서는 마지막으로 자기가 돌아갈 때까지 일을 성실하게 잘했지요.(허권수, 「벽사 선생과의 대담」, 『연민학지』 17집, 연민학회, 2012)

애초 방은은 뛰어난 한문 실력으로 40대 초반에 성균관대 교수가 되었으나, 학교에 잘 나오지도 않고 시험이라든가 채점 또한 거의 하지 않아서 해직되었던 것이다. 그러다가 이우성 선생이 심산 선생에게 청을 넣어 다시 성균관대 교수가 될 수 있었다. 그러나 그마저도 오래 하지는 못하고 그만두었다. 요즘 같으면 상상도 못할 교수 생활이었는데, 당시에도 아마 방은 선생의 이러한 면모는 특이하게 여겨졌음을 알 수 있다. 여기에는 범인이 잘 이해할 수 없는 방은 선생의 자유로운 면모가 있다고 할 수 있다.

이 점에 대하여 방은 선생의 셋째 아드님은 아버지에 대하여 이렇게 회고를 한 적이 있다.

지금 생각해 보면 우리 아버님의 특징이랄까 할 수 있는 것이 몇 가지 생각난다. 그 첫 번째는 우리 아버님의 생애는 가정은 아예 안중에도 없으셨다. 그 두 번째는 학문과 제자에 대한 사랑이었다. 그 세 번째는 철저한 자유인이셨다.(성유경, 「아버님에 대한 추모의 글」, 『韓國學의 人文學』, 경인문화사, 2008)

방은 선생은 '철저한 자유인'이었다. 가정도 안중에 없었으니 학교는 말할 것도 없었을 터이다. 대학의 교수는 비록 사회가 부러워하는 자리였지만, 그러한 명예는 안중에 없었던 것이다. 이런 방은 선생에게 한 가지 삶의 중심이 있었다면, 그것은 바로 '한문 종자'를 기르는 것으로서의 학문과 제자에 대한 사랑이었던 것 같다. 이 과정에서 그 가족들은 보살핌에서 소외되었다. 방은의 손녀인 성숙온 화가는 할아버님에 대하여, "한 집안의 가장으로서 할아버지를 회고하면 한마디로 낙제점으로 평가할 수밖에 없습니다. 가정을 돌보고 집안 살림을 꾸려 나아가는 경제적인 부분에는 전혀 관심이 없었습니다. 할아버지가 한평생 헌신하신 분야는 오로지 하고 싶은 학문 연구에 매진하셨습니다."라고 회고하였다. 방은 집안 살림살이의 팍팍함은 보지 않아도 어떠했을지 짐작할 수 있다.

한편 이러한 아버지에 대한 서운함과 회한을 그 아드님은 이렇게 표현하기도 하였다.

> 이제는 벌써 고인이 되신 지 어언 30년, 되돌아보면 제대로 자식으로서는 아버님의 가르침과 보살핌을 받지 못한 서운하고 아쉬운 회한이 한 둘이 아니지만, 시대가 그랬고 아버님의 뜻이 그러하였으니 어찌하랴. 그 시대가 우리 아버님에게 요구한 바가 있고, 학문이 우리 아버님을 더욱 필요로 하였으니 우리 자식이 아버님을 양보하는 수밖에 ……(위의 글)

아버지를 생각하면 아쉬운 회한이 들지만, 시대와 학문이 아버지를 필요로 하였기에 아버지를 양보한다는 말에, 미안함과 감사함이 동시에 느껴진다. 본인들은 원치 않았겠지만, 그 가족의 이러한 희생이 있었기에 오늘날 '한문 종자'는 싹을 틔우고 꽃을 피웠으며 그 열매를 맺을 수 있었다. 현재 한문학 연구의 태두라 할 수 있는 임형택 선생의 회고에서 우리는 이 점을 확인할 수 있다.

나는 그 시절(방은 선생에게 한문을 배우던 시기)에 김시습의 인간과 사상에 무척 매력을 느껴서 그가 남긴 소설『금오신화』를 그의 철학적 논리와 연계해서 해석한 논문을 썼다. 석사학위 논문으로 제출한 것이지만 나는 누구도 보지 못한 독창적인 관견이 있다는 자만심을 마음속에 은근히 가졌던 것 같다. 그런데 이 논문에 대해 내린 선생님의 평어를 지금도 선명하게 기억하고 있다. '소소견(小所見) 다소괴(多所怪)' 즉 '본 것이 적으니 괴이한 것도 많다'는 의미이다. 이런 지적을 받자 나는 일시 풀이 죽기도 하였으나 그 여섯 글자를 학문하는 나 자신 두고두고 경구로써 가슴에 새겨놓고 있다.(임형택,「나의 방은 선생 회상기」,『韓國學의 人文學』)

한편 방은의 한문 실력이 두 번째로 발휘된 분야는 바로 저술과 국역이다. 방은은 민족문화추진회 초기부터『연려실기술』번역을 비롯해 많은 국역서를 남겼다. 그리고 앞서 살펴보았듯이 사학과 사상 분야에서 특기할 만한 저서를 집필하였다. 바로 한국의 당쟁사와 유학사였다. 이처럼 많은 국역과 저서 가운데서 방은 자신은 대표작으로『한국당쟁사』를 꼽았다. 다시 임형택 선생의 회고이다.

선생님은 글을 강해하다가는 옛날이야기며, 학문에 관련한 말로 넘나들기를 좋아하셨다. 자신에 대한 자부는 대단하셨는데 자기의 저술로선『한국당쟁사』를 가장 역작으로 꼽으셨다. 당쟁사라면 자신이 제일 적임자라는 생각을 토로한 바 있다. 왜냐하면 당쟁사의 집필자는 첫째로 가문으로는 당파에 관여되지 않아야 되고, 둘째로 당쟁의 생리와 내막을 속속들이 이해하지 않으면 안되므로, 서북사람들처럼 중앙 정계에서 멀리 떨어진 쪽은 곤란하다는 것이다. 선생님은 당쟁에 깊이 관련된 영남인이면서도 한미한 출신이라 당쟁에 관여된 문벌적 배경을 지니고 있지 않았기 때문에, 나야말로 두 가지 조건을 모두 갖추고 있다고 자신 있게 주장하신 것이다.(위의 글)

방은은 자신의 저역서 가운데 대표작으로 『한국당쟁사』를 들고 있음을 알 수 있다. 여기서 방은 스스로 당쟁에 깊이 관련된 영남인이면서도 당쟁에 관여된 문벌적 배경을 지니고 있지 않았기 때문에 당쟁사 집필에 적격임을 밝히고 있다. 이는 곧 기왕의 당쟁사는 당파적 견해에 의해 영향을 받을 수밖에 없지만, 자신이 집필한 당쟁사는 당파적 견해가 없는 공평무사한 저술이라는 자부일 것이다.

3. 『한국당쟁사』의 학술적 의의

일찍이 이우성 선생은 방은의 저술에 대하여 다음과 같이 평가하였다.

몇 개의 논문은 상당히 괜찮은 것이 있어. 다만 그저 연구방법과 서술방식이 다소 좀 현대적인 체제를 제대로 갖추지 못한 점이 없진 않지만, 그래도 그런대로 논지가 상당히 갖추어진 박식한 글이었지.(앞의 글)

이우성 선생의 방은의 저술에 관한 평가의 핵심은 연구방법과 서술방식이 현대적이지는 않지만, 논지는 잘 갖추어진 박식한 글이라는 것이다. 이러한 평가는『한국당쟁사』의 특징을 잘 설명하고 있다. 먼저 그 서술방식에서 보면, 연구서임에도 불구하고 각주가 전혀 없다. 당 쟁사에 등장하는 그 많은 인물과 사건에 대한 각주가 없고, 원문 인용 의 출처를 밝히는 각주가 전혀 없다. 그런 점에서 전근대적 서술방식 이라 할 것이다. 그러나 그 인용의 편폭을 보면 대단히 광대하며 또한 자세하게 인용하고 있으니, 이는 또한 '박식한' 측면이라 할 수 있다.

방은의 이러한 글쓰기는 현대의 논문 혹은 연구서의 체제에 부합 되지 않는다. 재야학자도 아니고 대학교수로 재직하는 가운데 대학에 서 발간하는 연구총서에 실리는『한국당쟁사』를 집필하면서 왜 이런 글쓰기를 택하였을까. 이 점에 대하여 박용운 교수가 질문을 한 적이 있었는데, 방은의 대답은 다음과 같았다.

> 역사와 관련된 선생님의 저술로 1960년대에 고려대학교 민족문 화연구소에서 출간한『한국문화사대계』의 정치편 가운데 당쟁사 를 쓴 것이 있다. 그런데 거기에는 전거를 비롯한 주(註)가 전혀 붙어 있지 않다. 평소에 이 점을 이상하게 생각해 온 나는 어느 기 회에 그 연유를 선생님에게 여쭈어보았다. 그랬더니 대답이 '머리 에 다 들어 있는데 굳이 붙일 필요가 있겠느냐'고 하셨다. 지금 헤 아려 봐도 선생님다운 답변이었다고 생각된다.(박용운,「방은 선생님 을 추모하며」,『韓國學의 人文學』)

『한국당쟁사』교주본이 필요한 이유가 바로 여기에 있다. 방은은 자신의 호한(浩瀚)한 지식과 기억력에 의존하여 이 책을 저술하였다. 그래서 전거를 하나하나 찾을 필요가 없었던 것이다. 25사도 암기할 정도의 박람강기(博覽强記)를 바탕으로 한국의 당쟁사를 종횡무진 써

내려갔던 듯하다. 그런데 인용의 전거는 명확한데 비하여, 인용의 내용은 원전을 그대로 옮기는 형태는 아니었다. 이는 방은이 의도적으로 그렇게 한 것으로 보인다. 그러나 이 책은 그 전거와 전거에 해당되는 원전의 인용이 없기에 학술서라고 하기에는 미비한 점이 있다. 그렇다고 완전한 대중 교양서라고 보기에는 전거가 분명하고 나름의 논리적이고 전문학술적 맥락을 뚜렷하게 가지고 있다.

당쟁을 바라보는 방은의 관점을 살펴볼 때 먼저 주목되는 점은 당쟁의 순기능을 인정한다는 점이다. 그리고 당쟁을 둘러싼 핵심 개념은 '도학'과 '군주'였다.

① 도학 : 조선 당쟁의 원인

- 유교 중에도 송유(宋儒)의 도학(道學)은 말폐에 이르러서는 배타적으로 되기 쉽고 현실보다 이론이 강한 것이다. 이조(李朝)에서 숭상한 유학은 주자학파의 도학이다. 이는 정치를 위한 도학이 아니라 도학을 위한 정치였으므로 오히려 도학의 정치화라고 불러 마땅할 것이다.[10]

- 이조에는 당쟁 때문에 정치가 잘못된 것이 아니라, 정치가 잘못되었기 때문에 당쟁이 생긴 것이다. 이론을 좋아하고 현(賢)을 숭상하며 군자와 소인만을 분별하는 도학의 정치화는 그의 말류에는 필연적으로 당이 생기기 마련이다.(48면)

- 배타적이요 명분적이요, 군자와 소인의 구별을 위주로 하는 도학 정치의 말폐와 삼사 제도의 이상한 발달에서 당쟁의 불이 치

---

10) 성낙훈 저 · 이영호, 성창훈 교주, 『한국당쟁사』, 성균관대학교 출판부, 2021, 42면. 아래에서 이 책을 인용할 때는 면수만 표시하기로 함.

성하게 된 것이다.(86면)

　방은은 조선 주자학의 연원인 송대 도학의 폐단이 조선 당쟁을 불
러일으킨 원인이라고 진단하였다. 특히 도학의 말폐인 배타성, 현실
보다 이론을 중시하는 점을 조선의 사류(士類)가 답습하여 정치에 적
용하였기에 후일 당쟁의 불이 타올랐다고 보았다. 그런데 이 과정에
서 특이한 현상이 발생하였다. 대부분 나라는 국가의 정치에 학문이
종속되는 데 비하여, 조선은 학문에 정치가 종속되어 있었던 것이다.
방은의 표현대로라면 '정치를 위한 도학이 아니라, 도학을 위한 정치'
였던 것이다.

　사정이 이러하니, 도학의 특징에 정치적 상황이 연계됨으로써 조선
의 당쟁은 명분을 중시하고 군자와 소인, 즉 내 편과 네 편을 가르는
양상이 더욱 뚜렷해지게 된 것이다. 결과적으로 여기에서 같은 편끼
리 뭉치는 당이 발생하였고, 시간이 지날수록 당의 응집력은 더욱 강
해져서 결국 조선이 끝날 때까지 이런 현상은 지속된 것이다. 학문에
정치가 종속되었기에, 즉 추상적 이념에 매몰됨으로써 현실을 도외시
되고 명분에 골몰하게 된 것이다. 이는 어찌 보면 단순하게 명분을 중
심으로 하는 학문적 논쟁으로 그칠 수도 있었다. 그런데 여기에 기름
을 끼얹어 피바람 부는 당쟁으로 이어지게 한 근저에는 조선 군주의
역할이 컸다는 것이 방은의 주장이다.

　② 군주 : 조선 당쟁의 괴수
　이조 역대에 사류(士類)를 많이 죽인 군주는 연산(燕山), 중종(中宗),
문정왕후(文定王后), 선조(宣祖), 숙종(肅宗)인데, 그중에도 숙종은 조
정에 당쟁이 있는 것을 이용하여 광폭한 살육을 자행하고 장씨(張

氏), 민씨(閔氏) 두 왕비를 이리저리 바꾸는 틈새에 죄도 없는 차당(此黨), 피당(彼黨)을 번갈아 죽였다. 조정의 신하들은 모두 숙종의 농락에 희생되고 만 것이다. 말년의 일만 보더라도 세자와 연잉군을 대립시켜 당쟁과 결부하게 만들어 놓은 것은 선조가 그 말년에 광해군과 영창대군(永昌大君)을 대립시켜 대북(大北), 소북(小北)의 당쟁과 결부하게 만든 것과 마찬가지의 과실이다. 더구나 선조가 7명 신하에게 준 밀서나 숙종이 이이명에게 밀탁(密託)한 것이 너무도 같은 졸악(拙惡)한 수법이다. 당인(黨人)들은 선조나 숙종에게 속아서 막대한 화를 당하고 말았다. 당쟁에 있어서 죄의 괴수는 군주다.(295면)

당쟁을 발생시킨 원인은 도학에 있고 이를 정치에 원용한 주체는 사림이지만, 당쟁을 상대 당파에 대한 비판과 학문적 논쟁을 넘어서 목숨을 앗아가는 참화로 비화한 주체는 조선의 군주이다. 이것이 당쟁의 원인과 주체, 그리고 책임소재에 대한 방은의 주장이다. 특히 연산(燕山), 중종(中宗), 문정왕후(文定王后), 선조(宣祖), 숙종(肅宗)이 대표적 군주인데, 여기에서도 선조와 숙종이 당쟁에 있어서 죄의 괴수였다고 보고 있다. 당쟁의 현장에 있었던 이는 사림이었지만, 이들은 군주의 당쟁을 이용한 권력의 추구에 희생되었던 것이다. 방은은 이를 두고서 군주가 광폭한 살육을 자행하였다고까지 비판하였다.

③ 당쟁의 순기능 : 일당 독재의 비판
누구나 다 당쟁이 나라를 망쳤다고들 말하지만 피상적으로 보는 것처럼 정권의 쟁탈, 개인 간의 중상모략의 불순한 동기에 의해 당쟁이 이루어진 것이라고만 볼 수는 없다.……당쟁 때문에 국가

의 일이 그릇되기도 하였지만 여하간 격쟁은 300년의 국맥(國脈)과 함께 이어온 것도 사실이다. 당쟁이 나라를 그르친 것이라기보다도 나라의 모든 결점이 당쟁을 통하여 표현되고 발로된 것이라고 볼 수밖에 없다. 어떻게 말하면 당쟁이 아니더라도 나라가 잘 될 수 없을 만큼 나라 자체의 결함이 있었던 것이다.(37면)

앞서 당쟁에 대한 방은의 주장을 보면, 일견 당쟁이 조선을 좀먹은 원흉인 것으로만 생각된다. 그러나 위에서 보듯이 방은은 조선 정치의 흥망의 책임을 당쟁으로만 돌릴 수 없다고 생각하였다. 방은은 당쟁이 비록 나라를 망치는 데 일조를 하였지만, 그것은 따지고 보면 당쟁으로 인한 것이라기보다는 나라 자체의 결함이 당쟁이라는 매개체를 통하여 표출되었다고 주장한다. 이는 조선의 망국이 당쟁 때문이라는 친일적 사관에 대한 비판이라고 볼 수 있다. 방은은 여기서 한 걸음 더 나아가 당쟁의 순기능을 인식하기도 하였는데, 이를 두고 임형택 선생은 다음과 같이 말하였다.

"당쟁 때문에 백성이 도탄에 빠진 것으로 세상이 알고 있는데 당쟁과 민생은 직접적 관계가 없다."는 것이 선생님의 지론이었다. 왜냐하면 당쟁은 어디까지나 관료층 – 사대부들 저희끼리의 싸움이기 때문이다. 그렇기에 오히려 순기능도 있었다고 보셨다. 당쟁이 갖는 상호견제 작용을 주목한 것이다. 반대 당파의 공격을 의식해서 벼슬을 하게 되면 자기 관리를 비교적 철저히 하기 마련이다. 부패가 만연하게 된 것은 세도정치가 등장한 이후다. 권력의 독점으로 종래의 견제 작용이 약화되었기 때문이라는 것이다.(앞의 글)

이 증언은 당쟁에 관한 방은의 또 다른 시각을 잘 보여주고 있다. 상대 당을 인식하지 않을 수 없는 상황에서는 자당의 흠이 잡히지 않기 위해서라도 자기 관리를 철저히 할 수밖에 없었으니 이는 조선 관료 사회의 상호견제 장치로 기능하였다는 인식이다. 이러한 견제 장치가 없어졌을 때, 즉 당쟁이 사라졌을 때 일당 독재의 세도정치로 인한 부패가 만연하게 되었던 역사적 사실은 방은의 주장을 뒷받침하는 증거라 할 것이다. 그 양상을 방은은 다음과 같이 기술하고 있다.

> 갑오경장 후 군국기무처가 대원군을 옹위하고 문벌, 양반, 상민 등의 계급을 타파하여 귀천(貴賤)에 불구하고 인재를 선발해 등용할 것을 의결함으로써 당파에 의한 등용은 표면상 타파된 것 같았으나, 노론의 압도적인 주도권은 망국의 날까지 지속되었던 것이다. 노론이 최후까지 그 관성을 유지한 것은 일본이 우리나라를 강제로 병합할 당시 한국의 대신 중 농상무대신(農商務大臣) 조중응(趙重應)을 제하고 모두 다 노론이었다는 데서 알 수 있다. 또 병합과 동시에 관작에 제수된 76명의 귀족 중 소론 7명, 북인 2명 외에는 전부가 노론이었다는 사실에 비추어보더라도 당시의 사정을 알 수가 있을 것이다.(363면)

『한국당쟁사』는 조선의 망국으로 끝맺음을 하는데, 여기서 방은은 조선 망국의 가장 큰 책임을 상대 당이 사라진 가운데 전권을 휘두른 노론에게 돌리고 있다. 일본이 대한제국을 강제 병합할 당시 대신의 거의 전부가 노론이었으며, 병합 이후 일제의 관작을 받은 76명의 대신 중 노론이 67명으로 압도적이었다. 나라가 망하는 과정에서나 망하고 난 뒤에도 노론 일색이었다고 했으니 이는 망국의 책임을 노론에게 돌리는 것이기도 하지만, 그만큼 당파의 경쟁이 사라진 상황의 부작용을 언급한 것이다. 그러므로 이는 조선의 당쟁이 그 역기능만큼이나 순기능도 있었음을 의미하고 있다.

4. 맺음말

『한국당쟁사』의 가장 큰 특징이 당쟁의 원흉으로 국왕을 지목한 점인데 이는 기왕의 당쟁서와 비교해 보면 더 선명하게 드러난다. 조선시대 대표적 당쟁서로는, 남인의 입장을 반영한 남하정(南夏正)의 『동소만록(桐巢漫錄)』, 서인의 입장을 반영한 남기제(南紀濟)의 『아아록(我我錄)』, 소론 이긍익의 『연려실기술(燃藜室記述)』과 이건창의 『당의통략(黨議通略)』 등을 언급할 수 있다. 『한국당쟁사』와 이들 당쟁서를 비교 검토할 필요가 있는데, 1589년(기축년) 10월에 일어난 기축옥사(정여립 모반사건)를 중심으로 살펴보고자 한다.

기축옥사는 3년여에 걸쳐 이 옥사의 수괴로 지목된 정여립(鄭汝立)과 친교가 있거나, 또는 동인(東人)이라는 이유로 처형된 자가 1,000여 명에 달하였다. 그런데 이 옥사에서 주목할 점은 바로 정여립과 연관되어 처형당한 이발(李潑)과 그의 가족에 관한 논란이었다. 정여립의 역모 사건 당시 동인의 거두였던 이발은 두 차례 모진 고문을 받고 장살(杖殺)되었다. 이발이 죽은 뒤 80여 세의 노모와 어린 아들도 혹독한 형벌을 받고 모두 죽었다. 그런데 이발의 노모와 어린 아들까지 화를 입었던 것은 이후 중요한 문제로 부각되었다. 이는 강상(綱常)을 훼손한 일이기 때문이었다. 그러면 누가 그 참혹한 죽음을 주도하였는가? 그 주도자가 누구냐에 따라 도덕적으로 치명타를 입을 수 있기에, 각 당파에서는 이 책임에서 벗어나고자 온갖 노력을 기울였다. 다음은 각 당쟁서의 관련 서술이다.

- 남하정, 『동소만록』
이발의 어머니와 아들이 형장을 받고 죽은 때가 경인년(1590, 선조 23) 5월 4일이었다. 4월 초에 서애가 이조판서가 되었는데 죽은 부인의 장례를 치르기 위해 휴가를 내어 영남 고향에 내려갔다. (그 뒤) '6월 29일 정승에 임명되어 다시 돌아왔다'는 기록이 『승정원일기』에 분명히 실려 있다. (그런데도) '같이 추국하기로 함께 약속했다'거나 '추국에 따라갔다가 함께 약속했다'는 등 자기 멋대로 무고하였음을 미루어 알 수 있다. (더욱이) 판서가 위관이 되는 것은 국조 이래 없었던 규정이다. 하물며 휴가를 빌려 고향에 있었는데 어떻게 함께 국문하고 함께 약속할 수 있었겠는가?

- 남기제, 『아아록』
이발과 이길이 죽은 뒤, 그들의 82살 되는 어머니와 9살 어린 아이가 잡혀서 수금되니 이때가 경인년 12월이다. 임금이 국문을 명하자 조정의 신하들이 끝까지 법에 따라야 한다고 계문을 올려 옥중에 구류되었다. 신묘년(辛卯, 1591, 선조 24) 5월이 되자 서애가 또 위관을 맡았다. 윤씨를 추문하다가 압슬형(壓膝刑)을 가하니, 그가 죽었다. 9살 어린 아이 또한 옥중에서 죽었다. 그 화 또한 참혹했다. 임진년(壬辰, 1592)에 송강이 강계 유배지에서 풀려나와 관서 행재소에서 서애와 만났다. 송강이 서애를 책망하며 말하길 "대감이 일을 맡고서 어째서 경함(景涵 : 이발의 자)의 늙은 어머니와 어린 자식을 죽였습니까?"라 하였다. 유(柳)가 눈물을 흘리며 "대감이 있었어도 그들의 생명을 구할 수 있었겠습니까?" 하였다. 이발의 어머니와 그 아들이 죽은 것이 송강이 강계에 유배되어 있었을 때 일어났음을 또 알 수 있겠다.

• 이건창, 『당의통략』
이발은 본래 무거운 명망이 있었다. 정철도 비록 속으로는 미워했지만 자주 임금께 말해서, "발(潑)이 여립(汝立)과 사귄 것은 정에 끌려서 그의 악한 것을 알지 못한 것이오니 천하에 어찌 두 여립(汝立)이 있겠습니까?" 하였다. 그러나 임금은 이 말을 듣지 않고 더욱 신문하라고 명령했다. 이때 철(澈)은 휴가를 청해서 조정을 떠나고 유성룡(柳成龍)이 그에 대신해서 위관(委官)으로 있었는데, 마침 그때 발(潑)이 여러 번 형벌을 당한 끝에 죽고 말았다. 성룡(成龍)은 발(潑)과 함께 동인이었지만, 사이가 서로 좋지 못하고 또임금의 명령이므로 감히 용서해 주지 못하고 곤장을 때려 죽였다.

80세가 넘는 노인과 10살도 안 된 어린아이가 죽은 비극적인 이 사건은, 비극을 초래한 주체를 놓고 서로 다른 진술을 낳았다. 이 비극이 일어난 해는 경인년(1590) 정철(鄭澈)이 위관이었을 때라는 진술과, 신묘년(1591, 선조24) 유성룡(柳成龍)이 위관이었을 때라는 진술로 엇갈렸다. 이렇게 진술이 엇갈리는 것은 『선조실록(宣祖實錄)』에서 당시 기사를 모두 누락시켜 볼 수 없었기 때문이다.

『선조실록』 경인년 5월 기사와 신묘년 5월 기사에는 이발 노모의 사망과 관련된 사실은 나오지 않는다. 실상 『선조실록』에는 기축옥사에 대한 기록 자체가 거의 없다. 이 부분의 기록이 소략한 이유는 임진왜란 때문이었다. 광해군이 즉위하여 선조 때의 실록을 편찬하려고 했을 때, 전화(戰火)로 사책(史冊)이 많이 없어졌다. 이후『선조실록』
을 보완 수정한『선조수정실록(宣祖修正實錄)』이 나와서 기축옥사에 대
한 기록을 첨부하였지만, 역시 당시 위관이 누구였는지에 대한 기록
은 없다. 이미 이때는 위관을 놓고서 의견이 분분하였기에 정사에 한
쪽의 견해를 넣기 어려워서 그러했으리라 보인다.

상황이 이러하니, 정철이 속한 서인과 유성룡이 속한 동인(남인)의
기록에도 큰 차이가 났다. 먼저 남인의 기록인『동소만록』에서는 이
비극이 경인년(1590, 선조23) 5월 4일에 일어났다고 기술하면서, 이때
유성룡은 부인상을 당하여 고향인 영남에 가 있었는데 어떻게 국문에
참가할 수 있었겠느냐고 반문하고 있다. 반면『아아록』에서는 이 비
극이 일어난 시간을 위의 인용문에서 보다시피 신묘년(辛卯, 1591, 선조
24) 5월로 잡고 있다. 사건의 심의 자체는『동소만록』의 기록처럼 경
인년(庚寅, 1590, 선조 23)에 시작되었지만, 사건의 결론은 다음 해인 신
묘년에 이루어졌다고 기술하였다. 당연히 이발의 노모와 어린 아들이
고문 끝에 죽은 시점도 바로 이 시점으로 확정하였다. 이때 정철은 유
배를 가서 도성에 남아 있지 않았기에 당연히 위관으로 참석할 수 없
었다고 결론지었다. 그리고 이 결론에 확신을 주기 위하여, 정철과 유
성룡의 대화를 기술하며 당시 위관이 유성룡이었다고 드러냈다.

이긍익의『연려실기술』은 이 비극을 다룬 기왕의 자료들을 인용하
였지만, 당시의 위관이 누구였는지에 대해서는 아무런 언급도 하지
않았다. 그런데 19세기 말엽에 나온 이건창의『당의통략』은 적극적으
로 서인의 기록에 기반하였다. 위에서 보았듯, 이 사건이 언제 발생하
였는지 확정할 수 있는 기록은 없다. 그런데도 아예 당시 위관을 유성
룡으로 확정하였다. 그리고 이발에 대한 정철과 유성룡의 태도를 기
술하면서, 정철은 상대당인 이발에게 호감을 느끼는 것으로 묘사하고

유성룡은 자당인 이발과 사이가 좋지않는 것으로 적어 놓았다. 기왕에 있었던 다양한 논의를 무시하고 매우 적극적으로 서인 측의 주장을 수용한 셈이다.

이 사건에 대한 방은의 기술과 평가는 사뭇 다르다. 방은은 이발의 인물됨과 그 가족의 비극에 대하여, "이발은 효우(孝友)하고 청명(淸名)이 있는 사람이었다. 정여립과 친한 것은 사실이나, 그가 역적과 공모하지 않은 것은 세상이 다 믿는 바였다. 더구나 80세의 노모와 8세의 어린 아들까지 매를 맞아죽었다."(107면)라고 기술하면서, 기축옥사 당시 그 참혹한 고문의 현장을 다음과 같이 묘사하고 있다.

또 이발의 어린 아들이 고문을 당하면서
"부친이 평소에 가르치기를 '들어가서는 효도하고 나가서는 충성하라' 하였으니, 역적의 일은 듣지 못했습니다."
하였다. 그러나 선조는 도리어
"이런 말이 저놈의 집 아이한테서 나오다니……"
하고, 매를 쳐 죽이게 하였다.(114면)

방은은 종래의 당쟁서의 서술방식을 따르지 않고, 다만 이발의 인물됨과 그의 억울함 그리고 노모와 어린 아들의 죽음을 담담하게 기술하였다. 이발의 어린 아들이 고문 가운데서도 선조를 향해 부친에게서 효와 충을 배웠지 반역은 배우지 못하였다고 하자, 선조는 격분하여 그 어린아이를 매로 때려죽였다. 방은은 이런 정황을 대화체로 표현하면서, 선조의 잔인함을 부각하고 있다. 참화의 원인을 선조로 지목한 것이다. 방은의 이러한 주장은 과거 정사인 실록이나 당쟁서는 물론, 현대에 쓰여진 관련 저술에서도 찾아보기 어려운 대목이다.

이는 당파의 대립을 건설적으로 이끌지 못한 데서 당쟁의 폐해가 생겨난다는 방은의 지론이 표출된 것으로 볼 수 있다.

이상으로 우리는 방은의 당쟁사 서술이 지닌 특징을 종래 당론서와 비교하는 가운데 고찰해 보았다. 그 결과 방은의 당쟁관의 독특한 지점을 볼 수 있었다. 방은의 저술은 그의 주저인 『한국당쟁사』 이외에 유학 관련 글들도 있다. 이 저술에 대해서도 상당한 교주 작업이 있어야 온전하게 평가하고 활용할 수 있을 것이다. 앞으로 방은의 『한국유학사』도 온전하게 복원된다면, 작게는 성균관대 초기 학술사를 규명하고, 더 나아가서는 근대한문학의 형성에 방은이 기여한 면모가 분명하게 드러날 수 있을 것이다.

[주요 참고 문헌]

이건창 저, 이덕일, 이준영 역주, 『당의통략』, 자유문고, 2015.
성낙훈 저, 이영호, 성창훈 교주, 『한국당쟁사』, 성균관대출판부, 2021.

임창순(任昌淳)의 한국서예사 연구;
실천적 삶의 여정에서

-손병규(성균관대학교 동아시아학술원 교수)

1. 머리말; 삶의 여정에서 '학문'

청명(靑溟) 임창순(任昌淳, 1914~1999) 선생은 4·19혁명 와중에 감행한 '4·25 교수데모'에서 당시 결의문에 '대통령 물러가라'는 문구를 넣도록 하였으며, 성균관대 동료 교수였던 조윤제의 제안으로 플래카드에 "학생(學生)의 피에 보답(報答)하라"는 문구를 직접 쓰기도 했다. 이러한 활약은 그의 학자로서의 실천적인 삶에서 빼놓을 수 없는 일대 사건이다. 그 뒤 박정희 정권에 요주의 인물로 지목받아 두 차례 옥고를 치르기도 했다. 1962년 5·16군사쿠데타 직후의 '통일운동(민족자주통일중앙협의회)'과 1964년 '인민혁명당사건'에 연루시킨 것이 그것이다.

선생은 '국시(國是)'가 '반공(反共)'이라는 것에 대해서 질책했다. 국가의 이념이 무엇을 지향하는 것이 아니라 '무엇에 반대한다'는 것은 말이 안 된다는 것이었다. 1998년에 계간지 『통일시론』을 간행하여,

돌아가시기 전까지 '통일'을 위한 학술 논의에 열정을 다했던 것은 그러한 취지였을 것이다. 젊은 연구자들에게 한학을 가르치던 '지곡서당(芝谷書堂)'의 상량문에는 "남북의 젊은이들이 모여 민족의 장래를 의논하는 그런 전당이 되는 것이 이 서당의 기본정신이다"라고 썼다. '민주주의'와 '자주적 통일'이 실천적인 삶의 최종적인 목표였다고 할 수 있다.

선생의 이러한 실천적 삶의 행보는 이미 인터뷰나 여러 평전에서 구체적으로 밝혀진 바이다. 그에 반해 선생의 학문적인 성과에 대한 평가는 찾아보기 어렵다. 특히 서예사 연구에 대해서는 더욱 그렇다. 그러나 선생의 실천적인 삶은 그의 학문적 추구와 별개로 생각할 수 없다. 한학의 수양으로 시작된 학문 연구는 한국사에 대한 역사 인식으로 정립되어, 실천적인 삶의 학문적 근거가 되었다. 선생의 학문적 연혁은 한학(漢學), 한국 고대사, 금석학(金石學), 서예라는 분야의 연속적인 상호 관련 속에서 설명될 수 있다.

선생은 어려서부터 할아버지에게 한문을 배웠다지만, 본격적인 한학 수학은 1927년에 14세의 나이로 충북 보은군에 위치한 '관선정(觀善亭)'에 들어가 20세까지 겸산(兼山) 홍치유(洪致裕) 선생을 만나면서부터였다. 그곳에서 6년 동안 한학의 기반을 닦은 후, 가족의 생계를 꾸리면서 식민지 시절을 보냈다. 해방 직후 교원자격시험에 국사과와 국어과에 합격하여 여러 곳에서 교편을 잡으며, 대구사범대학, 동양한의과대학에서 강의를 했다. 한학에 기초하여 한국어와 한국사에도 학술적 안목을 갖추게 되었다.

1954년 그간의 한학 연구성과가 드디어『당시정해(唐詩精解)』로 출간되었다. 수준 높은 한시 번역으로 대단히 호평을 받았다. 말년에 TV 방송을 통해 한시 강의를 지속하는 기반이 되었는데, 한문 이해와 더불어 한국어 구사에도 현대적 감각을 발휘했기 때문이다.『당시정해』의 출간 직후 성균관대학 사학과 교수가 되어 한국 고대사를 강의함으로써 역사학 연구도 더욱 깊어진 것으로 보인다. 한국 고대사 강의는 철저한 사료 분석에 근거를 두었다. 그 가운데에서도 돌에 새겨진 금석문 분석에 가장 역점을 두었다.

그때까지 한국 고대사 연구는 새로운 왕조 성립의 정당성을 주장하기 위해 편찬되었던 왕조사나 연대기를 실증자료로 활용해왔다. 그런데 선생은 왕조사나 연대기와 같은 기술 사료는 역사적 사실이 발생한 이후에 사관의 주관적 견해가 투영되어 만들어졌음을 지적하며 사건 당시의 기록을 연구의 근거로 삼고자 하였다. 특히 한국 고대사 당시의 기록을 담고 있는 현전 자료의 대부분은 목간(木簡)을 포함한 금석문이기 때문이었다.

금석학 연구는 오랫동안 진행해온 비문(碑文)이나 묘지(墓誌)의 탁본과 그러한 자료들의 수집을 통해 이어졌다. 특히 광개토왕비 탁본은 1890년 이전의 것을 소장하여 학계의 연구에 공헌했다. 1984년에는 금석문 자료를 모으고 해설을 붙여,『한국금석집성(韓國金石集成)』이라는 자료집을 편찬하기에 이른다(평화당, 1984). 이것은 당시에 집중적으로 편찬된 금석문 집성 자료집들과 더불어 이후 금석학 연구를 활성화하는 계기가 되었다.

선생의 금석학 연구는 금석문 집성을 편찬하기 훨씬 전부터 진행된 '서예' 연구의 일환이기도 했다. 선생은 이미 1973년에『한국미술전집』11권〈서예편〉에서 서예에 관해 해설한 바 있다(동화출판공사, 1973). 또한 1981년에는 공저로『한국현대서예사』를 발간하고(임창순·이구열·이흥우 공저, 통천문화사, 1981), 일본에서 '한국미술시리즈 6'으로『韓國の書藝』(한국의 서예)를 발간했다(近藤出版社 東京, 1981). 한학과 한국 고대사 연구를 위한 근거 자료는 금석문만이 아니라, 종이에 쓰여진 기록도 있다. 돌에 새겨진 한문 글씨체를 포함하는 '서예'를 연구 대상으로 함으로써 한국사의 통사적 연구와 역사 인식을 갖추게 된 것이다.

선생은 종이에 쓰여진 한자 기록을 학술 자료로 특화하여 '서지학' 연구를 위한 연구사업도 추진했다. "한국서지학회"를 재창립해 회장을 맡으면서 1990년에 『계간 서지학보』라는 학술지 창간에 관여한 것이 그것이다. 「창간에 즈음하여」(『계간 서지학보』 창간호, 한국서지학회, 1990.06)라는 글에서, 창간의 계기는 청대 『사고전서총목제요(四庫全書總目提要)』와 같이 한국의 전적(典籍)에 대해서도 해설서가 만들어져야 한다는 절실함에서 비롯되었음을 밝히고 있다. 『사고전서(四庫全書)』의 해제 편찬은 훈고(訓詁) 및 고증(考證)을 통해 한학을 부흥, 발전시키고자 하는 것으로, 청대 학술의 성격을 변화시켰다. 이같이 실사구시를 중시하는 선생의 취지에 따라 창간호부터 '조선왕조실록 문헌관계 자료초록(朝鮮王朝實錄文獻關係資料鈔錄)'이 게재되었다. 이것은 『조선왕조실록』에서 전적 출간 기록을 조사하는 작업으로, 전적 고증을 위한 기초과정이라 할 수 있다.

필자는 일찍이 일본 도쿄의 한 서점에서 일본 잡지에 실린 선생의 서예사 글을 발견한 바 있다. 서예와 묵화(墨畫)를 전문으로 하는 '먹[墨]'이라는 잡지가 1988년에 '한국의 서예와 문자문화'를 특집으로 기획했다. 여기에 임창순 선생은 「韓国書芸史の名品·30選」(한국서예사의 명품 30선)이라 하여 한국의 서예 30점을 해설하고, 「韓国の書芸, その歴史と特徴」(한국의 서예, 그 역사와 특징)이라는 글을 실었다(『書と墨画のグラフ誌, 墨すみ』74号, 1988年 9·10月号, 芸術新聞社). 특히 뒤의 글은 선생의 기왕에 발표된 서예 연구의 핵심을 요약한 것이라 할 수 있다.

당연히 1988년 이전에 발견된 글씨와 그에 대한 분석에 한정되었으며, 그 이후에 발견된 자료와 새로운 서예사 연구는 수용되지 못했다.

2009년 4월에 선생의 서거 10주기를 기념하여 선생의 유묵전이 예술의전당 서예박물관에서 개최되었다. 이때 제작된 도록에는 선생의 서예 작품 사진과 함께, 1997년에 이르는 금석문과 서예 관련 논고를 십여 편 싣고 있다. 그 가운데 몇 편의 글도 선생의 한국서예사 연구를 평하는 대상에 포함시켰다.

선생의 서예사에 대한 비평이 아직 본격화되지는 못했지만, 그가 이룬 서예사 연구의 학술사적 의의는 매우 높은 것으로 판단된다. 서예라는 하나의 주제로 고대부터 근대에 이르는 통사적인 한국사 서술이라는 점은 어느 연구자도 쉽게 내어놓을 수 없는 역사서술이다. 여기서는 우선 선생의 여러 서술로부터 '한국서예사'를 통시대적으로 정리하고자 한다. 그리고 서예사를 서술하는 데에 근간이 되는 역사인식과 서예의 예술성에 주목하여 선생의 한국서예사 연구의 학술사적 의의를 찾아보기로 한다.

2. 임창순의 '한국서예사' 서술

1) 한자의 수용과 한국 고대의 서예

서예는 '한자문화권' 특유의 예술이다. 서예는 『주례(周禮)』에 전하는 육예(六藝)인 예(禮)·악(樂)·사(射)·어(御, 마차술)·서(書)·수(數)의 하나로, 사대부의 수양과목이었다. 그런데 '서예사'를 서술하기 위해서는 한자를 수용하는 시기에 따라 '한자문화권'이라는 권역이 형성되어간다는 경과적 인식이 필요하다. 『전국책(戰國策)』과 같은 문헌에 의하면, 한국은 중국과 영토를 접하고 있어 늦어도 전국시대 (BC475~BC221) 말기에 연(燕), 제(齊) 등과 민간 왕래가 빈번했던 것으로 추정된다.

한반도에서 한문이 관부(官府)의 문서로 사용된 것은 낙랑(樂浪)을 비롯한 한사군(漢四郡)이 설치된 전한(前漢) 시대였다. 한인(漢人) 관료가 상주하고 관직을 얻은 본토 출신이 한자를 습득하고 사용하였기에 한자 교육이 급속히 보급된 것으로 보인다. 당시의 글로 현존하는 한자는 모두 한인의 작품으로 추정되고 있다. 평양을 중심으로 대량으로 출토되고 있는 낙랑의 유물에는 한자가 각인되어 있다. 그 가운데 석각이 된 점제현신사비(秥蟬縣神祠碑)는 한대의 예서(隸書)를 대표한다. 그런데 최근에 세상에 소개된 〈樂浪郡初元四年縣別戶口多少□簿〉(BC45)는 평양에서 발굴된 목간으로, 낙랑군 산하 각 현의 호구 수를 기록한 것이다. 또한 평양 정백동(貞柏洞) 364호분에서 발굴된 『논어』 죽간도 소개되었는데 이는 선생이 보지 못한 자료들이다. 선생에게 보여 평가받지 못한 것이 못내 안타깝다.

고구려는 광개토왕릉비를 비롯하여 중원고구려비, 모두루묘지(牟頭婁墓誌), 평양성석각, 안악동수벽화(安岳冬壽壁畫) 등의 비문, 묘지, 벽화에서 한자의 흔적을 발견할 수 있다. 광개토왕릉비는 비문의 내용에 관하여 많은 논란이 있었지만, 서풍(書風)에도 특이한 점이 있다. 당시 중국에는 예서를 상용하지 않았는데 이 비석은 예서를 사용했다. 그러면서도 후한의 예서에서 보는 곡선과 율동미를 보이지 않고 장엄고박(莊嚴古朴)한 위풍(魏風)이 감도는 것으로 평가된다. 이 이외의 자료는 모두 해서(楷書)로 되어 있는데, 행서풍(行書風)의 붓놀림으로 필획에 역동감이 넘친다. 해서는 예서에서 발달한 것으로, 글자가 가장 반듯하여 '정서(正書)'라고도 한다. 행서는 초서(草書)와 해서의 중간 형태로 해서를 약간 흘려 쓰는 서체이다. 글자 사이의 연속감이 있으면서도 예서에 비하여 알아보기 쉽고 간이하여 일상생활에 많이 쓰었다고 한다.

백제의 무녕왕릉매지권(武寧王陵買地圈)은 중국 남조(南朝)의 서풍과 같고, 사택지적비(砂宅智積碑)는 여기에 북조풍(北朝風)이 가미된 글씨인데, 중국 제량(齊梁)의 문화를 직수입한 것으로 중국과 비교해도 높은 수준의 작품이다. 매지권은 묘를 서는 땅을 지신(地神)들에게 매입한다고 하는 상장의례(喪葬儀禮) 문서로 무녕왕비의 지석(誌石) 뒷면에 새겨져 있다. 선생은 「매지권에 대한 고찰」(『武寧王陵』, 문화공보부 문화재관리국, 1973)이라는 글에서 "이 지석의 서체는 남조풍에 속한 우아한 필치로, 왕의 지석의 글씨는 북조 제비(諸碑)와 같은 예서기(隸書氣)가 완전히 가셔졌고 힘과 골을 위주로 한 고삽미(苦澁美)가 없이 유려창달(流麗暢達)하여 왕희지(王羲之)와 왕헌지(王獻之)의 유풍이 살아 있고, 왕비의 지석의 글씨는 결구(結構)의 방정(方正), 풍운(風雲)의 고담(古談)함이 다소 왕의 지석과는 다른 면이 있으나 역시 시대적 특징을 나타내는 데 있어서 귀중한 가치를 지닌다"라고 평가했다. 왕과 왕비의 지석에 각각 품격에 맞는 서체를 사용한 것이다.

신라는 한문화(漢文化)의 수입이 상대적으로 늦었다. 울주군의 마애제각(摩崖題刻)과 1988년에 발견된 울진군 석비는 각각 525년, 524년에 만든 것으로 추정되는데, 신라의 것으로서는 당시 가장 오래된 금석문이다. 서법은 중국 남북조시대 것으로, 균형이 맞지 않고 치졸하여 고구려와 백제에 비해 세련되지 못했다. 그러나 이후 묵묵히 쌓은 저력으로 급격히 국력을 신장시켜 확장된 영토에 '진흥왕순수비'를 세웠다. 진흥왕이 세운 이 순수비는 세련된 문장과 격조 높은 글씨를 보여 문자에도 큰 변화가 있었음을 알 수 있다.

삼국의 서법을 비교하면, 고구려는 박력이 넘치고 백제는 우아하며 신라는 단정하다는 특징을 보인다. 이 점은 서법만이 아니라 조각이나 공예 등에서도 같은 특징을 지적할 수 있다.

통일신라시대에는 당(唐)에 관료나 승려가 장기간 머무르고 당의 학술과 문화, 제도를 모방하여 한학이 크게 발흥했다. 시문에 뛰어난 사람들은 물론, 서예의 대가도 많이 배출되었다. 이 시대의 서적(書跡)으로는 755년에 작성된 신라묵서화엄경(新羅墨書華嚴經), 신라장적(新羅帳籍)이 묵적(墨跡)으로 남아 있고, 이외에 수십 종의 금석문이 전한다. 서체는 왕희지체가 주류를 이룬다. 집자하여 석각한 왕희지 글씨의 모본(模本)과 탁본(拓本)이 대량으로 신라에 들어와, 왕희지의 행서집자비(行書集字碑)가 여러 점 발견된다. 신행선사비(神行禪師碑), 아미타조상기(阿彌陀造像記), 성덕대왕종명(成德大王鐘銘), 보조선사비(普照禪師碑) 등에서 보는 신라의 서법도 행서로서 이 집자비의 서법과 공통된다. 또한 사경(寫經)이 성행하여 사경체가 발전했다. 중국 남북조시대부터 면면히 전승되어온 전통 위에 독자적 특징을 더했다. 특히 화엄사 화엄석경잔본(華嚴石經殘本)의 서법은 당대(唐代)에 조성된 석경을 훨씬 뛰어넘는 명품이다.

이 시대 대표적인 서예가로서 김생(金生)과 최치원(崔致遠)이 있다. 김생의 서풍은 왕희지에 기반을 두고 육조시대의 서예 취향과 저수량(褚遂良)의 서풍을 융합한 서법을 창조했다. 김생의 서법은 김생의 글을 집자한 낭공대사비(朗空大師碑), 서첩으로 전하는 전유엄산가서(田遊嚴山家序), 해동명적(海東名蹟), 대동서법(大東書法)에서 볼 수 있다. 선생은 "선을 하나 긋는 데에도 그 굵기가 단조롭게 흐르지 않고 파도를 치듯이 변화가 풍부하며, 결구도 음양향배(陰陽向背)의 묘를 살린 효과를 나타내어" 초기 한국서예사에 가장 훌륭한 작가라고 평가하고 있다. 최치원은 왕명에 따라 작성한 사산비문(四山碑文)이 있는데, 그의 서법은 당(唐) 초기 대가들의 서풍이 신라에 들어왔음을 보여준다. 이 때 유입된 글들은 특히 구양순(歐陽詢)의 서법이 주류를 이루어 고려 시대 서예계를 석권하는 데에 기여했다.

2) 고려와 조선전기의 서예

고려시대에 한학은 발전하여 보편화되었다. 문학을 시험 보는 중국 과거제도와 역대 왕들의 문학 기호에 영향을 받아, 시문에 정통하지 않으면 출세할 수 없는 시대가 되었다. 이에 따라 서예 교육기관이나 서예 전문직이 등장했다. 특히 구양순의 서체는 고려 초기에 가장 일 반적으로 사용되었다. 고려시대는 불교를 국교로 수용했기 때문에 고 승의 탑비와 사적비가 왕명으로 건립되고 그 비문을 짓고 글을 쓰는 사람도 일류 명인으로 임명되었다. 고려시대에는 비석도 50여 점 남 아 있고 묘지도 수백 점이나 되어 서예사를 기술하기에 충분한 자료 를 제공하고 있다.

그러다가 당풍(唐風)을 모방하던 서풍이 점차 변화했다. 고려에서는 독자적으로 왕희지의 서법과 육조풍의 붓놀림을 종합한 서체가 만들 어졌는데, 승려 탄연(坦然, 1070~1159)의 서체가 대표적이다. 고려 말기 에는 원(元)과 밀접한 관계를 맺어 왕이 북경에 머무르는 경우가 많았 다. 따라간 신하들도 당시의 문신들과 교류가 활발하여 학술과 문화 의 수입이 빨라졌으며, 주자학도 이때 들어왔다.

이후 조선 전기에는 조맹부(趙孟頫, 1254~1322)의 서체가 유행했다. 조맹부는 문인화 화가로 더 유명하지만, 당나라 이후의 서예를 집대 성했을 뿐만 아니라 조체(趙體) 또는 송설체(松雪體)라는 아름답고 세 련된 서체를 만들어 한국과 일본에 영향을 주었다. 조선왕조의 지배적인 이념인 주자학은 서예에 대해서도 큰 영향을 주었다. 유교의 '도학(道學)'과 배치되는 문학은 인정받지 못하고, 글씨도 자유 분망함을 허용하지 않았다. 조맹부의 서법도 유교적 예술관과 배치되지 않아 큰 영향을 끼칠 수 있었다. 그중에서도 안평대군(安平大君) 이용(李瑢)은 조맹부를 표본으로 삼았지만 생기 있는 박력과 표일(飄逸)한 운치는 오히려 그를 능가하는 면이 있었다. 그와 당대를 대표하는 문인들이 쓴 몽유도원도(夢遊桃園圖)의 발문(跋文)은 서예사에서 매우 돋보이는 작품이다.

임진왜란 전후에 서예로 이름을 날린 석봉(石峯) 한호(韓濩)는 서풍을 변화시키는 데에 공헌했다. 조풍(趙風)은 미려하나 가벼워 성리학자들이 꺼렸는데, 한석봉은 왕희지체 부활에 애를 써서 높이 평가받았다. 그러나 그가 표본으로 삼았던 왕희지첩은 모두 왕희지의 진필과 거리가 있었다. 이 때문에 이후 한국 서예의 품격이 저하되었다.

3) 한국 근대와 현대의 서예

청나라가 세워진 이후 유교적 화이사상(華夷思想)에 매몰되었던 조선은 새로 일어난 고증학의 학풍과 서학(西學)을 받아들이는 데에 다소 늦었다. 18세기 말 조선의 소장학자들은 연행(燕行)에 참여하여 학자 간의 교류를 통해 새로운 지식을 수용하여, 서예에도 많은 변화를 일으켰다. 박제가(朴齊家), 신위(申緯), 김정희(金正喜) 등이 그 대표적 인물이다. 특히 김정희는 경학(經學)과 금석학에 조예가 깊고 서예는 옹방강(翁方綱)과 완원(阮元)의 이론에 경도되어 있었지만, 만년에는 현대적 감각이 느껴지기도 하는 개성적 예술 세계를 창안했다.

조선왕조에 이르기까지의 한국서예사를 개관하자면 대체로 중국의 영향을 받았던 것은 부정할 수 없으나, 일방적 모방은 아니었을 뿐만 아니라 김생, 탄연, 김정희와 같은 세기의 명가는 당시 중국을 대표하는 작가들과 경중을 논할 만한 위치에 있었던 것으로 평가된다.

일제 36년은 서예가 '서도(書道)'라 불리며 제도적으로는 독자적 위상을 얻었지만, 서예의 쇠퇴기였다. 예술로서의 고매한 인품은 없어지고 외견상 기교만을 추구하는 저급한 세속물로 추락했다. 서도회의 서예 전수자나 학교의 서예 교사와 같은 서예의 직업화가 진행되면서 외면적 미만 추구하는 경향이 생겼다. 해방 후에 '대한민국미술전람회', 소위 '국전'이 생겨 서예 부문이 미술과 함께 참여할 수 있게 되었지만, 운영자나 응모자의 성격은 식민지 시기와 변함이 없었다. 그것은 글씨가 한문의 부속물에 지나지 않아 생산적인 작업이 아니라는 인식의 한편에, 정신 도야나 정서 순화의 역할을 한다는 궤변에도 원인이 있다.

그러나 현대에도 한국 서예의 생명력이 건전한 이유는 첫째로 서예가 한문 교양을 쌓은 사람들의 감상 대상으로 존속한다는 것, 둘째로 그나마 '국전'의 서예 부문이 열려 있어 서예가를 기다린다는 점이다. 선생은 "추사의 후계자가 배출되고 다른 예술 분야와 같은 비평활동이 활발하게 전개되지 않으면 안 된다"고 서예사의 현대적 의미를 설파했다.

3. '한국서예사'에 대한 역사 인식

1) 실증적 역사탐구

선생의 한국서예사 연구에서는, 첫째로 역사서술 방법의 실증성을 확인할 수 있다. '서예' 작품을 비롯한 '한자 기록' 자료에 대해, 기술된 내용에 앞서 '글씨' 자체의 분석에 역사서술의 실증적인 근거를 두었다는 것이다. 사실 우리 학계에서는 '실증'을 둘러싸고 여러 오해와 불필요한 논쟁도 있었다. 그러나 '실증'은 역사학의 당연한 연구 과정이며, 표면적으로 관찰되는 기록 이면에 존재하는 역사적 사실의 본질을 추적하거나, '자료학' 혹은 '문헌학'의 관점에서 자료가 존재하는 형태로부터 객관성을 확보해야 한다는 것은 이제 학계의 기본 상식이 되었다. 그런데 선생의 서예사는 이미 이러한 논란이 있기 전부터 본래적 의미의 실증적 역사서술 방법이 실천되고 있었다.

선생의 한국서예사는 한국 역대 서예 작품에 대한 분석을 통해 장기변동의 통사적 이해가 가능함을 보여주었다. 또한 여러 시대를 관통하는 서예사 서술이 가능했던 것은 종이에 쓰여진 기록만이 아니라, 그 이전부터 진행되어온 금석학의 연구성과에 기반을 두었기 때문이다. 한국의 금석학은 19세기 초의 추사 김정희에 의해 하나의 학문 분야가 될 수 있었다. 김정희는 신라 진흥왕의 순수비와 같은 금석문의 파손된 부분을 판독해내고, 새겨진 자구(字句)에 대해 고증학적인 탐색을 했다. 가령 순수비에 새겨진 "眞興"이 당시의 왕명(王名)인가 시호(諡號)인가라는 의문을 제기하고 왕의 호칭에 대해 조선왕조와 다른 점을 지적하였다(『阮堂先生全集』 卷1, 攷). 김정희는 "『삼국사기』 지증마립간(智證麻立干) 15년에 '왕이 훙(薨)하였다. 시호(諡號)를 지증(智證)이라 하였으니, 신라의 시법(諡法)이 여기에서 시작되었다'고 하였다. 진흥왕 본기에도 37년에 '왕이 훙하였다. 시호를 진흥이라 하였다'고 했다. 그러나 진흥왕이 세운 비석에 '진흥'이란 글자가 있으니, 법흥이니 진흥이니 하는 칭호는 바로 생존 시에 부른 칭호이다. 태종 무열왕부터 비로소 시법이 있었다. 『당서(唐書)』의 기록에서 '김무열(金武烈)'이라 칭하지 않고 '김춘추(金春秋)'라 칭하니, 여기에서 알 수가 있다"고 논증했다. 즉, 금석문 분석에 기초하여 왕조사나 연대기 기록을 재고한 것이다.

선생은 김정희에 대해서 서예는 물론, 한국 금석학 연구에 대해서도 매우 높게 평가하면서, 그의 연구 방법을 따르고 있다. 김정희의 금석학 연구 방법은 시대를 넘어서는 통시대적인 안목을 가지고 전통적인 금석학 연구의 학문적 전형을 보여주었다. 오히려 현재 역사 연구의 오류를 극복하는 방법론이 될 수 있다. 더구나 현재 금석과 마찬가지로 죽간과 목간과 같은 출토 문헌의 발굴과 소개가 활발히 진행되어 새로운 연구 방법이 요구되고 있다. 중국 측의 출토 문헌 자료가 대부분을 차지하지만, 글씨나 자료형식이나 내용에 있어 한국 자료와의 비교를 통해 새로운 역사상을 발견할 수 있다. 그러한 의미에서 김정희나 선생의 금석학 연구가 갖는 연구사적 의미는 크다고 할 수 있다.

2) '한자문화권'과 '동아시아' 인식

선생의 한국서예사에서 두 번째로 주목되는 것은 한국서예사 연구의 통시대적 역사 인식, 특히 '한자문화권'과 '근대'에 대한 관점이다. 역사 인식으로서의 '한자문화권'은 '동아시아'라는 공간적 '권역'의 설정과 관련되며, '근대'는 그러한 공간에서의 시간적 변화 시점과 관련된다. 선생은 '모방'과 '창조'의 상호관계에서 이 문제를 바라본다. 그로부터 한국사의 고유한 전통성을 발견하지만, 일국사적 관점에 갇히지는 않는다.

선생은 동아시아의 특질로 기정사실화되어 있는 '한자문화권' 개념에 대해 결과론적이 아닌 과정적이고 유동적인 것으로 이해한다. 문화의 '권역'은 단지 지리적인 경계를 의미하지 않으며, 교류 매개체의 습득과 같은 현지인의 문화 활동에 근거한다고 여긴다. 따라서 낙랑군 등의 한사군을 통한 중화문화의 한반도 이입을 긍정적인 역사 사실로 받아들인다. 한반도 여러 지역 가운데에서도 중화문화의 중심으로부터 어떻게 위치하는가 하는 지정학적인 객관성에 의해 차등적일 수밖에 없다. 고구려의 서체에서 당시 원주민의 특성을 반영하는, 중국과는 다른 서예의 고유성이 발견되기 시작한다. 하지만 그것은 고구려가 중국 문화권에 가장 가깝게 있어 두 지역 사이의 다툼과 교류가 빨랐기 때문이다.

서예사의 또 다른 특징으로 한중 서체 교류의 빠른 속도가 거론되곤 한다. 민간 차원에서 문화 전파의 속도가 당시의 지리적 환경과 교통 관계를 생각할 때, 의외로 빠르다는 말일 것이다. 교류의 빠른 속도는 선진문물의 재빠른 모방과 적용을 의미한다. 하지만 지정학적인 위상과 지역적인 속도 차는 선진문물의 내화 과정에서 축적되는 해당 지역 고유의 특성을 질적으로 달리하게 한다. 또한 '글씨' 분석에 기초한 '한자문화권'의 형성과정과 지역적인 특성의 문제는 곧바로 한반도에서 '중화사상'에 대한 인식, 그 장기적 변화의 문제와 직결된다.

조선왕조만이 아니라 중국의 청대, 일본 에도시대가 건설되는 17~18세기에 동아시아 삼국은 모두 소위 '소중화'를 기치로 내걸고 일국적 배타성을 형성하기 시작했다. 각 지역은 약간의 시차를 두면서 '한자문화권'의 내적 변화를 공유하는 한편, 고유의 독자적인 역사 과정을 표출하기 시작했다. 그것은 서예사도 마찬가지였다.

3) '근대' 및 '현대'에 대한 역사 인식

이런 점에서 한국서예사의 통시대적 역사 인식에서 '근대' 설정한 것은 매우 흥미롭다. 선생은 한국서예사의 시대 구분으로 '북학파(北學派)'가 활동했던 18세기 말 이후를 '근대'로 설정한다. 조선은 "새로 발생한 고증학의 학풍과 서구인을 통한 새로운 지식을 받아들이는 데에 늦었다."라는 선생의 언급에서, '근대주의적' 입장을 발견할 수 있다. 당시 학계의 주류적 견해가 북학파의 '이용후생(利用厚生)'과 상공업을 중시하는 태도가 자본주의적 변환을 보여주는 '맹아'였다고 평가했던 데에서 한 걸음 더 나아가 선생은 청대 고증학의 수용을 곧바로 근대 적 '속성'으로 볼 수 있다는 과감한 입장을 제시했다.

선생은 역사 인식에서 사회경제사 연구방법론에 큰 기대를 가지고 있었다. 그러나 선생이 북학파 활동 이후를 '근대'로 규정한 것은 사 회경제사에서 거론하는 일반적인 근대와는 다른 측면에서 이해할 필 요가 있다. 선생의 견해에 따르면, 북학파는 "유교적인 '화이사상'에 젖어 있"던 이전의 유교 사상을 극복하고자 하였던 것으로 이해된다. 그런데 이러한 논리는 중화문화의 전파 관계로 '한자문화권'을 이해 했던 선생의 입장과 일견 모순되는 것처럼 느껴질 수 있다. 당시 유교 지식인들이 빠져 있다고 하는 '화이사상'은 청의 '중화' 승계에 대해 서 조선도 '중화'의 중심이 되고자 하는 '소중화'의 사고방식을 말한 다. 만일 이러한 자국 중심적 '소중화 체제'가 실현된다면 이는 사실 당대 현실에서 작동하고 있는 '조공책봉체제(朝貢冊封體制)'의 국제관 계를 부정하는 일이었다.

이에 반해 북학파가 주장하는 '화이일야(華夷一也)'의 평등성은 본래 조공책봉체제가 가지고 있는 또 다른 측면의 평화주의적 국제관계의 본질이라 할 수 있다. 조공책봉체제는 중국을 중심으로 한 위계적 국 제관계이면서 동시에 유교의 가르침을 받아들이기만 하면 '사해(四海) 가 모두 형제'라는 평등한 관계를 지향하는 이념을 내장하고 있었다. 그런데 조선 후기 유교 지식인 일반은 조선을 '중화'의 새로운 중심으 로 삼고 외세를 '양이(攘夷)'로 배척함으로써 '중화사상'에 대한 주체성을 전면에 내세웠다. 이것은 '민족주의' 형성을 추동하는 일국적 배타성의 강화와 병행되었으며, 부국강병의 일국적 확대에 기인하는 제국주의의 식민지침탈에 위협을 받은 대한제국의 '황제국' 선언과 '위정척사(衛正斥邪)'로 귀결되었다.

그렇다면 북학파의 '중국지향'은 조공책봉체제의 평화주의적 목표를 실현하여 국제질서를 재정립하려는 사고방식으로도 이해할 수 있다. 동아시아에서 오랫동안 추구해온 평등적 국제질서 원리를 실현하는 것이 '동아시아적 근대'를 실현하는 하나의 방법인지도 모른다. 최근에는 '근대' 자체에 대한 근본적 반성이 널리 받아들여지고 있다. 특히 자국의 주권을 절대화하는 '서구적 근대'에 대해, 지역마다의 서로 다른 역사 과정에 따라 근대의 다양성을 발견하자는 쪽으로 논의가 폭넓어지고 있다. 북학파 이후를 근대로 규정하고 김정희를 "현대적인 표현 방법의 선구적인 길을 개척"한 서예가로 평가하는 선생의 역사 인식은 서예사에서 '한국적인 근대'를 발견한 것이라 할 수 있다.

선생은 식민지 시기부터 '현대'로 규정한다. 선생이 살아온 시기를 기준으로 보았을 때, 그것은 당연한 인식이다. '근대'라는 개념이 내 생애로부터 가까운 과거를 지칭하는 것이면, '현대'에 연속되어 역사적 경험의 축적을 만들어낸 시기가 바로 '근대'인 것이다. 우리가 '전통'이라 여기는 많은 것들이 실은 이 '근대' 시기에 형성되었다는 보고가 최근 많이 있었다. 그런데 이러한 점이 오히려 식민지 시기를 맞이하여 일제의 억압을 버텨낸 근거로 작용했다. 일본은 아시아에서 가장 빨리 서구적 근대화를 진행시켰다. 그것은 선진적인 동아시아 문명을 가장 늦게 수용한 후진성을 극복하기 위한 것으로 이해할 수 있다. 일본에서 서구적 근대화를 진행하는 한편으로 서예에 대한 열망이 증폭된 것도 그러한 이유이다.

한국서예사의 관점에서 근현대는 하나의 시대이며 식민지 시기는 조선시대에서 현대까지 연속되는 역사 과정 가운데 존재했다. 주체적인 역사 인식에서 식민지 시기가 시대 구분의 결정적 기점이 될 수는 없다. 또한 18세기를 근대에 포함하는 것은 동아시아적 특성을 다양한 근대의 하나로 하는 이해로부터 매우 현실적인 관점일 수 있다.

4. 글씨의 실용성과 예술성

1) 한국 서예의 서풍

선생의 한국서예사에는 중국 서예 작품과의 비교나 한국 서예 표현 방법의 특징을 서술하면서 글씨에서 표현되는 미학적 수준이나 가치를 평하고 있다. 여기에는 뚜렷한 기준을 가지고 선생의 안목이 반영되어 있다. 단순히 중국의 서예 수준을 기준으로 삼는 것이 아니라, 서법과 서풍의 성향과 품격을 미학의 차원에서 평가하고 그 역사적 의미를 제시하는 것이다.

한국 고대의 비문이나 묘지에 나타나는 서체는 예서의 권위와 함께, 그로부터 벗어난 다양한 필획을 보여준다. 용도에 따른 필체의 변형이 보이는가 하면, 삼국 각지의 서로 다른 예술 풍토가 서체의 특징으로 드러난다. 육조시대의 왕희지 서예는 중국이나 한국의 서예에 가장 크게 영향을 끼쳤다. 잘 알려진 대로, 왕희지는 예서를 잘 썼을 뿐 아니라 해서·행서·초서의 각 서체를 완성했다. 글씨를 예술로 끌어올려 '서성(書聖)'이라고도 불렸지만, 당대(唐代)에는 그의 친필이 많이 사라지고 필적이 의심되는 것도 유통되고 있었다. 한국은 당과의 교류가 빈번했던 통일신라시대에 왕희지의 글, 특히 행서 모본과 탁본이 들어와 유행하기 시작했다. '서성'의 글씨에 대한 흠모와 함께, 왕희지체 감별과 그것을 벗어나는 서체의 개발 의욕이 이때부터 일찍이 발생한 것이 아닐까 판단되고 있다. 한국 서예사에서는 전서(篆書)에서 나온 예서나 해서와 같은 반듯한 격식을 지키기보다는 자유로운 붓놀림을 추구하는 성향을 한국 서예의 특징으로 지적하는 듯하다.

그런데, 당대(唐代)의 서풍은 유교적 배경을 가지고 법도를 중시하는 경향이 있으나, 도불사상(道佛思想)이 서풍에 영향을 미치고 풍류를 중시한 송대(宋代)의 서법은 한국에 들어오지 않았다. 고려시대에 왕희지 이래의 정통파를 이어받으면서도 유연한 붓놀임을 보이는 구양순체가 유행하고, 조선 전기에 걸쳐 역시 왕희지체를 추구하는 조맹부의 글이 유행했다. 한국의 서예는 왕희지체의 정통성을 수용하는 반면, 자유분망하고 창조적인 작풍이 생기지 않았으며, 더 나아가 본체가 불분명한 왕희지체를 부활시키려는 경향마저 보였다. 선생은 이러한 현상이 한국에 주자학이 들어오는 시기와 겹친다는 사실을 지적한다. 고려 이후 유교적 정통성을 추구하고 교조적인 유학을 정립시키고자 하는 인식이 서체에도 영향을 끼쳤다고 보는 것이다.

2) 초서의 예술성

선생은 초서를 전서와 예서로부터 자체(字體)가 점차 간소화하는 방향으로 발전한 사회의 추세에 적응시키기 위해 나온 것으로 평가한다. 기이함을 추구하는 미의식을 위한 것이 아니라는 말이다. 더구나 초서는 소전(小篆)이 유행하던 시대부터 자연적으로 생겨나 전한 시대에 보편화되었다. 관용(官用)의 속기록과 같이 실용적인 성격을 가졌는데, 각인각색으로 만들어졌기 때문에 자형이 통일을 이루지 못하고 지나친 간이화로 인해 알아보기 어렵게 되었다는 문제가 생겨났다. 빈번한 재판과 전쟁으로 기밀을 요하는 긴급한 수요에 대처하기 위해 생겼으나 어렵고 느린 것이 되어버렸다는 비판도 있었다.

선생은 「초서의 예술성」(『書通』 추호, 동방연서회, 1978)이라는 글에서 초서가 실용성을 갖는 한편, 예술성에서도 다른 자체에 비해 우월성이 있다고 평가하고 있다. 초서에는 장초(章草), 금초(今草, 連綿草), 광초(狂草) 세 가지가 있는데, 장초는 실용 목적, 금초는 실용과 예술성을 겸한 것이고 광초는 순수한 예술적 성격에서 생겨났다. 장욱(張旭)은 실용의 전통적 기반에서 벗어나 혁신적인 시도를 성공시켜 독자적으로 미의 세계를 개척했다. 회소(懷素)도 장욱과 함께 서성(書聖)으로 받들어진 왕희지와 왕헌지의 전형을 완전히 깨뜨리고 자신의 정신세계를 글씨라는 수단에 의하여 나타내었고, 모방이 아니라 자연현상에서 정취와 형상을 취하였다.

선생은 초서가 전통적 규범에 얽매이지 않을 뿐 아니라 문자라는 관념적 테두리를 벗어나서 독자적인 순수한 예술 세계를 창의적으로 구현할 수 있었다고 보았다. 작자의 감정을 나타내어 사상과 종교, 인간성까지도 표현될 수 있으며, 글씨만으로도 미를 감상하기에 충분하다는 것이다. 청대 고증학은 송학(宋學)에서 한학(漢學)으로의 복고적 성향을 띠어, 문자학과 금석학의 영향이 글씨에도 반영되었다. 그러나 현대에 이르기까지 서(書)가 예술의 영역에서 독립된 지위를 확고히 하는 데에는 초서가 이룩한 예술성이 큰 역할을 하였다. 한국서예사가 이룩한 예술성은 전통적인 격식에 구애되지 않고 자유로우면서도 아름다운 선생의 글씨에서 그대로 느낄 수 있기도 하다.

"서예는 독립된 예술로서의 소지가 충분히 있다. 지필묵 도구가 그것이며, 그것으로 창조되는 점과 선의 율동미, 점철(點綴)과 직각(直角),

흑(黑)과 백(白)의 조형미, 실로 우리의 희로애락을 표현하기에 충분하고 생산 의욕을 고취시켜 사기(士氣)를 고무 진작시키는 어떠한 창작도 가능하다고 믿는다". '서예'의 실용성과 예술성에 대한 선생의 신념은 이러한 말씀으로 대변된다.

3) '동국진체(東國眞體)' 논의 비판

1993년 10월에 예술의전당 서예관에서 개최된 '조선중기서예전(朝鮮中期書藝展)'의 도록(1993년 10월 15일)에서 선생은 '조선 중기'라는 시대 규정과 '동국진체'라는 용어에 대해 비판하였다. 조선시대 서예사를 논할 때, 서예의 전성기라 할 수 있는 성종 대 이후부터 청대 고증학을 받아들여 새로운 서풍이 시작되기까지를 '조선 중기'라 한다면, 그 기간이 너무 길면서도 서예사적으로 발전이 없는 밋밋한 시기가되고 만다고 지적한 것이다. 서예사상 시대 설정의 타당성을 떠나서, 이 시기 서체에 대한 문예적 성격 규정이 필요하다고 여긴 듯하다.

이 시기는 성리학이 학문뿐 아니라 생활문화 전반을 지배하여 배타적 도덕관이 생활과 정신을 제약 구속했다고 이해된다. 이 시기의상한선에 있는 이황의 서예관이 가장 대표적인 성리학의 관점이다. 이황은 고려 말기부터 조선 초기에 한국의 서단을 휩쓸었던 조맹부와명대 초기에 초서로 잘 알려진 장필(張弼)에 대해 매우 비판적이었다. 글씨는 마음공부의 일부분이니 명필은 필요없다는 이황의 생각으로본다면 이들의 글씨는 진중하지 못하고 거칠어서 학문에 방해가 된다고 보았던 것이다. 경학의 정치적 실용성이 강조되면서 문학과 예술에 관한 서적은 '잡서'로 평가절하되었던 것으로 보인다.

이 시기의 서법이 고려나 조선 초기에 비해 화려하지는 못할지라도 그런대로 특징을 가지고는 있다. 선생은 그렇다고 서풍의 품격을 갖춘 서체의 정형이 존재하는 것처럼 보이도록 학술적 용어를 만드는 것에는 반대했다. '동국진체'라는 말은 19세기 성리학자 허전(許傳)이 옥동(玉洞) 이서(李漵)의 행장에 "동국의 진체(眞體)는 옥동에서 시작되어" 이후 여러 서가(書家)들이 하나의 계통을 이루었다고 말한 데에서 비롯된다. '진체'는 보통 왕희지의 서법으로 이해되고 있으나, 글씨체 자체로 이르는 용법은 없다. '동국'은 한국을 이르는 말이니, '동국진체'란 한국에서 만든 왕희지체나 '진짜' 서체라는 뜻이 되는데, 이서의 글씨에는 해당되지 않는다. 계통을 이룬다고 하는 서예가들의 서체도 학풍이나 가풍의 영향이지 조선 전체의 고유한 서풍을 이은 것으로 말하기는 어렵다는 것이다.

선생은 '동국진체'라는 말이 서예사를 서술할 때 종종 사용되고 있으나, 제대로 따지지도 않고 실체가 존재하는 것처럼 사용하는 것을 비판했다. 그것은 용어의 연원과 정당성에만 문제가 있는 것은 아닌 듯하다. 서체에는 한국 고유의 특징이 있을 터이나 그것과 원류로서의 정통성을 '진짜'로 하는 주장 사이에는 많은 설명이 필요할 듯하다. 이는 중국의 선진 문명을 수용하면서 한국의 고유한 것으로 새롭게 창조하고자 하는 역사 경험을 서예사에서 어떻게 해명할 것인가의 문제이기도 하다.

한국서예사에서 선생이 가장 주목하는 서예가는 김정희이다. 김정희의 서체가 유교 이념을 극복하는 새로운 사상에 근거하여 창조되었다고 여기기 때문일까? 소위 '실학(實學)'이나 '북학(北學)'이 주자학에 배치되는 이념인지, 아니면 오히려 유교의 원리주의적인 실현을 강변하는 이념인지는 더 많은 논의가 필요하다. 단지 선생은 김정희가 청대의 고증학 방법론을 활용하여 서예의 원류에 대한 연구를 거듭했으며, 그 결과 독창적이고 현대적인 감각의 서체를 창조했다는 점을 높게 평가하고 있다. 추사체가 서법의 근원을 한대 예서체에 두고 이것을 해서와 행서에 응용한 것이라면, 김정희 서체에 대한 선생의 높은 평가는 중국 고대 서예로부터의 정통성을 견지하면서도 그로부터 벗어나서 자유분망한 한국 서예의 전통을 이은 고유한 미학적 성취에 있다고 할 수 있다.

5. 맺음말; 삶의 여정에서 '글씨'

한국서예사 연구는 '서예'를 통해서 한국사의 통사적 역사 인식을 탐구하는 반면, 한국사의 통사적 역사 인식으로 '서예'의 변화와 그 역사적 의의를 바라보는 작업이었다. 서예사 연구는 '글자'와 그것에 근거하는 '글'을 가지고 보내온 삶의 여정에서 비롯되었다. 선생은 한자와 한학을 수학한 뒤에 대구와 서울에서 역시 '글자'의 인쇄 및 등사를 하는 노동자로, 식민지 조선에서 가족의 생계를 꾸렸다. 또한 제대로 받은 교육은 한학밖에 없었지만, 한글에 대해서도 특별한 관심을 갖게 되는 경험을 한다.

선생은 한글을 익히기 어려운 식민지 상황에서도 신문을 읽고 교회에서 한글 성경을 공부했다. 신문에서 홍기문의 '조선어문'이나 '한글 가로쓰기 강좌'를 통해 한글의 매력을 알게 되었다. 한글 풀어쓰기는 해방 후에도 지속적으로 주장되었는데, 북한에서는 남한과의 언어 문화적 괴리가 커질 것을 염려하여 포기되었다. 선생은 해방 후에 서울역 앞에서 지게꾼들을 모아놓고 '한글'을 쓰자는 연설을 일본어로 했다고 한다. 하층민들은 먹고살려고 일본어 소통이 더 편했던 모양이다. 선생이 '중등교원 자격시험' 국어과와 국사과에 응시한 것은 이미 국어와 국사에 대한 교양을 평소에 닦아두기도 했지만, 국어와 국사 교육의 필요성이 절실한 해방 직후의 상황 때문이 아닐까 한다.

선생은 1963년에 '태동고전연구소(泰東古典研究所)'를 설립하여 일반인을 대상으로 한문 강좌를 개설한 바 있다. 그 연장선에서 1976년에는 학생과 젊은 연구자들이 숙식하며 한학을 연수할 수 있도록 지곡서당(芝谷書堂)을 설립해 운영했다. 한문의 해석, 금석학과 한문 자료에 대한 연구를 진행하면서 한문 교육에 대해서도 절실함을 느꼈던 것 같다.

한문을 교육할 때에 선생은 한국어 토씨를 다는 '현토(懸吐)'를 반대했다. 한문은 '고대 중국어'인데 여기에 토씨를 다는 것은 마치 영어를 "I는 am a boy다"라고 읽는 것과 마찬가지라는 것이다. 언어로서 한문과 한국어를 분명히 구분함으로써 각각의 고유한 표현방식을 더욱 깊이 있게 익힐 수 있다고 여긴 것 같다. 선생의 한문 해석이 수준 높은 한국어로 쉽게 이해할 수 있다고 평가되는 것은 선생의 이러한 언어 인식에서 연유한다고 할 수 있다. 선생이 금석학과 서지학 등 한학에 천착했던 이유는 그 한문으로 표현된 고대의 한국어를 복원하려는 노력이었다고도 볼 수 있을 듯하다.

선생이 통일운동에 연루되어 성균관대학교에서 쫓겨난 뒤로, 선생은 글씨와 서책을 감정하고 또 그것을 사고파는 것으로 어려운 생계를 도왔다. 그러나 글씨를 사고팔아 항상 득을 본 것은 아니었던 듯하다. 추사체 감정의 일인자가 된 것도 가짜를 비싸게 사는 뼈아픈 경험을 수차례 겪었기 때문이라 한다. 선생의 수제자였던 성대경 교수는 청명 선생이 진품이라고 권했던 글을 비싸게 주고 샀는데 나중에 알고 보니 가짜였다는 일화를 사석에서 우리 제자들에게 슬쩍 이야기했던 적도 있었다.

필자는 일본의 서예 전문잡지에서 선생의 글을 발견할 때까지, 선생이 글씨 쓰는 것은 보았지만 서예사 연구의 대가인 줄은 미처 몰랐다. 선생은 지곡서당에 기거하면서 서예전을 수차례 열어 자주 출타했다. 여기저기 건물 현판을 쓰러 다니며 제자들의 교육에는 전념하지 않는 것처럼 보이기도 했다. 1985년에 서당 운영을 지원하는 조건으로 한림대학에 서당과 서적을 기증한 뒤에야 비로소 그것이 제자들의 장학금을 마련하기 위한 것임을 알았다. 선생도 이 때문에 서예를 열심히 하게 되었다고 했다. 세간에 행서와 초서의 대가로 통하게 되었지만, 선생은 그야말로 생계형 서예가였던 셈이다.

필자로서는 선생의 서예에 대한 미학적 경지를 논할 능력은 없다. 선생의 글씨는 문외한인 필자의 눈에도 선생의 막힘없는 성품을 그대로 느낄 수 있다. 격식에 갇히지 않고 자유로우면서도 날카로운 기운이 없어 균형감각을 잃지 않는다고나 할까? 자유의지에 반하는 권위적 강압을 극도로 꺼리던 선생의 성품이 그대로 담겨 있다. 한국서예사를 바라보는 역사 인식도 바로 이러한 삶과 학문의 여정에서 도출된 것이라 할 수 있다.

임창순 선생이 필자에게 남겨준 유일한 '글씨'는 지곡서당 7기생 졸업장 한 장이다. 사적인 감정을 드러내는 듯하여 대단히 송구하나, 이 글씨로 선생의 서체를 감상하기 바란다.

祝靈山屹洞雲深, 三載芸窓講古今

축령산 우뚝 솟고 구름 깊은 골짜기, 삼 년간 서당에서 학문을 닦았네.

禮樂詩書如誦語, 風花雪月好聯襟

예악 시서는 외워 말하듯 하고, 사계절 한가로운 때 우정을 즐겼네.

聊將理義明人極, 豈爲功名負素心

이치를 궁구하여 인간의 도리를 밝힐 뿐, 어찌 공명을 위해 본심을
등질까?

萬里鵬圖從此始, 也應夢繞舊棲林

원대한 뜻이 이로부터 시작된다면, 옛 깃들던 곳 꿈에서도 맴돌 것
이로다.

[주요 참고 문헌]

청명선생추모사업회, 『학의 몸짓으로 높이 멀리』, 한길사, 2000.

이이화, 「이 사람이 사는 법 – 학자 임창순씨」, 『샘이 깊은 물』 4월호, 1986.

이이화, 「4·25교수 데모에 앞장선 한학·금석문의 대가」, 『역사비평』 20,
1992.

김재영, 「특별기획 원로 서예가 탐방 – 청명 임창순 선생」, 『서통』 26,
1991.

성균관대학교의 역사와 학풍

초판 1쇄 인쇄 2023년 12월 26일
초판 1쇄 발행 2023년 12월 29일

지은이 심산 김창숙 연구회
펴낸이 유지범
책임편집 신철호
외주디자인 아베끄
편　집 현상철 · 구남희
마케팅 박정수 · 김지현

펴낸곳 성균관대학교 출판부
등록 1975년 5월 21일 제1975-9호
주소 03063 서울특별시 종로구 성균관로 25-2
대표전화 02)760-1253~4
팩시밀리 02)762-7452
홈페이지 press.skku.edu

ISBN 979-11-5550-612-7　93900

• 잘못된 책은 구입한 곳에서 교환해 드립니다.